U0593454

品牌建设与管理经典译丛
The Classic Translated Series of Brand Building and Management

总主编 杨世伟

垂直品牌组合管理

制造商与零售商之间的整合品牌管理战略

［德］迪德里希·贝克（Diederich Bakker）◎著

李东升 唐文龙 肖永杰 张成龙◎译

VERTICAL BRAND PORTFOLIO

MANAGEMENT

STRATEGIES FOR INTEGRATED BRAND MANAGEMENT BETWEEN MANUFACTURERS AND RETAILERS

经济管理出版社
ECONOMY & MANAGEMENT PUBLISHING HOUSE

北京市版权局著作权合同登记：图字：01-2017-1793

图书在版编目（CIP）数据

垂直品牌组合管理/(德) 迪德里希·贝克（Diederich Bakker）著；李东升等译. —北京：经济管理出版社，2017.8
（品牌建设与管理经典译丛）
ISBN 978-7-5096-5006-6

Ⅰ.①垂… Ⅱ.①迪… ②李… Ⅲ.①品牌—企业管理 Ⅳ.①F273.2

中国版本图书馆 CIP 数据核字（2017）第 043558 号

组稿编辑：梁植睿
责任编辑：梁植睿
责任印制：黄章平
责任校对：超　凡

出版发行：经济管理出版社
　　　　　（北京市海淀区北蜂窝 8 号中雅大厦 A 座 11 层　100038）
网　　址：www. E-mp. com. cn
电　　话：(010) 51915602
印　　刷：玉田县昊达印刷有限公司
经　　销：新华书店
开　　本：710mm×1000mm/16
印　　张：16.5
字　　数：296 千字
版　　次：2017 年 8 月第 1 版　2017 年 8 月第 1 次印刷
书　　号：ISBN 978-7-5096-5006-6
定　　价：58.00 元

品牌建设与管理经典译丛
专家委员会

序　言

2014年5月，习近平总书记在河南视察时提出，要推动"中国制造向中国创造转变、中国速度向中国质量转变、中国产品向中国品牌转变"。习总书记"三个转变"的精辟论述将品牌建设提高到了新的战略高度，尤其是在国际经济环境不确定和当前中国经济发展多起叠加背景下，意义更是十分重大，为中国品牌建设指明了方向。

2016年6月，国务院办公厅发布的《关于发挥品牌引领作用推动供需结构升级的意见》（国办发〔2016〕44号）明确提出：按照党中央、国务院关于推进供给侧结构性改革的总体要求，积极探索有效路径和方法，更好发挥品牌引领作用，加快推动供给结构优化升级，适应引领需求结构优化升级，为经济发展提供持续动力。以发挥品牌引领作用为切入点，充分发挥市场决定性作用、企业主体作用、政府推动作用和社会参与作用，围绕优化政策法规环境、提高企业综合竞争力、营造良好社会氛围，大力实施品牌基础建设工程、供给结构升级工程、需求结构升级工程，增品种、提品质、创品牌，提高供给体系的质量和效率，满足居民消费升级需求，扩大国内消费需求，引导境外消费回流，推动供给总量、供给结构更好地适应需求总量、需求结构的发展变化。

2017年3月，李克强总理在2017年政府工作报告中明确提出，广泛开展质量提升行动，加强全面质量管理，健全优胜劣汰质量竞争机制。质量之魂，存于匠心。要大力弘扬工匠精神，厚植工匠文化，恪尽职业操守，崇尚精益求精，培育众多"中国工匠"，打造更多享誉世界的"中国品牌"，推动中国经济发展进入质量时代。

改革开放以来，中国在品牌建设实践中积累了丰富的成功经验，也经历过沉痛的失败教训。

中国企业从20世纪80年代中期开始了品牌建设的实践。1984年11月，双星集团（前身是青岛橡胶九厂）时任党委书记汪海举行了新闻发布会，这成为国有企业中第一个以企业的名义召开的新闻发布会，集团给到会记者每人发了一双高档旅游鞋和几十元红包，这在当时是前所未有的。此事件之后，"双星"品牌红遍全国。1985年12月，海尔集团的前身——青岛冰箱总厂的张瑞敏"砸冰箱"事件，标志着中国企业开始自觉树立品牌的质量意识。从那时起，海尔坚持通过品牌建设实现了全球的本土化生产。据世界权威市场调查机构欧睿国际（Euromonitor）发布的2014年全球大型家用电器调查数据显示，海尔大型家用电器品牌零售量占全球市场的10.2%，位居全球第一，这是海尔大型家电零售量第六次蝉联全球第一，占比更首次突破两位数。同时，海尔冰箱、洗衣机、冷柜、酒柜的全球品牌份额也分别继续蝉联全球第一。

改革开放以来，我们在品牌建设过程中也经历过沉痛的失败教训。早在20世纪80年代，在利益的驱动下，政府颁发奖项名目繁多，十年评出6000多个国家金奖、银奖和省优部优，这种无序的系列评选活动被国家强制叫停。国家层面的评奖没有了，社会上"卖金牌"的评审机构如雨后春笋，达到2000多个，这严重误导了消费，扰乱了市场秩序。21世纪初国务院批准评选中国名牌和世界名牌，直到2008年"三鹿奶粉"恶性质量案件的披露，导致评选中国名牌和世界名牌的工作瞬间叫停。

正如中国品牌建设促进会理事长刘平均在2017年"两会"采访时所说，由于缺乏品牌的正能量引导，消费者变得无所适从，再加上假冒伪劣问题屡见报章，消费者逐渐对国产品牌失去信任，出现了热衷于消费海外产品的现象。打造和培育知名品牌，引领产业升级和供给侧改革，是当务之急。要尽快建立健全我国国内知名品牌和国际知名品牌的产生机制，把李克强总理所说的"打造享誉世界的中国品牌"落到实处。

2011年，《国民经济和社会发展第十二个五年规划纲要》提出了"推动自主品牌建设，提升品牌价值和效应，加快发展拥有国际知名品牌和国际竞争力的大型企业"的要求。为贯彻落实这个规划精神，工信部、国资委、商务部、农业部、国家质检总局、工商总局等部门非常重视，分别从不同的角度发布了一系列品牌建设的指导意见。工信部等七部委于2011年7月联合发布了《关于加快我国工业企业品牌建设的指导意见》，为工业企业品牌建设引领了方向并提供了政策支撑。国家质检总局于2011年8月发布了《关于加强品牌建设的指导意见》，明确了加强品牌建设的指导思想和基本原则、重点领域、主要措施和组织实施。国务院国有资产监督管理委员会于 2011 年 9 月发布了《关于开展委管协会品牌建设工作的指导意见》，为委管协会品牌建设工作明确了方向。这一系列相关政策的发布，在政策层面上为中国品牌建设给予了保障，为全面加强中国品牌建设、实施品牌强国战略、加快培育一批拥有知识产权和质量竞争力的知名品牌明确了原则和方向。

进入 21 世纪后，尽管中国品牌工作推进缓慢，但中国企业在品牌建设上做了诸多尝试。以联想集团收购 IBM-PC 品牌、吉利汽车集团收购沃尔沃品牌为标志，开始了中国企业收购国外品牌的过程。这说明中国的经济实力在增强，中国的企业在壮大，也说明了中国的品牌实力在增强，实现了从无到有和从小到大的转变。

品牌是企业生存和发展的灵魂，品牌建设是一个企业长期积淀、文化积累和品质提升的过程，一个成功的品牌需要经历品牌建设和管理，品牌建设包括品牌定位、品牌规划、品牌形象、品牌扩张等。中国的品牌崛起之路也不会一蹴而就，需要经历一个培育、发展、成长、成熟的过程。

在世界品牌实验室（World Brand Lab）发布的 2016 年"世界品牌 500 强"排行榜中，美国占据 227 席，仍然是当之无愧的品牌强国，继续保持明显领先优势；英国、法国均以 41 个品牌入选，并列第二；日本、中国、德国、瑞士和意大利分别有 37 个、36 个、26 个、19 个和 17 个品牌入选，位列第三阵营。从表 1 中可以看出，美国在 2016 年"世界品牌 500 强"中占据了近 45.4%，中国只占 7.2%，而中国制造业增加值在世界占比达到 20% 以上，由此可以看出，中国还是一个品牌弱国，中国在品牌建设与管理的道路上还有很长的路要走，有大量的工作要做。但是从 2013~2016 年的增长来看，中国品牌的增长趋势是最快的，从 25 位升至 36 位，而其他国家则基本微弱增长或减少。

表 1　2013~2016 年"世界品牌 500 强"入选数量最多的国家

排名	国家	入选数量（个）				代表性品牌	趋势
		2016 年	2015 年	2014 年	2013 年		
1	美国	227	228	227	232	谷歌、苹果、亚马逊、通用汽车、微软	降
2	英国	41	44	42	39	联合利华、汇丰、汤森路透、沃达丰	升
3	法国	41	42	44	47	路易威登、香奈儿、迪奥、雷诺、轩尼诗	降
4	日本	37	37	39	41	丰田、佳能、本田、索尼、松下、花王	降

续表

排名	国家	入选数量（个）				代表性品牌	趋势
		2016 年	2015 年	2014 年	2013 年		
5	中国	36	31	29	25	国家电网、工行、腾讯、中央电视台、海尔	升
6	德国	26	25	23	23	梅赛德斯–奔驰、宝马、思爱普、大众	升
7	瑞士	19	22	21	21	雀巢、劳力士、瑞信、阿第克	降
8	意大利	17	17	18	18	菲亚特、古琦、电通、法拉利、普拉达	降
9	荷兰	8	8	8	9	壳牌、飞利浦、喜力、TNT、毕马威	降
10	瑞典	7	7	7	7	宜家、H&M、诺贝尔奖、伊莱克斯	平

为了实现党中央、国务院关于推进供给侧结构性改革提出的总体要求，发挥品牌引领作用推动供需结构升级，着力解决制约品牌发展和供需结构升级的突出问题。必须加快政府职能转变，创新管理和服务方式。完善标准体系，提高计量能力、检验检测能力、认证认可服务能力、质量控制和技术评价能力，不断夯实质量技术基础。企业加大品牌建设投入，增强自主创新能力，追求卓越质量，不断丰富产品品种，提升产品品质，建立品牌管理体系，提高品牌培育能力。加强人才队伍建设，发挥企业家领军作用，培养引进品牌管理专业人才，造就一大批技艺精湛、技术高超的技能人才，切实提高企业综合竞争力。坚持正确舆论导向，关注自主品牌成长，讲好中国品牌故事。

中国品牌建设促进会确定了未来十年要打造 120 个农产品的国际知名品牌，500 个制造业的国际知名品牌，200 个服务业国际知名品牌的目标。加强品牌管理和品牌建设将成为推进供给侧结构性改革的总体要求下经济发展的重要举措。

为了推进中国品牌建设和品牌管理工作，借鉴发达国家的品牌管理理论研究和品牌管理实践，中国企业管理研究会品牌专业委员会组织国内专家学者翻译一系列品牌建设和品牌管理相关著作，愿本套丛书的出版能为中国的品牌建设和品牌管理提供有价值的思想、理念和方法。翻译是一项繁重的工作，在此对参与翻译的专家学者表示感谢，但囿于水平、能力，加之时间紧迫，如有不足之处，希望国内外专家学者批评指正。

丛书总主编　**杨世伟**

2017 年 3 月 15 日

译者序

现今，零售商在渠道中扮演着越来越重要的角色。尤其是在零售领域集中化程度逐步提高的市场趋势下，大型零售商更是如虎添翼，它们控制着绝大多数快速消费品的市场份额。此外，为了提高利润并掌握更多的市场控制权，很多零售商对开发自有品牌产生了浓厚的兴趣，并在此方面付出了许多的营销努力与行动，效果斐然。

在此背景下，原来掌握市场主动权的全国性制造商品牌甚至区域性制造商品牌感受到了来自零售商自有品牌的巨大竞争压力。如何在不损害渠道合作关系的前提下更好地解决这一问题是许多品牌制造商不得不面对的难题。在汹涌而来的众多零售商自有品牌面前，品牌制造商如何获得并保持持续的竞争优势？

对此，迪德里希·贝克做出了探索性的研究，试图弥补学术界在此方面研究的不足。作者认为，通过借用委托—代理理论（Principal-agent Theory）、品牌组合管理（Brand Portfolio Management）和垂直营销（Vertical Marketing）领域的相关理论，进而运用垂直品牌组合管理（Vertical Brand Portfolio Management, VBPM）能够帮助品牌制造商解决这一难题。本书共分为四个部分。在第一章，作者通过大量而细致的文献述评，说明了通过理论借用来开展与实施VBPM的合理性。在第二章，作者从多个角度出发设计出一个自有品牌的品牌化框架作为垂直品牌组合管理规划过程的参考模型。作者所涉及的研究角度包括品牌架构（Brand Architecture）、品牌组合（Brand Portfolio）、自有品牌的品牌化战略（PL Branding Strategy）、垂直营销（Vertical Marketing）和品类管理（Category Management）等。第三章是本书的主体部分。通过论述VBPM的概念形成过程，进而得出实施VBPM战略规划要经过四个步骤来完成：①组织内部审计；②了解市场与产品品类特征；③评估零售商；④设计VBPM战略。在第四章，作者对本书的研究结果做了总结，并指出了本书不足之处与未来的研究方向。

翻译工作不是一件容易的事情，甚至是一件苦差事。它不仅需要译者投入大量的时间，具有良好的语言基础，还需要译者具有扎实而深厚的专业知识。学术翻译更是如此，挑战可能会更高。迪德里希·贝克所提出的 VBPM（垂直品牌组合管理）理念及其实现方法，既涉及战略管理、营销管理和品牌管理方面的专业知识，也涉及合作关系治理等议题。因此，为了更好地完成本书的翻译工作，我们组建了一个在各个专业知识领域都能够形成互补的翻译团队。他们分别是山东工商学院李东升教授，山东工商学院唐文龙副教授，烟台张裕集团有限公司肖永杰先生和中国农业科学研究院博士生张成龙。李东升在公司治理和战略管理领域具有深厚的研究基础，研究成果丰厚。唐文龙擅长品牌管理领域的研究与实践，并具备扎实的理论基础。肖永杰在分销渠道管理方面拥有丰富的实践经验，能够为更好地理解本书提供深刻的洞见。张成龙在相关文献梳理与文字翻译方面拥有较高的工作效率，并对营销管理抱有浓厚的兴趣。本书翻译工作的具体分工如下：李东升负责整本书翻译工作的统筹安排，并翻译了本书的第二章。第一章和第四章由张成龙负责翻译。唐文龙和肖永杰共同完成了第三章的翻译，其中第一节至第四节由唐文龙负责翻译，第五节至第七节由肖永杰负责翻译。此外，翻译书稿的校对与修改工作由唐文龙负责。

译者虽然竭其所能，但在知识理解与语言转化方面难免存在不足。因此，如果翻译有何不妥之处，还请读者批评指正。最后，要特别感谢经济管理出版社的梁植睿编辑，感谢她在此过程中所给予的时间、耐心与信任。没有她的支持，这本译著就无法顺利与读者见面。

译　者

2016 年 11 月于山东烟台

英文版序言

在过去几十年，零售部门不断地挣脱制造行业的束缚。今天，我们看到这样一个渠道：零售商频繁运用垂直整合战略，之前这是生产商在水平方向和垂直方向应对竞争的主要做法。零售商及其自有品牌的发展是零售业挣脱束缚的最主要标志，之前为全国性品牌制造商所应用的品牌管理，现已被零售部门广泛采用。尽管零售商品牌被定位在水平方向与竞争对手展开竞争，而自有品牌被应用在不同的产品品类。因此，自有品牌也同时在垂直方向上与全国性品牌展开竞争。不断增长的自有品牌市场份额以及这类产品不断进入高端市场，已经引起了越来越多品牌制造的关注，品牌制造商主要通过与零售商的产品与品牌展开竞争的方式对"自有品牌挑战"做出回应。

迪德里希·贝克（Diederich Bakker）的博士论文提出，品牌制造商需要通过合作来解决这一问题。通过参考类似于有效消费者反应（Efficient Consumer Response，ECR）这样的制造行业与渠道之间的成熟协作模式，其所提出的 VBPM（垂直品牌组合管理）背后的主要观点是，将自有品牌合理地整合到品牌制造商所提供的品牌组合规划中来。该论文以品牌管理与合作实践为基础，为我们提供了一项品牌制造商应对自有品牌的创新战略。通过详细而理性的分析，迪德里希·贝克设计了一个能够为品牌制造商实施类似于 VBPM 这样一项复杂战略而提供指导的规划过程。

本书有多项创新之处。首先，它补充了市场营销学科的理论和概念。再者，制造商与零售商之间的合作分析是其论述的根本，并从实践层面填补了合作管理的知识空白，即使其合作形式比较简单。虽然有些结论还只是停留在一个概念阶段，但这可以看作在预知到品牌管理问题出现的领域并对其进行全面分析之时的符合科学规律的先见，就此而言，对于垂直品牌管理合作在实践应用层面的初步应用尝试，本书是一项能够起到推动作用的研究成果。

索斯特·拉伯（Thorsten Raabe）教授（博士）

2014 年 9 月于奥尔登堡（Oldenburg）

致　谢

　　本博士论文于 2008~2013 年在奥尔登堡大学（Carl von Ossietzky University Oldenburg）市场营销系（Faculty of Marketing）撰写完成。在博士学习阶段，我阅读了大量的新书籍，其中有些是我喜欢的，有些是我必须要阅读的。最重要的是，博士阶段的学习能够让我与许多优秀之人进行交流，在此对他们表示真诚的感谢。

　　谨以我最诚挚的感谢献给我的博士生导师——索斯特·拉伯（Thorsten Raabe），他花费了大量业余时间给予我很多关心和建议。我从他身上学到了很多东西，在论文撰写期间他给出的建议和鼓励为论文的顺利完成发挥了极其重要的作用。同时我也感谢博德·世贝纳（Bernd Siebenhüner）教授（博士），他作为第二导师对论文做出了评审。十分感谢我供职的格罗宁根应用科学大学（Hanze University of Applied Sciences Groningen）。学校支持老师攻读更高学位的政策堪称典范。在此，我要感谢来自格罗宁根应用科学大学的博瑞·卡特（Bram ten Kate）、赫瑞特·易兰德（Henriet Eilander）和奥德特·梅赫特斯（Arndt Mehrtens）。

　　毋庸置疑，还有很多其他人对本书的顺利完成给予了直接或间接的帮助。他们或在论文内容层面、或在灵感激发层面、或在精神鼓励层面都促成了本书的最终顺利完成。在此，我向他们一并表示感谢：杰格·伊德曼（Jörg Erdmann）、罗布·思科普（Rob Schaap）、马瑞尔纳·穆斐（Mariaelena Murphy）、阿努·马尼可汗（Mannickham）、福如克·维基玛（Froukje Wijma）和迪恩·瑞德（Dean Reder）。

　　在此，我要感谢我的父母，他们总是鼓励我要保持好奇心并勇于探索。我很幸运能接受他们的教诲，这是我人生中所接受到的最重要的教育。同时，谢谢我的儿子保罗（Paul），在本书即将定稿的时候，他正在蹒跚学步。

　　最后，我要感谢我深爱的妻子蒂娜（Tina）。你一开始就保持着极大的耐心，陪伴我一起完成了本书的写作。我期待着与你开启生活的下一个篇章。

迪德里希·贝克（Diederich Bakker）

2014 年 9 月于巴德·茨维舍纳恩（Bad Zwischenahn）

缩略语列表

代理理论（Agency Theory，AT）

品牌制造商（Brand Manufacturer，BM）

品类开发指数（Category Development Index，CDI）

比较［Confer（compare），Cf.］

首席执行官（Chief Executive Officer，CEO）

品类管理（Category Management，CM）

企业社会责任（Corporate Social Responsibility，CSR）

例如［Exempli gratia（for example），e.g.］

有效分类（Efficient Assortment，EA）

有效消费者反应（Efficient Consumer Response，ECR）

高效促销（Efficient Promotion，EP）

高效产品导入（Efficient Product Introduction，EPI）

等［Et Alia（and others），et al.］

快速消费品（Fast Moving Consumer Goods，FMCG）

人力资源（Human Resources，HR）

即［id est（that is），i.e.］

同上［ibidem（the same place），ibid.］

信息技术（Information Technology，IT）

库斯咨询公司（Kurt Salomon Associates，KSA）

制造商（Manufacturer，M）

全国性品牌（National Brand，NB）

全国性品牌制造商（National Brand Manufacturer，NBM）

总统的选择（President Choice，PC）

自有品牌（Private Label，PL）

自有品牌制造商协会（Private Label Manufacturers Association，PLMA）

销售点（Point of Sale，POS）

零售商（Retailer，R）

研发（Research and Development，R&D）

关系利益（Relational Benefits，RB）

单品（Stock Keeping Unit，SKU）

优势—机会（Strengths Opportunities，SO）

优势—威胁（Strengths Threats，ST）

优势、劣势、机会、威胁（Strengths Weaknesses Opportunities Threats，SWOT）

理论借用（Theory Borrowing，TB）

商标（Trade Mark，TM）

韦伯分析报告（Verbraucher Analyse，VA）

垂直品牌组合管理（Vertical Brand Portfolio Management，VBPM）

垂直营销（Vertical Marketing，VM）

劣势—机会（Weaknesses Opportunities，WO）

劣势—威胁（Weaknesses Threats，WT）

目　录

图表索引

第一章 引　言

第一节　引言及问题界定

在全球零售行业，已经出现了越来越多的自有品牌（Kumarand Steenkamp，2007；Olbrich et al.，2009）。在过去的十几年中，大量的自有品牌（Private Labels，PLs）在全球范围不断地增加。例如，在北美，自有品牌的产品销售额已经达到全部产品种类的 22%（Nielsen，2010）。在欧洲很多国家，自有品牌则可以达到更高的市场份额，这一比例在德国为 32%，在英国为 43%，并且在瑞士这一比例最高达到 46%（Nielsen，2010）。一直以来，自有品牌被作为全国性品牌（National Brands）的低价替代品，现今零售商已经通过推出高质量的自有品牌来转向高端市场，这种品牌叫作高端自有品牌（PLs）。不断涌现的自有品牌势必会影响到全国性品牌，这就迫使品牌制造商需要将自有品牌纳入它们的整体品牌战略（Hoch，1996；Mills，1999；Verhoef et al.，2002）。

对于全国性品牌制造商关于自有品牌的应对战略，已有人做过研究。其中一些战略仅仅注重品牌制造商如何让自身品牌获得成功，比如在产品创新和品牌广告方面进行投入；另一些战略选择则更注重与处于同一品类的自有品牌展开对抗（Ashley，1998；Kumar and Steenkamp，2007，p. 125），在这种情况下，制造商通常选择降低价格或者引入竞争性品牌的方式（Verhoef et al.，2002）。可能有人会对在已经形成垂直联盟的公司之间产生既竞争又合作的现象提出质疑。在这种情况下，品牌制造商就会面临一种双重的困境：首先，生产厂商需要依赖零售商来分销其商品。其次，当选择与自有品牌对抗时，品牌制造商就会刻意地去削弱竞争对手，但在这种情况下，竞争对手同时也是自身的客户。这就在零售商和制造商之间产生了负面的关系影响（Verhoef et al., 2002）。这种相互依赖性同样可以从交易的角度得到证实，零售商需要依靠这种无所不在的"大品牌"来吸引购物者。

2　　与品牌制造商面对来自水平方向的竞争以及消费者变化带来的挑战相比，垂直方向的挑战则是多维度的。主要原因是对消费品渠道的"控制力"不断地由制造商向零售商转移（Kadiyali, 2000）。举例来说，零售部门集中度的不断增加，使得现今的品牌制造商必须和数量更少但是实力更强的零售组织打交道。现阶段，欧洲前五名零售商的销售额大约占整个行业的50%，而在德国前五名零售商的销售份额则达到了80%之多（Grünblatt, 2008, p.365）。促使零售商控制权增强的其他原因，还包括更多的商业促销活动代替了消费者广告，以及近些年零售行业的复杂多变。品牌制造商日益增加的挑战还来自以下方面，包括零售商扩大规模以获得规模效益以及零售商之间日益严峻的横向竞争，如日益增多的深度折扣商店。品牌制造商还需要去解决零售商提出的因为货架空间紧缺而需要缴纳"入场费"的要求（Kadiyali, 2000）。自有品牌也对零售商和制造商之间关系的性质发挥了作用（Banerji and Hoch, 1993; Raju et al., 1995; Hoch, 1996）。正如 Salmon 和 Cmar（1987）提到的，自有品牌在很多产品种类中占有的大量市场份额使得零售商在和全国品牌的制造商交互的过程中获得更多的控制权。这些在控制权之间发生变化的要素和问题，都证实了生产商和零售商之间的关系变化。

第二节　垂直品牌组合管理（VBPM）

随着品牌制造商面对来自零售部门的多种挑战，制造商可以有很多不同的战略选择来巩固它们在垂直关系中的地位。本书的目的是提出垂直品牌组合管理（Vertical Brand Portfolio Management，VBPM）概念，这为品牌制造商在应对零售商自有品牌问题上，提供了一种可选的合作战略。更进一步，本书将垂直品牌组合管理从概念阶段发展为每一步都可行的计划过程，从而可以使品牌制造商以此来评估战略的可行性和战略的应用。

垂直品牌组合管理是针对全国品牌的制造商而言的。这种管理战略的主要目的是将零售商的自有品牌管理有效地整合到制造商的品牌组合战略中。这种组合意味着品牌制造商代替与其合作的零售商进行自有品牌产品并进行品牌管理。两个渠道成员具有各自的独特能力，进而可以为共同的最终消费者提供更多的产品价值。因此，这种战略建立在制造商和零售商各自的优势和独特属性之上，这在传统上既是品牌制造商所拥有的最重要的品牌管理智慧，也是零售商所掌握的最重要的购买者知识。

当这一战略成功实施后，品牌制造商就会将在制造商品牌与自有品牌之间构建起一种最优的多层次品牌管理架构作为目标。这种经过扩展的品牌组合战略将会适用于包括自有品牌购买者在内的处于某个特定产品类别中的所有消费品细分市场。垂直品牌组合管理将自有品牌看作品类管理过程中的一个关键要素，而制造商和零售商要对彼此互相负责。因此，这种战略是建立在垂直营销理论基础之上，与有效消费者反应（Efficient Consumer Response）和品类管理（Category Management）等商业实践方法相类似。通过有效的零售商合作，垂直品牌组合管理可以使品牌制造商在它们涉及的产品种类领域的市场份额增加，同时避免了渠道关系中的破坏性竞争，也最大化了消费者满意度。

第三节 相关领域近期文献综述

一、品牌制造商对自有品牌的回应

为了应对自有品牌，制造商品牌的营销人员采取了很多不同的战术和战略。有关文献主要研究讨论了两种相反的战略：一种是通过产品创新、增加广告和促销投入拉开全国品牌和自有品牌的差距；另一种则是将价格降低和成本减少到一个与自有品牌相当的水平（Keller, 2008, p. 224; Quelch, 1996; Hoch, 1996; Mills, 1999; Verhoef et al., 2002; Parker, 2006）。自有品牌和制造商品牌之间在质量和价格维度上的差距决定了每种选择方案的可行性，市场和品类特征同样也会影响到每种选择方案的适用性。

　　作为对自有品牌的一种回应，制造商品牌营销人员也已经通过摒弃发展停滞的品牌、减少品牌延伸、聚焦于更少数量的品牌以及推出新产品来调整他们的品牌组合战略（Keller，2008，p. 225）。他们也采取了建设竞争性品牌在较低的价格区间与自有品牌竞争（Hoch，1996；Quelch，1996）。一个较为争议的品牌生产商战略是：自己生产自有品牌。虽然这种战略一方面可能导致规模经济和较低的固定成本，另一方面也可能导致产品种类的趋同化。

4　二、自有品牌的演变

　　在过去的几十年中，自有品牌已经成为市场中的重要"参与者"，并且引起了市场营销研究人员的兴趣（Raju et al.，1995；Narasimhan and Wilcox，1998；Cotterill et al.，2000；Banerji and Hoch，1993）。自有品牌为零售商提供了一种差异化的方法，能够让它们在渠道中获得更强的议价能力（Salmon and Cmar，1987；Narasimhan and Wilcox，1998；Scott-Morton，2004）。在所有的产品中，自有品牌是零售商唯一需要对其营销组合的各个方面负责的品牌（Scott Morton and Zettelmeyer，2004）。在过去，自有品牌被认为是一般产品或者是"没有品牌"的产品，仅仅吸引一些价格敏感的消费者。甚至"自有品牌"这个术语，在广泛的参考文献中也产生过一定程度的误解。但是，在消费者眼中，自有品牌却被看作值得他们忠诚的品牌（Kapferer，2008，p. 72）。

　　传统上，当消费者选择购买质量较低的自有品牌产品时，吸引他们的是可以节省花费。随着全国性品牌应用其自身的价值定价战略，自有品牌则开始建立起自己的差异点。近年来，自有品牌通过多层次自有品牌计划，以提高产品质量和增加自有品牌产品多样性的方式开始向市场提供去除不必要修饰物的产品（no-frills option）和一流产品，进而与全国性品牌竞争对手展开针锋相对的竞争。例如，加拿大的西人超市（Loblaws）正是成功地通过使用自有品牌"总统的选择"（President's Choice，PC）来作为针对全国性品牌的核心差异化产品（Banerji and Hoch，1993）。零售商通过开发自己的有机产品品牌迅速地迎合日益增长的消费者需求，而制造商却只能采取在现有产品中增加有机特质的方式。以英国的大型连锁超市特易购（Tesco）为例，在20世纪90年代早期，它通过构建自己的自有品牌"特易购有机产品"（Tesco Organics）来为消费者提供一系列的有机食品。

再如，加拿大的西人超市也通过提供在包装上附有自有品牌"总统的选择"等一系列产品，提供有机果汁、粮食以及儿童食品（Nishikawa and Perrin，2005a）。在德国，包括折扣超市在内的食品杂货商超渠道，自有品牌整体市场份额占整个有机产品市场的49%（Nielsen，2007）。自有品牌的销售商同样采取精细的营销传播计划来对产品进行促销，包括广告、卖点推销以及客户关系营销计划，这些方式传统上只被品牌产品供应商而非零售商采用。

自有品牌遍布在所有产品品类中。在超市，在诸如冷藏食品、纸制品、冷冻食品和宠物食品等领域，自有品牌的份额总是很高，而且之前自有品牌已经在诸如酒精类饮料、感冒药和纸尿裤等领域获得了很大的市场份额（Lincoln and Thomassen，2008，p. 21）。然而，在自有品牌和消费者信任方面有些产品品类的表现并不那么明显。与之前提及的产品领域相比，消费者由于对于个人健康的关注而不太愿意相信自有品牌。在诸如啤酒、糖果、巧克力或者口香糖等投入大量广告宣传的品类中，自有品牌的表现没有那么成功（Nishikawa and Perrin，2005a）。

自有品牌的研究是多角度的。有些学术研究对不同背景和环境之下的自有品牌市场成功的可能性做过探讨（参考 Raju et al.，1995；Dhar and Hoch，1997），而且自有品牌的战略定位也被研究过（参考 Sayman et al.，2002；Scott-Morton，2004），自有品牌对零售商盈利性的影响也已做过论述（参考 Ailawadi and Bari Harlam，2004；Kadiyali，2000）。Pauwels 和 Srinivasan（2004）的研究显示了自有品牌进入市场是如何让零售商、主流制造商品牌和消费者受益的，虽然这同时伤害着二线品牌制造商。笔者发现，已定位品牌的经验越充足，消费者的长期价格敏感度越低，产生的收入也会越高。相比之下，对于二线品牌来讲，恰恰相反。最后，他们揭示出，零售商能够从自有品牌的高产品毛利中获益，制造商品牌也能够获得更高的产品毛利。

三、自有品牌及垂直关系

自有品牌在决定垂直关系的性质方面发挥着决定性的作用，在食品杂货营销渠道中，提高零售商影响力的一个关键因素就是自有品牌产品在决定垂直关系性质方面所扮演的角色（McGrath，1995；Doel，1996；Fearne，1996；Collins，2003；Fernie，1996）。

自有品牌的卖点之一就是相对全国品牌较为低廉的价格（Sethuraman and Cole, 1999）。实际上，研究也多以自有品牌和全国性品牌之间的价格竞争这一决定性因素为焦点（Cotterill et al., 2000; Sethuraman and Cole, 1999; Aggarwal and Cha, 1998）。有一些研究表明，价格变动产生的效应对两者的影响是不对等的。制造商的价格下降对自有品牌的危害要比自有品牌价格下降对全国性品牌的危害更为严重（Blattberg and Wisniewski, 1989; Sethuraman, 1996; Cotterill and Putsis, 2000）。已经有研究开始关注如何处理自有品牌和全国性品牌之间的竞争关系。Putsis 和 Dhar（1998）对 58 种货物种类的自有品牌和全国性品牌之间存在的相互作用模式进行了描述。最近的研究也确切地表明了全国性品牌的广告支出与自有品牌的市场占有率仍呈现出负向关系（Banerji and Hoch, 1993; Dhar and Hoch, 1997; Scott-Morton, 2004）。在市场营销文献中已经表明，质量的提升是自有品牌不断获得认可的主要原因之一。Hoch 和 Banerji（1993）发现，当质量更高而且质量更为稳定之时，自有品牌会获得更高的市场份额。Steiner（2004）的核心观点是：制造商品牌和自有品牌之间是一种非常激烈而又能够提高社会福利的竞争关系。

第四节　研究原理和理论背景

以下经济学和市场营销理论及概念将会应用到 VBPM 战略的构建和设计层面。

- 委托—代理理论（Principal-agent Theory）
- 品牌组合管理（Brand Portfolio Management）
- 垂直营销（Vertical Marketing）

一、委托—代理理论

在垂直品牌组合管理中，零售商会将其对自有品牌的管理权转移给一位独立的渠道成员，即品牌制造商。基于垂直品牌组合管理理论去引导在合作过程中涉及的实际性问题是十分有必要的。因此，"委托—代理理论"[①]也将被使用。推崇这种选择的原因是制造商和零售商之间存在着明显的预期合作关系，并且这种关系与典型的委托—代理关系有着相同特质。此外，在垂直市场合作的文献中也可以找到类似的代理理论应用（Ross et al.，1997）。作为"新学院派经济学"（New Institutional Economics）的理论组成部分，尤其是代理理论为契约关系在合作关系中如何发展指明了方向（Eisenhardt，1989）。典型的代理问题包括不确定性、信息不对称以及风险偏好。在契约控制机制中，各成员将对以下内容达成一致：各自执行的活动、需要共同遵守的政策和程序以及他们执行约定行为所获得的激励（Bergen et al.，1992）。本书将探讨在渠道关系和代理理论中 VBPM 的应用方法。这些要素将能够通过信任与投入、声誉、合同条款和过往关系来支持关系的发展（Anderson and Weitz，1989；Heide and John，1990；Morgan，1994）。

7

二、品牌组合管理

如下一部分所示，垂直品牌组合管理与垂直营销战略有着相似之处。这主要是因为在垂直品牌组合管理中品牌制造商追求与分销渠道商之间的紧密关系。从实际操作来说，这种战略可以嵌入到品牌管理，特别是品牌组合管理领域。品牌组合包括一个组织对所有旗下品牌的管理（Aaker，2004，p.16）。在垂直品牌组合管理的理论框架下，品牌组合被视为一个品牌制造商对属于特定产品类别中需要去积极管理并与消费者相关的所有品牌。目前，对于品牌组合管理领域的文献相对欠缺。因此，本书中的理论部分将主要集中在对品牌战略及其与品牌组合相关性的探讨。品牌架构的重要性体现在品牌制造商自身品牌组合方面。本书将讨论以下的重点品牌概念，并将其应用在对垂直品牌组合管理的探讨中：Kapferer 的六种品牌架构类型，Aaker 的"品牌组合战略"（Brand Portfolio Strategy）模型，特别是产品定义角色和组合角色以及 Keller 的品牌—产品矩阵（Brand Product Matrix）（Aaker，2004，p. 13；Kapferer，2008，p. 347；Keller，2008，p. 435）。Aaker 的"品牌组合战略"模型被应用于定义组合品牌（包括混合私有品牌）的范围、角色以及相互关系。这些模型也将作为垂直品牌组合管理规划过程的审计参考工具。

---

① 本书中，委托—代理理论（Principal-agent Theory）和代理理论（Agency Theory）概念的含义相同。

三、垂直营销

供应商将零售商整合到其营销战略的努力有助于"垂直营销"概念的形成
（Irrgang，1989，p.1；Müller-Hagedorn et al.，1999）。"有效消费者反应"（Effi-
cient Consumer Response，ECR）是一种被广泛接受和实施的垂直营销模式
（Seifert，2006a，p.21）。垂直营销和有效消费者反应作为垂直品牌组合管理概念
的两种参考模型。总体来说，这些模型和概念共享大量参数。首先，它们都牵涉
相同的参与者，即品牌制造商和销售商。其次，"品类管理"（Category Manage-
ment，CM）、有效消费者反应子战略（ECR Sub-strategy）以及垂直品牌组合管理
（VBPM）在很大程度上都涉及解决处理相关营销问题，并遵循相似的法则。例
如，"高效促销"（Efficient Promotion）和"高效产品导入"（Efficient Product In-
troduction）的品类管理实践类似于垂直品牌组合管理中的品牌管理原则。此外，
品类管理中产品类别的观点与垂直品牌组合管理中品牌组合的思想模式有异曲同
工之处。每一种战略都认为自有品牌是产品类别中必不可少的部分。另外，对于
消费者的密切关注也是同等重要的。正如"有效消费者反应"所指，关注消费者
是核心所在。创造更多的消费者价值就是实施有效消费者反应的一个重要产出标
准（Hofstetter and Jones，2006）。品牌和强大的消费者—品牌关系将产生消费者
价值这一观点被广泛认同（Aaker，2002，p.8；Kapferer，2008，p.18；keuer，
2008，p.79）。垂直品牌组合管理从品牌组合管理原则中得出消费者导向的结论，
其目标在于为不同的消费者细分群体提供各种产品。因此，提供垂直品牌组合是
垂直品牌组合管理的核心理念，并将有助于提升消费者价值。Gollnick 和
Schindler（2001，p. 388）的研究表明，制造商和零售商联合开发的自有品牌应
遵循"有效消费者反应"（ECR）理论中的合作管理领域的相同原则。就垂直品
牌组合管理的战略目标而言，参与合作者利用"有效消费者反应"来达到相同的
合作目标。现有文献特别强调了增强信任是有效消费者反应的重要目标
（Richards，1995；Dupre and Gruen，2004；Corstjens et al.，1995）。同样，增强
信任也是垂直品牌组合管理的期望成果。

四、VBPM 目标

垂直品牌组合管理目标的任务和内容是息息相关的。与任务相关联的目标源

自垂直营销原则，并对合作过程中任务的执行者选定、执行哪些任务、采取哪些
控制措施以及为此获得的报酬水平起到决定性作用（Irrgang，1993，p.3）。垂直
品牌组合管理在实际操作中，在很大程度上关键问题取决于与内容相关联的目标　9
（如细分问题、防止品类品牌相互蚕食、激励零售伙伴和契约战略）。能够得出以
下垂直品牌组合管理主要目标：

品牌制造商的垂直品牌组合管理目标：

- 扩大市场覆盖（市场细分）
- 控制自有品牌
- 在渠道关系中进行有利的权力转移
- 增强渠道关系
- 更有利的货架位置（不易遭受零售商下架的风险）
- 增加市场份额以及利润最大化
- 消费者对于店铺品牌更高的忠诚度
- 规模经济

零售商的垂直品牌组合管理目标：

- 改善品类管理
- 提升自有品牌管理
- 消费者对于店铺品牌更高的忠诚度
- 增加品类份额和利润

图 1-1 总结了嵌入此战略的理论框架。一方面，针对渠道合作伙伴的垂直营
销实践会转化为制造商的优势；另一方面，此战略和合同条款受代理理论和信任
度的引导和支配。

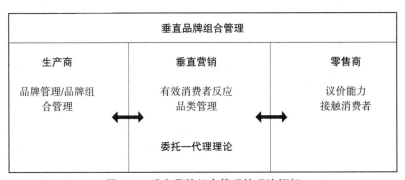

图 1-1　垂直品牌组合管理的理论框架

资料来源：作者自制。

10

第五节 本书目标及框架

如图 1-1 所示，品牌管理和垂直营销实践对品牌制造商渠道关系起着重要的决定性作用。一方面，建立品牌是品牌制造商的核心竞争力所在，并在应对自有品牌方面也被证实是有效的；另一方面，垂直营销活动在提升交易关系方面发挥着重要的作用。正如前文所述，绝大多数有关品牌制造商如何应对自有品牌的已出版文献探讨的往往是单方面的战略。本书通过将垂直营销和品牌战略相结合的方式来探讨品牌制造商如何应对自有品牌的竞争，来试图弥补学术界在此方面的不足。通过本书的全面论述，从垂直营销角度来探讨品牌制造商应对自有品牌的战略选择，其中包括在实施垂直品牌组合过程中决定分析、过程导向与运营的原则。一项战略规划程序将是本书的研究结果。通过关注以下关键问题，本书将总结出一套行之有效的战略规划程序：

● 哪些理论能解释并适用于合作关系治理，这些理论如何充分用于垂直品牌组合管理？

● 哪些理论背景能解释垂直品牌组合管理相关参与者的动机和目标？如何解释他们的行为效果？

● 对于垂直品牌组合管理的实施，哪些有关市场的、组织内部和组织之间的评判标准可被识别确认？如何有效规划垂直品牌组合管理？

● 怎样对品牌管理和垂直营销活动进行整合，垂直品牌组合引发了哪些挑战？

● 参与者要采取的行动方案有哪些？这对于品牌组合、产品品类和垂直关系的发展意味着什么？

这些问题的答案为品牌制造商提供了关于应对自有品牌的不同视角，并着重讨论将垂直关系付诸行动的重要性。

11　在第二章，本书将以与垂直品牌组合管理相关的品牌组合问题的产生背景作为开端。此外，本书的文献综述将包括对自有品牌的综合评估和对目前自有品牌的品牌化战略的案例研究综述。设计出一个自有品牌的品牌化框架作为垂直品牌组合管理规划过程的参考模型。有效消费者反应和品类管理中的关键性垂直营销战略会被引入，并与垂直品牌组合管理联系起来。此外，垂直营销的概念将采用"理论借用"（theory borrowing）的过程来探讨该理论作为垂直品牌组合管理参考模型的适用性。第二章将会得出结论。第三章是本书的主要部分，将主要论述垂直品牌组合管理的概念形成过程，以及启动和实施垂直品牌组合管理战略规划过程分四步走的方案。规划过程将结合内外部环境分析的结果，进而形成垂直品牌组合管理战略。本书的第四章将对主要研究结果与所得出的结论做出总结。

第二章　中心论题和理论基础

第一节　垂直品牌组合管理（VBPM）：品牌制造商的视角

　　垂直品牌组合管理（VBPM）战略要求将零售商自有品牌（私有品牌）组合到全国性品牌制造商品牌组合中。下面从品牌组合视角探讨全国性品牌制造商在垂直品牌组合管理（VBPM）中的动机和启示。

一、品牌架构

　　品牌架构（Brand Architecture）是公司将其品牌组织起来进入市场的方式。①Aaker 和 Joachimsthaler（2000，p. 102）为品牌架构做出了全面的解释："品牌架构通过规定品牌角色、不同品牌之间以及不同产品市场环境之间的关系来组织和构建品牌组合。"与企业和业务战略密切相关的是，Keller（2008，p. 83）提出两种极其相似的品牌架构模式："品牌系列化"（House of Brands）和"品牌家族化"（Branded House）。"品牌家族化"品牌架构是指公司的所有产品使用单一的保护伞品牌或者家族品牌（Umbrella or Family Brand）。"品牌系列化"战略的特征是拥有不同名字和定位战略的一系列个体品牌。每个品牌都以利益和市场份额最大化为

---

　　① 在第三章第三节第二部分，我们将更详细地讨论品牌建设，进而理解和评估品牌架构在 VBPM 中的作用。

目标在市场上独立销售。这两种架构战略都有各自的利弊，因此一些公司会结合两种战略，但中心点依旧是品牌与产品的联系。在规划品牌架构之时，需要以确保品牌间必要独立性、实现品牌之间的协同效应为目标，进而使消费者对不同品牌及其相互之间的关系有逻辑清晰的认识（Esch et al.，2004，p. 750）。

学术界对品牌架构的趋向持有两种看法。一些学者预测，基于更好的成本效率、全球化优势（Aaker and Joachimstahler，2000，p. 306）和在传播品牌价值方面具有优势（Balmer，2003），因此企业品牌化架构是现有公司的一个趋势。相反，有些作者则认为个体品牌化战略则为更多企业所采用。Laforet 和 Saunders（2007）指出拥有一批个体品牌的公司不易于遭受品牌声誉损失。Kapferer（2001，p. 396）认为，个体品牌通过在企业内部制造竞争壁垒并避免销售渠道冲突，从而更好地利用了市场区隔与差异化。个体品牌可以对各个细分市场做出合理反应来满足特定消费群体的需求（Keller et al.，2012，p. 588）。这种品牌战略能让企业从垂直方向进入价格敏感型市场，但这类市场采用保护伞品牌战略则比较困难（Aaker，2004，p. 232）。

二、管理品牌组合

现有文献对品牌组合没有标准定义。Aaker（2004，p. 16）和 Riezebos（2003，p. 184）赋予了这一术语宽广的定义，认为品牌组合包括一个组织所管理的所有品牌。Hill 和 Lederer（2001，p. 7）提出了一个更全面的视角，没有将品牌组合限定在公司所拥有品牌的范畴，而是扩展到能够对消费者购买决定起影响作用的每一个品牌，Keller 将品牌组合定义为"公司在特定产品品类所销售的一系列品牌或者品牌线"。从产品品类的视角来看待品牌，会为下文的 VBPM（垂直品牌组合管理）规划过程提供帮助，使得 VBPM 战略实施中的品类和品牌选择更为合理。品牌线则可理解为在同一品牌下销售的所有产品（Hill and Lederer，2001，p. 7）。

其中一个主要组合问题是品牌组合中所有品牌的构成方式（Apéria and Back，2004，p. 95）。这涉及公司所需管理品牌的数量以及如何定义品牌之间的角色和关系。Keller 评判品牌组合的标准是：当品牌组合中没有品牌会损害其他品牌的资产之时，其最大化品牌资产的能力。将所有品牌集合起来会使品牌组合的总体价值最大化。设计品牌组合的原则是最大化市场覆盖以期照顾到所有潜在消费者，同时使得品牌重叠最小化，进而避免品牌之间的相互竞争以获取同一消费者的支持。Aaker（2004，p. 16）认为，品牌组合旨在用最少的相关联品牌来达成一系列商业目标。这就引出了以下问题：需要确定各品牌之间的相互关系以及品牌组合中每一个具有特定"角色"的品牌之间达到战略性平衡（Douglas，2001；Riezebos，2003，p. 193；Hill et al.，2005）。

三、多品牌组合的利益点

尽管公司品牌架构要面对来自成本和规模经济的压力，但对于公司来说，在市场上拥有不同品牌能够带来很多优势。首先，创造新的产品品牌能够获得让市场份额增加的机会。美国宝洁公司推出一种较低价位的清洁剂品牌欢悦（Cheer），与市场主品牌汰渍（Tide）一同出现在市场，后者丢失了部分市场份额，但这两个品牌的累计销售额使宝洁公司在此产品类别领域的整体销售份额有所增长（Ortega，1993）。

其次，多品牌能提高市场覆盖来满足多个细分市场的需求（Kapferer，2008，p. 395）。单个品牌无法冒着损害其品牌识别的风险来满足若干具有不同质量要求的目标市场的需求。

多品牌方法允许更大的市场灵活性。当品牌沿着产品生命周期演进或者市场趋向饱和之时，拥有良好结构的品牌平台能使公司战略性地推进到新市场，并为未来可能的品牌延伸提供相关性方面的支持（Aaker，2004，p. 34）。

另一个支持多品牌战略的合理论据是，可以将多品牌作为竞争者的市场进入壁垒。一方面，可以通过向渠道提供全系列产品（为每一个市场提供一个品牌）来创建进入壁垒。这种做法被广泛应用于即饮市场（on-premise market），如可口可乐公司为快餐店提供各类碳酸饮料（Kapferer，2008，p. 396）。另一方面，品牌制造商可以通过为零售商提供一系列可供选择的垂直定位型品牌，而把竞争者拒之门外（Steiner，2004）。

以上案例表明，维持品牌组合战略能够为品牌制造商在市场运作过程中提供优势。尽管以上讨论都集中在品牌多样化组合的正面观点上，同样也不能忽略品牌组合中存在的风险。比如，品牌组合通常会使得品牌趋向膨胀，这会导致市场覆盖和品牌定位重叠（Raabe，2004，p. 859）。

四、市场细分与品牌组合战略的联系

16

市场细分是根据相同的特征、需求、需要或欲望将消费者或潜在消费者进行分组（Duncan，2005，p. 173）。这有助于营销者针对具有相似行为的同质性消费者群体采用相似的营销组合战略。Keller（2008，p. 99）把可能存在的分类方式分为消费者导向（社会人口和心理细分）、行为导向或者产品导向（例如，使用场合及使用率、利益点、质量等级，以及品牌忠诚度）。Kapferer（2008，p. 398）提出了渠道细分的增长模式，其关注点在于不同的渠道类型和特定的消费者需求之下的一种差异化品牌构建模式。市场细分与品牌组合战略有着明显的联系，因为品牌的角色通常决定了其向细分市场提供什么样的货物（Aaker，2004，p. 77）。品牌组合需要让消费者清楚明白各品牌含义，这需要对各品牌角色进行严格的界定。多品牌组合能够让公司不仅可以凭借不同的产品，还可以通过具有不同身份和价值观的品牌来更好地满足细分市场的需求。公司的品牌组合方式反映出公司所选细分市场的类型。

Kapferer（2008，p. 396）强调了与公司组合战略相关的七种不同细分模式（见表2-1）。细分战略的选择将在以下部分进行讨论。

表 2-1 细分类型

细分形式	评价指标
社会人口	如年龄、性别、收入
消费心态	如生活方式、价值观、态度
优势	消费者需求商品的主要优势
态度	消费者对品牌用途的态度/期望
渠道	渠道类型（如百货商场、折扣）
场合	使用场合或地点（如家庭、即饮市场）
价格	价格区间、价值、质量

资料来源：改编自 Kapferer（2008，p. 396）。

（一）价格细分

17

通过价格区间划分组合品牌是常见的模式（Kapferer，2008，p. 400）。在某一产品品类，通过垂直方向的价格细分将多个品牌连接起来能够让公司覆盖更广泛的市场，同时公司主品牌还得到了保护。这能够让公司保持溢价。单一品牌不能同时定位于多个质量标准不同的市场，因为这种行为会受到消费者和渠道的抵制（Kapferer，2008，p.400）。通过价格细分的各个品牌组合，同样也能让公司在与来自第三、第四线品牌的激烈价格战中具有持续的竞争力。单一品牌会在价格战中遭受市场份额以及品牌形象等方面的毁灭性损失（Hoch，1996）。在这种情况下，"品牌系列化"架构会比"品牌家族化"战略处于有利地位，因为前者可以使参与组合的各个品牌独立行动，各司其职，并符合总体组合战略。比如，宝洁公司在欧洲市场通过优质、实惠和廉价三个细分市场来组织其产品品类（Kapferer，2008，p. 397）。

（二）渠道细分

根据消费群体或所提供产品的类别与深度的不同，渠道的划分也有所不同。比如杂货的购买渠道可划分为深度折扣店、轻度折扣店、超市、大卖场和有机商店（Colla，2003）。当深度折扣商店提供低价限量商品类别时，轻度折扣杂货店则以同深度折扣商店相似的价格提供更多的产品品类和经过筛选的名牌商品。超市和大卖场以增加门店数量和商品的广度和深度来实现最广范围产品品类的销售。有机产品不仅在有机渠道中销售，有机渠道专门销售高价格有机产品。[①]

Kapferer（2008，p. 398）指出，渠道之间相互竞争，通过为每一种渠道提供不同的品牌，供应商可避免价格一致和渠道冲突问题，更好地适应各渠道消费者的购买动机。渠道的细分通常由另一种细分标准，即价格，相辅相成（Kapferer，p. 399）。尽管特定渠道类别倾向于吸引特定群体的惠顾，但大多数渠道旨在吸引多样化的消费者群体。比如深度折扣商店及其产品会吸引各种各样的消费者，从对价格较敏感的低收入消费者群到富裕且受到良好教育的购买者或廉价品搜寻者（Hoch，1996）。其他的渠道类型，如超市，也以低价定位的自有品牌迎合上文所述的低价群体。根据渠道需求细分品牌并向渠道提供多种品牌，可以促成更高的渠道依赖度（trade dependence）、扩大制造商品牌的货架空间（Keller，2008，p. 439）。

（三）利益点细分

品牌利益点细分涉及消费者行为细分，并包括消费者如何看待或者使用品牌（Keller，2008，p. 99）。基于产品品类或消费者特点，一个品牌组合中多个品牌

---

① 第三章将对零售商的形式、商品、定价和自由品牌战略进行细致的回顾，作为对 VBPM 外部审计的一部分。

可采取单一利益点或多种利益点的细分方式。比如在牙膏类产品销售中，Haley（1968）定义了四种主要消费者群体对不同产品利益点的需求。通过对利益点细分的运用，可以为单一消费者群体或多元消费者群体定制出相应的营销活动。

接下来以达能系列水产品（Danone Waters）为例来说明公司如何依据单一利益点，即"健康"对其非碳酸饮料品牌进行组合（见表2-2）。法国依云矿泉水（Evian）在主品牌组合中起到主要作用。由于依云矿泉水的供给有限，在加味水领域，售价比依云矿泉水低10%的沃尔维克矿泉水（Volvic）充当品牌延伸的功能。维他利（Vitalinea）是品牌组合中的第三品牌，旨在针对在意体重的消费者。为了成为渠道所期望的低成本品牌，公司通过对几家水源水品牌的组合得以实现（Kapferer，2008，p. 397）。

表2-2 达能非碳酸饮料品牌组合

品牌	健康功效	组合规则
依云	美容养生	主品牌
沃尔维克	活力	激活市场的扩展品牌
维他利	瘦身	解决特定健康问题，与矿翠牌（Contrex）矿泉水相抗衡
Source Waters	—	满足渠道中针对低价品牌的需要

资料来源：派生自 Kapferer（2008, p. 397）。

以上案例也说明，可以采用混合标准对品牌组合进行细分。利益点细分是达能系列水所使用的首要标准，即"健康"，第二个标准为价格。其他品牌的价格均低于主品牌依云矿泉水的价格。品牌组合中各个品牌所扮演的角色都支撑主品牌的品牌识别，进而让主品牌可以向市场索取溢价。在垂直方向存在联系的品牌也为消费者和渠道提供一系列类似自有品牌的水源水，以此作为该品类的入门级产品。总而言之，单一品牌无法在不丧失其品牌识别的情况下完成消费者和渠道所要求的所有相关任务。只有多品牌组合才能有效地代表不同的质量水平，能够被进一步细分，同时还能满足分销渠道的要求。

五、正确运用品牌组合管理的相关问题

VBPM（垂直品牌组合管理）建议品牌制造商代替零售商去管理自有品牌。因此，零售商把所有关于自有品牌的营销职责转交给品牌制造商，这样制造商的任务就包括将自有品牌整合到自己的品牌组合战略中，这种组合会为零售商"解

放"更多的资源,同时自有品牌也能从传统全国性品牌制造商所拥有的管理技能中受益。[①] 像制造商品牌组合中的其他品牌一样,自有品牌在组合中也应该符合实现总体组合目标自己所要扮演的特定角色。因此,自有品牌会对在制造商组合的其他品牌发挥作用。以下部分将讨论如何选择品牌组合战略,以及采取 VBPM (垂直品牌组合管理) 的原因。讨论以本节第三部分为基础,明确地将自有品牌纳入讨论范畴。

(一) VBPM (垂直品牌组合管理) 与细分注意事项

由于在所选择的市场细分中缺乏代表性品牌,这能说明将自有品牌整合到品牌制造商的品牌组合具有合理性。

1. VBPM (垂直品牌组合管理) 及渠道细分

如前文所述,由于消费者的价格敏感度因渠道和购买情境而有所不同,渠道细分能使公司将目标积聚于不同的消费群体。同时渠道细分也能防止渠道冲突和避免不同渠道的产品具有同一价格。

当品牌制造商寻求由零售商在其店铺中独家分销自有品牌之时,渠道细分可以使得零售商将自有品牌的产品生产委托给制造商。德国深度折扣杂货零售商阿尔迪 (Aldi) 的自有品牌销售占销售总额的近 95% (Nishikawa and Perrin, 2005a)。阿尔迪要求其供货商设计和生产自有品牌,而由它提供庞大的店铺分销网络。[②]

通过向大型零售机构独家提供自有品牌,大型零售商的庞大市场覆盖范围也有利于渠道细分战略的实施。比如美国零售巨头沃尔玛,其独家代理的小家电类产品销售额占到美国小家电市场的 45% (Kapferer, 2008, p. 398)。

2. 价格细分

在多品牌组合中给各个品牌设定某种价格和品质范畴,是细分战略的目的。如果公司品牌组合中缺乏一个价值型品牌的支撑,那么自有品牌组合将会与组合中的其他品牌产生协同作用。屋顶窗市场的"领头羊"威卢克斯集团 (Velux) 以价格敏感消费者为目标群体,推出"采光天窗"(Roof Light) 作为低端价位的

---

① 比如,Hoch (1996) 认为,对于绝大多数的零售商管理的自有品牌,零售商并不能在 300 多种产品类别中有效地组织和维持这些品牌的建立和管理。

② 在阿尔迪的案例中,考虑到其严格的商业惯例,允许品牌制造商像 VBPM 建议的一样来管理自有品牌,这样的行为是会受到质疑的。

备选品牌（Kapferer，2008，p. 400）。作为自有品牌，"采光天窗"以较威卢克斯低 30%的价格在大型 DIY 连锁店销售。其价格也比主要竞争对手要低，竞争对手的价格较威卢克斯低 20%。

如前文所述，在相同商品品类中提供多品牌产品可增加品牌货架占有空间以及零售商的依赖性，否则零售商会有另择其他品牌的可能（Keller，2008，p. 439）。一个价值定位型自有品牌的整合，将会实现从垂直方向优化产品组合分销的预期目标，同时也将简化零售商和品牌制造商的产品管理过程。

3. 多元细分战略

VBPM（垂直品牌组合管理）也意味着采用一个复合的多元化细分战略，通过自有品牌的使用达到跨越地理边界的效果。接下来探讨的世界领军轮胎制造商米其林品牌，可以很好地对此进行说明。这个案例说明，将分销渠道需求纳入考虑范畴的一个品牌组合可能具备相应的灵活性和可适应性（Kapferer，2008，pp. 393–395）。

传统上，米其林一直作为单一品牌在市场上销售。米其林得到了所有创新和销售方面的支持，而其全球市场的其他 80 个品牌没有得到任何营销支持，也不允许从母公司的创新中获益。当此项战略让该公司品牌跻身国际市场时，其忽略了轮胎市场与手机市场一样已被细分的事实。比如根据价格因素，美国市场被细分成需要最佳质量产品的消费者群、需要物有所值产品的消费者群和购买力较低的消费者群。

当米其林专为高端领域服务时，优耐路（Uniroyal）轮胎则以注重成本节省的消费者为目标。此外，米其林还使用"解放者"（Liberator）品牌，它是在美国市场上专供沃尔玛销售的一种廉价轮胎。其他零售商则出售米其林品牌旗下名叫"战士"（Warrior）的另一款低价轮胎。再加上具有时尚意识的车主和"搭便车"司机对专属定制轮胎的需求，就有了美国轮胎市场的全貌。在这次细分中，米其林太过保守，因此它收购了美国百路驰品牌（BF Goodrich），此品牌定位于运动型品牌，迎合把轮胎视为身份地位象征的（消费心理细分）价格不敏感市场。表 2-3 是对米其林美国市场轮胎品牌组合的总结归纳。

米其林品牌组合在全球其他市场也具有可操作性。米其林的中端定位"战士"品牌，满足了日益增长的中国市场。此战略让米其林在中国保持了"世界第一"的声誉。在韩国和日本，在此细分市场需要印有"美国制造"的百路驰品牌

表 2-3　米其林美国市场垂直品牌组合

价格细分	品牌	其他细分方式
溢价	米其林	—
溢价	百路驰	轮胎作为"身份象征"（消费心态细分）
聪明买手	优耐路	—
低价	战士	—
	解放者（自有品牌）	渠道细分

资料来源：改编自 Kapferer（2008，p. 393）。

产品来满足消费者需求。在欧洲，米其林是品牌组合中的高端品牌，紧接第二的是以注重成本意识消费群为目标的克莱伯品牌（Kleber）。像在美国，"战士"品牌定位在低价市场，百路驰定位于运动型多用途车车主。在欧洲，则是通过组合当地几个品牌完成，比如匈牙利的"金牛座"（Taurus），捷克共和国的科玛安（Kormoran）。自有品牌"解放者"在所有欧洲奥特莱斯店（Norauto）都有销售。

　　米其林案例说明，拥有众多品牌而每一个都各司其职的品牌组合如何帮助公司满足各个细分市场的需求。米其林作为组合战略的主品牌，起到带动整个品牌组合的作用，并使得品牌组合关注点聚焦在安全和性能领域。明智的买家不会转向其他竞争对手的产品，而是在美国优耐路或欧洲克莱伯中二选一。进一步说，米其林的品牌形象和其他组合中的溢价品牌形象都不会削弱，因为"战士"品牌的独立性和自有品牌"解放者"能满足低端消费者对廉价轮胎的需求。受身份地位驱使的消费者对具有溢价效应的米其林品牌反应冷淡，而被百路驰所吸引，这

证明了消费心理细分的作用。

　　米其林品牌组合——从高端品牌到自有品牌——使公司更灵活地适应当地市场，包括与分销商建立紧密的联系。这个案例清楚表明，自有品牌在一家公司的组合思维中发挥着不可或缺的作用。

（二）VBPM（垂直品牌组合管理）作为竞争者的进入壁垒

　　全方位多品牌组合的另一个好处就是可以对零售商设置竞争壁垒。假如零售商拥有包括自有品牌在内强大的、管理优良的、标准化的品牌组合，这样在特定产品品类中零售商就不会有出售其他品牌的空间。如在本节第三部分提到的，软饮料公司通过给分销商提供种类齐全的产品（可乐、芬达、雪碧、活力饮料等）来设置进入壁垒。对于 VBPM 来说，这会与深度折扣和浅度折扣杂货商店的商品设置相关，与超市和大卖场相比，这里的货物种类范畴相对"较窄"。此外，相

比其他产品品类，某些产品品类不允许由更多的品牌来提供产品，像在日用品卫生纸品品类中，通常更小数量的几个全国性品牌和自有品牌代表着相对较大的市场份额（Nishikawa and Perrin，2005a）。

（三）垂直品牌的应用

在审计品牌组合之时，需要强调以下问题：是否所有品牌都充分发挥作用？是否有可能对它们在垂直方向进行延伸？在大多数市场中，品牌延伸和价格竞争是其准则。在所有其他因素中，大幅度打折的其他品牌，精明零售商的自有品牌项目以及奉行领导者战略的雄心勃勃的竞争者都可以引发竞争（Aaker，2004，p. 230）。Aaker（2004，p. 234）指出，要以诱人的利润、品牌富有的能力与活力以及品牌的提升来作为此项行动的驱动因素。另外，向低端市场进军使得品牌进入价值导向型的销售渠道和价格敏感型的消费者细分市场，进而推动品牌销量。决定对品牌进行垂直延伸是显而易见的竞争战略，这不仅需要对该品牌优劣势做全面细致的评价，还要考虑到为此产生的风险。比如，当品牌进入一个"价值导向型市场"（a value market）时（一次向低端市场的进军行动），其品质认知度会受到影响，维持现有高端消费者会变得困难，忠诚消费者也会有所流失（Aaker，2004，p. 234）。Aaker（2004，p. 237）提出了六种应对这些风险的战略：

（1）重新定位挣扎中的高端品牌，降低其定位。

（2）将品牌的功能定位在垂直方向。

（3）针对不同的产品或市场延伸品牌。

（4）使用子品牌（Subbrands）。

（5）使用背书品牌（Endorsed Brand）。

（6）开发一个新品牌。

VBPM 意指在垂直方向对一家公司的品牌组合进行处置，因此可以借用 Aaker 提出的几个风险避免战略来解释和支撑具体实践。比如，膨胀过度的品牌组合会使品牌缺乏优势和资产进而成为弱势品牌。通过将品牌重新定位成为面向大众化市场的自有品牌，如"三线或者四线品牌"将会成为更适合价值导向型市场的备选方案。

此外，美国管道工具制造商"里奇"（Ridgid）以及美国 DIY 领域领导品牌"家得宝"（The Home Depot）都成功采用了向不同市场延伸品牌的战略（Hill and Lederer，2001，p. 56）。家得宝拥有里奇电动工具的独家代理权，使其近乎成为家得宝的自有品牌产品。[①] 这个合作使得"里奇"可以通过借助居于领导地位的零售商在其从未涉及的市场上扩展自身的品牌。

开发新品牌不仅成本高昂，还会给已经膨胀过度的品牌组合增加麻烦。为避免进入低端市场的风险，VBPM 也可以被认为是另一种规避风险的战略。让一个自有品牌在品牌组合中扮演角色，对于品牌制造商来说是一项节省成本的、有益的战略。这既避免了新品牌高昂的研发费用，又保证了自有品牌能够进入零售商的货架。[②] 由于自有品牌缺乏市场普遍性，品牌制造商会同时与多家零售商合作使用这种战略，进而达到完全或近乎完全的市场覆盖。

六、VBPM 框架之下的自有品牌定位

定位指公司如何使产品或者服务区别于其他竞争者，从而给予消费者购买的理由（Baines et al., 2011, p. 234）。当对品牌进行定位时，制造商要将竞争品牌考虑在内，这很自然地需要将零售商的自有品牌纳入其规划之中。在一个市场上，VBPM（垂直品牌组合管理）中自有品牌整合的一个主要优势是自有品牌在品牌组合可以保持中性的竞争地位。品牌制造商只需定位其产品使其利润最大化，而零售商需要在整个产品品类中追求最高利润，这其中包括自有品牌和其他全国性品牌（Sayman et al., 2002）。

零售商自有品牌组合的广度和深度会产生影响。这是一个多层次的自有品牌组合，该自有品牌是"保护伞品牌"（umbrella brand）或是其中的一部分？还是自有品牌的品牌等级只允许对"单一品牌"（mono brand）进行整合？自有品牌的定位，无论其是保护伞品牌还是单一品牌，都会直接影响到品牌制造商的组合。要整合一个价值型品牌？还是品牌制造商来接管一个最初定位为与主导性的全国性品牌直接竞争的溢价自有品牌？也需考虑品牌制造商品牌组合的实质和其细分战略。比如，一个组合中已存在的品牌能否被重新定位进而取代自有品牌？

---

① Kumar 和 Steenkamp（2007, p. 158）更倾向于称这种品牌为"独家品牌"（exclusive brands），他们认为比起称作自有品牌更为准确。与自有品牌相似，独家品牌缺乏普遍性，但是独家品牌由品牌制造商所有，而自有品牌的所有权属于零售商。

② 通过自有品牌在垂直层面上增长，在品牌制造商和交易商之间同样具有关系利益。Dunne 和 Narasimhan（1999）建议生产自有品牌可以作为一种可选的较为"和平"的立侧翼品牌，来直接应对零售商低价战略。针对自有品牌作为立侧翼品牌的讨论在第三章第七节第五部分再次提及。

（一）整合价值型自有品牌

在自有品牌被定位为价值型品牌（value brands）的案例中，品牌制造商的品牌组合主要通过价格来进行市场细分。自有品牌逻辑上被定位在品牌组合的低价市场。这符合制造商所选择的细分市场，尤其是通常采用价格来细分市场的包装商品类公司。在品牌组合中，自有品牌的任务是为价格敏感的细分市场服务，进而使品牌组合中的其他品牌进入具有更高价值的市场领域。第三章的规划过程将对自有品牌资产组合中的品牌架构应用做进一步研究。

（二）整合溢价自有品牌

传统上，自有品牌总会与低质量和低价位联系起来，如今自有品牌正逐步向高端品牌迈进。自 20 世纪 90 年代以来，零售商在提供自有品牌产品时，不仅试图将自身优势定位于价格层次，同时也将优势定位于质量层次。与主导市场的全国性品牌相比，溢价自有品牌（PLs）往往具有相似的质量或是更好的质量（Jonas and Roosen，2005）。零售商利用这些产品来树立形象和创造消费者对店铺的忠诚度。

整合溢价自有品牌属于价格细分范畴的另一层面。肩负管理溢价自有品牌任务的品牌制造商，将面对传统上已被制造商品牌占据的领域进行品牌定位的挑战。第三章将探讨与品牌组合战略相关的环境，在该环境下整合溢价自有品牌是一种可行的选择方案。

总而言之，在采用 VBPM 战略的背景下，本节探讨了品牌架构和多品牌组合的关联性，提出了主要的组合问题。讨论中心聚焦在细分问题及其对 VBPM 的意义。此外，典型的品牌组合问题关系到是否考虑将 VBPM 作为一种组合强化战略。下一节的讨论，将从品牌供应商议题转移到与零售商自有品牌化战略相关的议题。

第二节　自有品牌的定义和表现

自有品牌（Private Labels，PLs）是零售商和其他分销渠道成员销售的产品（Keller，2008，p. 222）。通常，自有品牌的生产是由独立制造商所掌控，而分销商持有品牌的所有权。在学术探讨中可能会用到不同的术语。比如，Kapferer（2008，p. 62）和 Riezebos（2003，p. 7）意指"分销商所有品牌"（Distributor-Owned-Brands，DOBs），作者辩称如果将其称为"自有品牌"，那么会无法触及产品层面。比如，消费者认为自有品牌是他们真正忠诚的品牌（Corstjens and Lal，1996；Ailawadi et al.，2001；Kapferer，2008，p. 72）。此外，一系列其他术语如零售品牌（retailer brands）、自营品牌（own labels）、分销商品牌（distributor brands）和自家品牌（home brands）等，都可在相关学术文献和商业新闻中找到。所有这些术语都有其各自优点，可被相互替代使用。然而，该术语将最终以"自有品牌"来表达。"自有品牌"是在以此为主题的学术文献中使用最广泛的术语，并被该领域内的权威学者如 Hoch（1996）、Quelch（1996）、Steiner（2004）以及 Kumar 和 Steenkamp（2007）使用。最终，在美国和欧洲，生产自有品牌的制造商共同体被命名为"自有品牌制造商协会"（Private Label Manufacturers Association，PLMA）。

"自有品牌"这个术语也是至今使用的最中性和含有最少偏见的一种表达方式，它由被嵌入在多层次零售商自有品牌组合中的"廉价"、"基本质量产品"到"高质量产品"术语中衍生而来。因此，像"普通品牌"（generics）、"白标签"（white-labels）和"无商标"（no-names）这些惯用语没有很好地体现出自有品牌的品牌资产以及零售商针对自有品牌项目所采用的细分战略。美国自有品牌经纪商［如联邦食品（Federated Foods）和达曼协会（Daymon Associates）］，向小型零售商提供各种自有品牌商品［如"红与白"（Red & White）］，而这些小型零售商缺乏自行发展其自有品牌的途径（Hoch，1996）。因此，这些经纪商成为品牌的合法所有者，而不是零售商，"分销商所有品牌"（DOBs）的含义在这里与实际品牌的所有权相矛盾。最后，"店铺品牌"是其自己拥有的一个品类，还可以用于描述所有产品都以公司之名销售的店铺经营模式。在此情况下，目标就是将店铺作为品牌。

学术讨论针对自有品牌，一直缺乏足够的关注。制造商品牌长期被认为是唯一参考点，自有品牌被认为是只能吸引价格敏感型消费者的"非品牌"（non-brands）（Kapferer，2008，p.66）。这部分原因是自有品牌最初在百货产品低价位和低质量的传统定位。现在，零售商开始改善其质量，并扩大自有品牌在溢价产品的供给，力图与全国性品牌针锋相对（Scott morton and Zettalmeyer，2004）。

尽管零售商的名声并不一定显赫，但都知道如何将自身产品品牌化。如今，
自有品牌像其他品牌一样进行管理，具有明确的目标消费者群体、与其争夺市场
份额的竞争对手、产品和价格、精美包装、促销沟通（Kapferer，2008，p.69）。
它们都有明确的产品定位，并且自有品牌所覆盖的市场不仅采用价格细分，还通
过日益重要的消费者需求和市场趋势来细分[①]（Riezebos，2003，p. 8）。然而，与
品牌制造商相比，自有品牌拥有较少的营销自主权（Riezebos，2003，p. 8）。首
先，作为企业整体业务战略的一部分，自有品牌须找到自己在零售商营销组合中
的位置，因此需要去考量自身店铺品牌的价值（Riezebos，2003，p. 8）。其次，
由于它们通常在消费者心里形成的物美价廉形象，价格依然是自有品牌一个关键
的营销组合要素（Keller，2008，p. 223）。

一、自有品牌的战略选择

在界定自有品牌性质及它与制造商品牌之间差异的过程中，可以区分出不同
的自有品牌表现特征。一部分借助 Bruhn（2006，p. 642）的方法，依据品牌广
度、自有品牌定位、市场细分、与店铺品牌关系构建一种类别方法，这种方法将
被深化扩展并贯穿全文（见表 2-4）。

表 2-4 自有品牌战略选择

战略维度	表征
品牌广度	个体品牌↔家族品牌↔普通品牌↔店铺品牌
自有品牌定位	普通品牌↔模仿品牌↔溢价品牌（~精简，~高价）
市场细分	价格细分↔品牌细分↔利益点细分
与店铺品牌关系	商店名字↔与店铺名字无关（新名字）

资料来源：改编自 Bruhn（2006，p. 642）以及 Kumar 和 Steenkamp（2007）。

（一）品牌广度

零售商将通过品类和店铺的整体视角对品牌组合进行管理（Kapferer，2008，
p. 67）。零售商为每个品类选择一系列品牌，还要决定向市场提供怎样的品牌类
型。品牌广度（brand breadth）取决于品牌拥有的产品数量。零售商可以在四种
品牌中进行选择：个体品牌（individual brand）、家族品牌（family brand）、普通

[①] 这种趋势将在本节第二部分呈现，现如今自有品牌面向多个细分市场的需求提供服务。

品牌（generic）或店铺品牌（store brand）。**个体品牌**在文献中有时也指产品品牌或者单一品牌，它仅局限于单一产品品类，但可被用于几种不同产品和在此产品品类中的延伸产品。个体品牌直接与制造商品牌竞争，但不提及零售商的名字。典型的案例是洗涤剂品牌"塔迪尔"（Tandil）（阿尔迪连锁超市，Aldi）或是服装行业的"圣米高"（St. Michael）（玛莎百货，Marks and Spencer）。家族品牌被应用于相关品类的一系列产品，比如从美食商品（"REWE Feine Welt"）到系列产品品牌"总统的选择"（President's Choice，PC）（西人超市，Loblaws）。**家族品牌**所涉猎的产品领域涵盖食品、园艺和家居、金融产品和电子通信。[①] 家族品牌也被认为是系列产品品牌（range brands）或者保护伞品牌（umbrella brands），在能够获得营销规模经济的一系列不同产品和品类之间建立起关联。**普通品牌**是覆盖不同产品类别的低价折扣品牌，并且常常覆盖零售商的所有产品。比如"超省"（Savings Plus）（大西洋和太平洋食品公司，A&P）和"迪普"（Tip）（麦德龙，Metro）。普通品牌通常被零售商用作为购物者提供深度折扣的替代性品牌（Kumar and Steenkamp，2007，p. 30）。最后，**店铺品牌**已成为现阶段遍布广泛且举足轻重的品牌（Roeb，1997）。购物者会认为，所有销售的产品都为零售商所有。因此，消费者不会再关注个体品牌。相反，购买点才是考虑的重点，并且零售品牌（店铺品牌）的定位会成为参考指标。服装品牌"ZARA"、家具及家居品牌"宜家"（IKEA）都是典型的店铺品牌成功案例。

（二）自有品牌定位

30

品牌定位是"设计公司产品和形象，并在目标市场的消费者心中占有独一无二位置的行为"（Kotler and Keller，2006，p. 310）。Ries 和 Tout（2001）以及 Sayman（2002）指出，价格只是定位后产生的可能性结果，而并非定位的决定性因素。Riezebos（2003，p. 53）认为，品牌定位的决定性因素应从两个维度展开：品牌的相对价格和固有维度（有形资产和无形资产）。这种观点在检验自有品牌定位时是极其适宜的，因为"物有所值"在传统上被认为是准确市场定位的关键性因素。基于对质量和价格的感知，可以分为三种定位战略：普通、模仿、溢价（Kumar and Steenkamp，2007，p. 31）。

---

① 关于 REWE 的自有品牌和西人超市（Loblaws）的"总统的选择"（President's Choice）品牌，将在本章接下来的部分详细讨论。

普通品牌（generics）[1]是对极少附加值与低劣品质所做出的一个简单性概念，通常价格比全国性品牌要低 50%（Nishikawa and Perrin，2005a）。零售商把其作为与深度折扣品牌开展价格竞争的品牌，为消费者提供低价的入门选择商品（Kumar and Steenkamp，2007，p. 30）。价格是主要的差异点。普通品牌有几种不同方式，例如：在零售商品牌旗下建立子品牌，如"乐购超值系列"（Tesco Value），或建立与零售商无关联的个体品牌，如家乐福的"一号"（No.1）系列。联合品牌"欧购"（Euroshopper）是另一种普通品牌类型，被荷兰安特合（Albert Heijn）及其他八个分销商在欧洲各地销售（Kumar and Steenkamp，2007，p. 33）。在类似乐购（Tesco）这样的案例中，对普通品牌的低价评价会与店铺的名字相联系，这反映了普通品牌对零售商品牌的负面影响。

别称"我也一样型产品"（me-too-products）的**模仿品牌**（copycats）采用了模仿战略，绝大多数家族品牌和个体品牌都属于这种情况，它们是处于主导地位制造商品牌的翻版（Kumar and Steenkamp，2007，p. 34）。零售商模仿主导品牌的全部产品特点（包括包装在内），意图通过使消费者在两者之间产生混淆而获利（Kapferer，2008，p.78）。模仿品牌通常会跟进主导品牌的畅销产品。分销商的目标是降低产品研发费用和失败风险。定位于同等质量，模仿品牌的价格适当低于全国性品牌。通过提高主导品牌的平均价格，零售商意图为其自身品牌吸引更多消费者（Pauwels and Srinivasan，2004）。

溢价自有品牌（premium private labels）定位于高质量、高价格的细分市场，质量高于或等于位于主导地位的全国性品牌（Sayman et al.，2002）。个体品牌、家族品牌，特别是店铺品牌都适合实施此战略。在自有品牌的溢价型品牌定位过程中，除了仅仅考虑价格因素外，为了创造和维持消费者品牌忠诚度，整个营销组合变得同等重要。

Kumar 和 Steenkamp（2007，p. 42）对溢价自有品牌的两种类型进行了区分，即"溢价—精简"（premium-lite）和"溢价—高价"（premium-price）。溢价—精简自有品牌旨在让消费者感知到在质量方面与主导品牌实力相当或更优，而价格却有相当的折扣。价格的优惠可看作对店铺品牌怀有情感的部分情感补偿。此战

31

---

[1] 普通品牌（generics）一词，顾名思义，它与品牌广度和定位都有关系，这个术语通常指的是低价细分市场中的自有品牌。其他诸如"无商标"（no-names）或者"白标签"（white labels）的术语，都意指这类店铺品牌所具有的典型的简单包装以及普通外观。

略意味着对产品开发的投入，零售商的挑战是使消费者信服其产品的良好性能。"总统的选择"（西人超市，Loblaws）和"好市多"（Kirkland Signature）（科思科连锁企业，Costco）都是成功的案例（Kumar and Steenkamp，2007，p. 44）。溢价—高价（premium-price）自有品牌定位是，在质量和价格方面都赶超全国性品牌。这些最早在欧洲开创且受到市场欢迎的溢价—高价（premium-price）产品涉及各个产品领域，有像面向单一品类的玛莎百货（Marks & Spencer）的"普友度"（Per Una Due）内衣品牌，也有像"乐购好佳"（Tesco Finest）这样的系列产品品牌，系列产品涵盖鲜榨橙汁、棒棒糖、沐浴产品（Kumar and Steenkamp，2007，p. 46）。溢价—高价自有品牌同时通过占有利基市场（niche）和把握市场趋势来创造品牌资产，如有机市场和公平贸易市场。这让许多主导性品牌制造商居于次要位置，特别是在有机产品市场，自有品牌占据着相当高的市场份额（Jonas and Roosen，2005）。

32   另一种特殊的自有品牌——"价值创新者"（value innovator）[①]，可以在深度折扣商店中找到它们的身影（Kumar and Steenkamp，2007，p. 62）。这种品牌起源于德国零售商阿尔迪（Aldi），但这种现象已经风靡全球。深度折扣商店旨在以最低的成本提供优质产品。这些品牌由大量特定供货商提供，通过消除不必要的成本来达成折扣。店铺理念含蓄，并且将商品品类限定在一定水平。相比沃尔玛（Wal-Mart）10万种商品和常规超市的2.5万种商品的供应规模，阿尔迪（Aldi）只提供700种商品（Kumar and Steenkamp，2007，p. 62）。阿尔迪自有品牌营业额却占95%（沃尔玛为40%，麦德龙为35%）（Lincoln and Thomassen，2008，p. 51）。

深度折扣商店出售的商品具有优质的质量，在有些情况下甚至高于全国性品牌竞争对手，却有无可匹敌的性价比。在这类商店中，自有品牌甚至可以得到消费者的崇拜，如阿尔迪的冠军品牌"韦德"（Veuve Durand）在各个产品类别中都获得了相当比例的销售份额（Gröppel-Klein，2000，p. 853）。但总的来说，除了非增值性（non-value-adding）产品特色和产品形象之外，自有品牌的功能性质量至少等同于主导品牌。品牌架构一般遵循品牌系列化战略（house of brands

---

[①] 这种特殊的自有品牌形式本身不属于自有品牌的一个战略维度。虽然它可能具有某一方面的特征，但它是四种维度结合的典型，并且主要在深度折扣店出现。

strategy），并覆盖了所选择产品品类中的多层次产品组合。阿尔迪的不提供非必要的服务理念，成为深度折扣产品品类的基准，并在其他市场领域被频繁效仿，如德国利德尔（Lidl）和所谓的美国"一元店"（Dollar-stores）。Kumar 和 Steenkamp（2007，p. 62）指出，这些"价值创新者"（value innovator）在零售包装产品行业之外也同样繁荣，比如瑞典服装品牌 H&M 和宜家都成功使用了该战略。

（三）自有品牌细分

细分品牌组合通常是一个由品牌制造商主导的领域。然而，零售商也进入发展精细型细分战略领域，并产生了包括多种自有品牌在内的品牌组合。Kapferer（2008，p. 86）在自有品牌细分领域看到了零售商增强消费者忠诚度的机会和竞争优势。如今，零售商比品牌制造商更有能力以更快的响应速度和更低的风险来满足消费者需求。在有机产品、健康和公平贸易（fair trade）领域所出现的强大自有品牌系列产品就是其拥有这种能力的证明。

33

大多数情况下，零售商采用三种细分战略来细分它们的自有品牌组合。按价格、品类或利益点进行细分，通常三者需要相互结合（Kumar and Steenkamp，2007，p. 75）。

基于价格的细分（price-based）是零售商构建自有品牌产品最常使用的方式。这种细分战略与自有品牌占优的价格定位以及普通消费者针对自有品牌的购买动机（如认为物有所值）相一致。许多欧洲零售商维持着三层自有品牌组合架构，通常以普通品牌、中等质量品牌及溢价自有品牌的形式出现。三层价格细分让零售商为价格敏感型消费者提供了深度折扣店铺品牌的替代性选择，并且允许追求高质量的消费者自然而然地去购买制造商品牌。

基于品类的细分（category-based）包括特定产品品类中许多不同的产品（如洗涤剂）。这种战略通常是店铺品牌系列化战略（a house of store brands strategy）的一部分，这样的品类品牌既跟某个店铺无关，相互之间也没有关联。涉及某一品类的自有品牌能够更容易地表达这类品牌的特定属性和利益。不同于通常出现于低价产品中的产品品类支配了自有品牌的品牌计划，采用品类细分的店铺品牌无须面临不同产品品类产生的组合冲突。比如，一些产品品类定位于呈现产品的功能、性能，其他的则定位于树立品牌形象。

基于利益点的细分（benefit-based）让个体品牌和家族品牌能够满足消费者

特定的生活方式和需求。零售商在满足当前消费需求趋势方面取得了前所未有的成功，如在食品安全和健康生活方面。有机和"天然"（free-from）食品自有品牌证明了这种趋势（如雷弗集团的"REWE Bio"和西人超市的"PC Blue Menu"）。自有品牌同样可以满足消费者关于社会意识等方面的多样化诉求［法国"模诺皮"（Monoprix）商店的公平贸易（fair trade），"高斯公平贸易咖啡"（Coles Finest Fair Trade Coffee)］、怀旧情怀［家乐福的"走遍法国"（Reflets de-France)］、对新奇和意外的需求［家乐福的"终点"（Destination Saveur)］，或是

34 环保主义［西人超市的"环保电脑"（PC Green)］。正是在这些细分市场中，自有品牌表现出高度的创新意识，甚至超越了竞争对手品牌制造商（Jonas and Roosen，2005）。

（四）与店铺的关系

本书中，自有品牌的最终战略是关于品牌名称的选择。所选择的品牌名称是否与店铺名称有关是不同选择方案之间的主要区别。当使用店铺品牌名字时，品牌的所有权是显而易见的，从而使店铺的品牌资产向自有品牌转移，反之亦然。个体品牌和基于品类划分的自有品牌通常使用新创名称。图2-1把"与店铺的关系"维度与产品附加值联系起来。此图诠释零售商把质量与店铺品牌名字联系之时所选取的不同方法。

Tesco Value	Tesco Leader Price	Tesco Finest Fauchon Rewe Feine Welt
	George (Walt-Mart)	
No.1 Ja!	Aldi PLs Lidl PLs	President's Choice

图2-1　自有品牌相关定位和店铺关系

资料来源：改编自 Kapferer（2008, p. 68)。

二、多层次细分的自有品牌组合

处于领导地位的零售商，特别是大型商场和大型超市，采用多层次细分方法

将不同定位的自有品牌组合在一起。遵循这一战略，像这样的零售商开创了多层次细分的自有品牌组合。为说明零售商品牌化战略的复杂性和差异，西人超市的"总统的选择"（President's Choice，PC）自有品牌和雷弗公司（REWE）最近重组的自有品牌组合，将在下文进行介绍和分析。

（一）西人超市案例

西人超市（Loblaws）是加拿大的领导型超市零售商，于 1984 年创立自有品牌"总统的选择"（Loblaws，2011）。最初目标是为加拿大消费者提供高质量的生活用品（Nishikawa and Perrin，2005b）。最开始以价格为关注点进行定位，随后品牌延伸到更广阔的领域，如今为消费者提供以质量和健康为主要关注点的商品选择。"总统的选择"不仅停留在食品这一单一领域，而已经扩展到家居用品，再到金融服务等其他产品领域（Loblaws，2009）。

"总统的选择"（PC）作为"品牌家族化"（branded house）品牌架构中的主品牌，定位为"溢价—精简"（premium-lite）型自有品牌。该品牌一开始就涉及从食品到家庭清洁用品等 32 类产品。"总统的选择"被称作溢价自有品牌中最成功的案例，要归功于其"乐图巧克力饼干"（Decadent Chocolate Chip）。这种高品质的饼干比其他领导品牌含有更多的黄油和巧克力，一经推广马上就成为销量最好的饼干（Lincoln and Thomassen，2008，p. 103）。"总统的选择"也销售以利益点细分的多个子品牌，如定位于儿童和家长的"PC 小厨"（PC Mini Chefs），还有面向具有健康意识消费者的"PC 有机"（PC Organics）和"PC 蓝色食谱"（PC Blue Menu），以及针对具有环保意识消费者的"PC 绿色"（PC G.R.E.E.N.）（见表 2-5）。西人超市将"总统的选择"品牌延伸到了多个品类领域。类似于"PC 家庭"（PC Home）这样的品类品牌销售家具和厨房电器，而"PC 草坪花园"（PC Lawn & Garden）提供从植物到化肥的各种花园配件物品。消费者也可在"PC 金融"（PC Financial）品牌中选择各种服务，包括信用卡、银行及保险业务。"总统的选择"（PC）自有品牌组合还包括另一品类细分品牌"PC 电信"（PC Telecom），此品牌包括手机、电话预付费或后付费业务。表 2-5 总结了"总统的选择"的自有品牌项目，并把产品品类和相应的品牌战略进行对接。

"总统的选择"的"溢价—精简"定位战略，在其网站上进行推广，"以低于主导性品牌价格交付产品"并附以退款保障（Loblaws，2011）。"总统的选择"的主页上还有其品牌的电视短片（PCTV），向消费者推介公司新产品及相关问题解

表 2–5　"总统的选择"品牌组合

品牌	产品品类	品牌战略
PC	超过 20 种食品种类、家用、个人护理用品	主品牌，定位在质量上相同或高于主导品牌。基于价格细分战略
PC Mini Chefs	11 种食品种类	子品牌，定位面向 5~10 岁的儿童及其家长。基于产品趣味性和健康的利益点细分战略
PC Organics	17 种食品、家居用品类别	子品牌，以产品口味和有机性为利益点细分战略
PC Blue Menu	19 种食品类别	子品牌，以健康意识为利益点细分战略。沿着"对……的记忆"进行延伸：基于口味和怀旧的利益点细分战略
PC G.R.E.E.N.	家居、清洁、卫生用品	子品牌。价格与主导品牌持平，环境友好型品牌
PC Home	小型家具、厨房家电、沐浴用品	子品牌，以品类细分战略为基础。附加优点：现代，时髦，方便
PC Lawn & Garden	花、肥料、花园用品	子品牌，基于品类细分战略。附加优点：有趣，易使用
PC Financial	银行业务、保险	子品牌，基于品类细分战略
PC Telecom	手机、通话业务	子品牌，基于品类细分战略

资料来源：作者自制，西人超市（2010）。

决方案，如何更有效地使用园艺工具和厨房小贴士。在这个综合性的网站主页上，甚至还包含"怎么做"（How To's）论坛，介绍了如野餐或聚会等这种特殊场合的参考信息和说明。消费者关系维护，则通过每月时事通讯"内部新闻"（Insider News）来维持，西人超市消费者可以在网上创建在线购物栏目，能够让他们将烹饪食谱和必要配料保存在网上。该网站还专门创立了名为"健康生活"（healthy living）的栏目，鼓励其使用者健康饮食。"总统的选择"以"PC 儿童慈善团体"（PC Children's Charity）的名义活跃于社区服务，旨在帮助"有身体或发育障碍的儿童"。

"总统的选择"营销组合超越了零售商通常对自有品牌项目所做出的营销努力。这些努力让"总统的选择"成为自己所标榜的"加拿大最著名商标"之一（Loblaws，2011）。这种自有品牌组合战略证明了自有品牌的复杂性及消费者的关注点。经过广泛延伸的家族品牌既能够吸引市场需求，还能够满足多样的细分市场需求。

（二）雷弗集团案例

雷弗集团（REWE）是欧洲主导零售公司之一，旗下有 30 万名雇员，2011年营业额达到 480 亿欧元（Rewe，2012b）。超市购物成为雷弗集团的主要业务，目前该公司对其在德国境内的超市运作模式进行了重组，将其 200 家零售店统一在雷弗店铺品牌之下。在共同的店铺品牌之下，雷弗集团通过众多个体品牌、家族品牌及普通品牌来强化其自有品牌组合。这些品牌采取多层次细分，并采取了不同定位战略（见表 2-6）。

表 2-6　REWE 自有品牌组合

品牌	产品品类	类型	定位	细分市场
REWE	640 种产品，超过 17 个品类	店铺品牌/家族品牌	溢价—精简	基于价格细分，价格和质量同于或超越领导品牌
REWE Bio	260 种产品，超过 14 个品类	家族品牌/子品牌	溢价—高价	基于价格和利益点细分（健康，社会意识）
REWE Feine Welt	美食产品（早餐、调味品、饮料、熟食、点心）	家族品牌	溢价—高价	基于价格和利益点细分（口味，独特性）
Wilhelm Brandenburg	预先包装好的新鲜肉制品	个体品牌	溢价—精简	基于品类细分
Ja!	750 种产品超过 19 个范畴	普通品牌	普通品牌	基于低价产品
Ja! Mobil	手机通信	普通品牌	普通品牌	基于品类细分

资料来源：作者自制，雷弗集团（2009）。

　　雷弗集团形成的产品系列是将其旗下自有品牌，如 "Erlenhof"、"Salto"、"Today" 整合在家族品牌 "雷弗" 的结果（Münzberg，2008）。雷弗用其企业名称统一旗下各子品牌，以 "雷弗优质品牌"（Qualitätsmarke REWE）为开端，该品牌涉及 17 个产品品类，定位为溢价—精简（premium-lite）品牌。此外，雷弗集团还有 "REWE Bio" 和 "REWE Feine Welt"（即 REWE fine world）两个子品牌，它们向市场提供利基产品和趋势型产品（niche and trend products）。这两个品牌都是基于价格细分的雷弗自有品牌组合中的顶级代表品牌，同时采用了利益点细分的方法，如健康、社会意识（公平贸易）和享受。威尔伯登（Wilhelm Brandenburg），这个基于品类细分战略的自有品牌，则以 "溢价—精简" 为定位，为消费者提供各种肉制品。"Ja!" 是雷弗旗下的一个普通自有品牌（generic private label），与雷弗相比，它涵盖更广阔的产品品类。2009 年，"Ja!" 品牌扩展成 "Ja! Mobil"，它是一个低价手机供应商，其效仿德国零售商与荷兰皇家电信德国子公司（E-Plus）和德国电信（T-Mobile）等手机服务运营商之间的合作趋势，为市场提供低价手机服务。

　　雷弗将品牌名称借用给其绝大多数的自有品牌，从而使其店铺品牌得到很好　38

的利用。这些自有品牌与店铺品牌建立的联系，使消费者在购买产品时更容易做出选择，并降低了购买风险。同时对自有品牌的定位也起到了关键作用，因为其内容和产品须传达与店铺品牌同样的价值。雷弗绝不会冒风险去伤害其店铺品牌的声誉，而将其品牌名称用于像"Ja！"这样出售最低价格产品的普通品牌（generics）。

总之，"总统的选择"（President's Choice，PC）和雷弗（REWE）这两个品牌的案例都说明，如今的零售商正将品牌化战略运用在其自有品牌产品上，并有能力为其零售品牌和自有品牌建立品牌资产。此战略能扩大市场覆盖范围，满足更多细分市场的需求。多层次自有品牌组合同样使得"一站式购物体验"更多地出现，这里完全都是基于价格细分战略的低价普通品牌（generics），直接成为深度折扣超市在这个细分市场的竞争对手。将自有品牌引入有机和公平贸易（fair-trade）这两个细分市场，也证实了零售商对消费趋势的快速响应能力。

三、自有品牌和制造商品牌之间的差异

自有品牌和制造商品牌之间差异的探讨，主要争论点在于自有品牌不配得到一个"真正品牌"身份（Gröppel-Klein，2000，p. 854）。支持这种观点的原因主要有：自有品牌缺乏市场普遍性，在对产品创新方面得到很少甚至没有得到投资，对广告宣传的花费也微乎其微（Kapferer，2008，p. 74；Lincoln and Thomassen，2008，p. 39）。

传统上，价格是零售商自有品牌营销组合中所使用的主要元素，因此"物有所值"是消费者眼中的关键性差异点（Kapferer，2008，p. 70）。由于可以无须直接花费任何广告费用来效仿处于主导地位的全国性品牌，零售商通常有能力通过较少的营销预算来维持自有品牌的价格可接受性（Kapferer，2008，p. 70）。只有当自由品牌可以维持成本优势，以价格作为一个差异点才能合理地成为其定位战略。此外，许多像沃尔玛这样的零售商通过实施"天天低价"（everyday low prices）战略，让它们成为各自市场类别的领军者（Keller，2008，p. 20）。深度折扣零售商如阿尔迪（Aldi）能获得成本优势的原因是，有限的商品品类和巨大的交易额（Kumar and Steenkamp，2007，p. 64）。同时，自有品牌是零售商整体战略的一部分，通常被置于零售商店铺品牌（主品牌）之下。就此而言，自有品牌管理并没有拥有像制造商品牌一样的自主权（Kapferer，2008，p. 70）。

尽管自有品牌关注价格，但以下几个案例能证明自有品牌也能够将创新和多样化推升至这样一个水平，甚至在某种程度上可以超越全国性品牌制造商。如自有品牌"Reflets de France"，被法国家乐福连锁超市作为家族品牌来使用，其旗下包括超过 100 种来自法国的区域性产品和配方，这些产品和配方皆由本地制造并定位于口味和怀旧利益点（Kapferer，2008，p. 79）。对品牌制造商来说，以区域主题建立像这种广泛多样的家族品牌是比较困难的。此外，英国零售商乐购（Tesco）也将其标准型自有品牌扩展成为七种基于利益点细分的子品牌，如"乐购汽车控制"（Tesco Car Control）、"乐购公平贸易"（Tesco Fair Trade）、"乐购有机" 40 (Tesco Organic) 和"乐购为您服务"（Tesco Serves One）（Kumar and Steenkamp，2007，p. 84）。所有这些食品都具有彼此不同的利益点（Kumar and Steenkamp，2007，p. 84）。同样，很难想象像西人超市"总统的选择"这样的快速消费品牌能延伸至食品、家具、银行和电信等不同的品类。

零售商通过实施整合营销传播项目缩小了与品牌制造商的差距。处于主导地位的自有品牌做了很多促销方面的努力，包括投放周报、促销活动、直销、消费者忠诚度提升计划和综合性网站（Keller，2008，p. 225）。雷弗集团新研发的"Feine Welt"品牌，自 2009 年创立以来，通过大量的印刷品、销售点、网络和电话活动进行大力度的促销（Horizont，2009），甚至电视节目也成为零售商自有品牌的推广媒介。如 Real 在电视上持续推广其自有品牌"Real Quality"，该零售商在部分国外市场进行电视推广之后，阿尔迪在德国做电视广告的计划也受到热议（Reidel，2012）。依托店铺品牌和家族品牌进入不同的产品领域，这让零售商可以将他们的营销报表和媒体投入相捆绑。同时零售商也须承认自有品牌管理不善所带来的相关风险。一个产品的失败能给整个零售商形象带来负面影响（Kumar and Steenkamp，2007，p. 87）。

并不是所有零售商对其自有品牌组合都是像案例所述的一样复杂。构建以深度折扣商店为竞争对象的一般性普通品牌（generics）是零售商常用的方式。基于利益点细分的溢价自有品牌需要一套先进的品牌建设方法以及充足的资金投入。也并不是所有的零售商都有建立和管理多层次细分战略自有品牌组合的专业技能和充足资金。然而，需要注意的是，如西人超市（Loblaws）、乐购（Tesco）或塔吉特（Target）有着复杂自有品牌项目的零售商，无一例外都是它们各自市场的佼佼者，并拥有忠实的消费群体（Kumar and Steenkamp，2007，p. 86）。

第三节　渠道关系和垂直营销实践

垂直营销（Vertical Marketing，VM）涉及分析、计划以及控制供应商和零售
41　商之间的关系。垂直营销尤其与分销渠道相关，品牌制造商通过零售组织把产品
间接地销售给消费者。垂直营销还包括在一项合作中各种直接与渠道相关的所有
销售与营销活动（Meffert et al.，2008，p. 316）。在这种情况下，零售组织不应
该被仅仅看作一名消费者。相反，整个行业将零售商的角色视为其消费者营销努
力的潜在过滤器（Irrgang，1993，p. 1）。

垂直营销涉及以下几个领域。品牌商品的供应商与零售商之间的相互依赖关
系（Tomczak and Gussek，1992）。一方面品牌制造商需要分销商，使得消费者可
以获得购买其产品的途径，另一方面零售商想要销售消费者需要的受欢迎产品。
供应商和零售商之间力量平衡的天平开始向零售商倾斜，这点被许多学者所证实
（Shaw and Gibbs，1995；Kumar，1996；Narasimhan and Wilcox，1998）。力量倾
斜的一部分原因是零售部门持续的集中化趋势，如今供应商需要与少数占统治地
位的零售商对接。同时，零售商也将进一步精化一些流程。比如，集中采购，强
大的消费者数据，更加注重消费终端，这是让零售商扮演更强大"守门人"角色
的部分原因（Zentes，1996）。过去仅仅是分销品牌产品的零售商，如今却成为品
牌产品的主要竞合者。

制造商和零售商之间的关系以冲突和偏离组织的市场目标为特征。当全国性
品牌制造商要维持产品关注度的时候，零售商却强调其在品类和购物环境营造方
面所做的努力（Meffert et al.，2008，p. 317）。零售价格政策也使得冲突加剧，
疏远了供应商关系（Zentes and Swoboda，2005）。对于供应商来说，常见的问题
有零售商让其品牌产品大幅度打折（Kotler and Bliemel，1995，p. 780）。这种打
折通常是供应商品牌所不期望的，因为这会淡化品牌识别。另外，零售商通过提
供独有的自有品牌从而在水平方向寻求差异化。自有品牌的进入会对某一领域的
品牌产品和品牌产品供应商产生负面影响（Narasimhan and Wilcox，1998；Mills，
1999）。

持续的竞争力加上需求的停滞，使得绝大多数消费市场面临价格下降压力，这对制造商和零售商的利润都产生了消极的影响（Goerdt，1999，p. 9）。尽管存在冲突关系，但这也使零售商和品牌制造商共同参与到以战略为导向的战略合作努力中来（Zentes and Schramm-Klein，2004，p. 1682）。特别是供应商更加努力与零售商建立紧密关系。这些努力措施旨在影响零售商单方面对于折扣定价的关注，降低营销渠道的总成本，并以合作方式提升消费者价值（Corsten and Kumar，2005）。一项主要的供应—零售合作战略是由厂商自身所发起的"有效消费者反应"（Efficient Consumer Response，ECR）。在有效消费者反应框架之下，厂商与零售商的合作以垂直营销为准则（Zentes，1998，p. 47）。垂直营销跨越整个价值链，如产品政策和供应链事宜，而有效消费者反应则关注产品品类协同分析与设计以及其他营销相关问题（Meffert et al.，2008，p. 565）。接下来可以发现，VBPM（垂直品牌组合管理）可借用多个垂直营销和有效消费者反应的重要理论和商业实践。当然，VBPM（垂直品牌组合管理）理论也借鉴了许多其他原理。本节首先会对有效消费者反应的目标、利益及其子品牌战略做一个全面的综述，然后再探讨这些战略与 VBPM（垂直品牌组合管理）的联系。之后，再对垂直营销和有效消费者反应作为 VBPM（垂直品牌组合管理）战略核心理论的合理性做详细讨论。基于这一目的，将会借用垂直营销（VM）和有效消费者反应（ECR）理论。

一、有效消费者反应

在全面以消费者为中心的承诺之下，有效消费者反应旨在建立快速消费品行业中供应商和零售商之间一种有效的、合作的并以消费者为导向的业务流程（Kotzab and Teller，2003）。主管机构"有效消费者反应—欧洲"（ECR-Europe）将有效消费者反应总结为"共同致力于以最好、最快、更低成本的方式满足消费者愿望"（Hofstetter and Jones，2006，p. 73）。在美国，嘉思明咨询公司（Kurt Salmon Associates，1993）预计，在有效消费者反应流程下，供应链将节约零售价格的 11%，或节约 300 亿美元。在欧洲，1995 年开始实施有效消费者反应的10 年之后，"有效消费者反应—欧洲"（ECR-Europe）预计，整个行业在采用有效消费者反应之后，消费者销售额节省了 3.6% 的价值，以 1995 年的汇率计算，超过 18 亿欧元（Hofstetter and Jones，2006，p. 16）。随着时间的推移，有效消费者反应已经成为一项由多种不同有效消费者反应实践所组成的综合性活动，主要包括制造—零售合作的两大领域：一是需求管理（品类管理），即通过促进共同营销和销售活动来刺激消费者需求；二是供给侧管理（优化供给实践），主要关注物流合作与供应链行为（Corsten and Kumar，2005）。图 2-2 是对有效消费者反应战略的概述。下一部分将对品类管理的主要战略进行介绍。

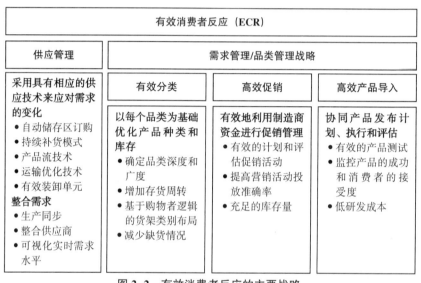

图 2-2 有效消费者反应的主要战略

资料来源：改编自 Kurt Salmon Associates（1993，p. 29）以及 Hofstetter 和 Jones（2006）。

二、品类管理

品类管理（Category Management）被定义为供应商/零售商将产品品类作为战略业务单位相互管理的过程，通过传递消费者价值提升业绩（ECR Europe，1997，p. 8）。其他作者也持有这种供应商和零售商之间合作创造消费者价值的观点（Meffert，2000，p.1094；Müller –Hagedorn and Schuckel，2003，p. 34；Grünblatt，2008）。品类管理作为一种管理系统，其目的是在增强制造商和零售商之间相互信任和合作的环境之下，通过定义和管理产品类别而不是个体品牌来缩短零售商与消费者之间的距离（Dupre and Gruen，2004）。品类管理搭建一个将销售收入和利润最大化的平台，从而获得一种竞争优势：一种以正确的方式提供正确的产品来满足"极端复杂消费者群体快速变化的需求"的能力（Johnson，1999）。这依赖于零售商共享的终端数据以及供应商把数据与其对消费者的深度

了解相结合。品类管理首先需要进行一次战略转移，管理层注意力的焦点从制造 44
商品牌指向零售商产品品类。"有效消费者反应—欧洲"将品类定义为"消费者认
为相互关联和（或）在满足某一种消费者需求之时可以相互替代的一组独特的、
容易管理的产品"（Blattberg et al.，1995；ECR Europe，1997，p. 8）。快消品市
场的品牌制造商对这一品类管理观点进行了补充，也就是从纯品牌管理的视角转
移到品牌组合框架下更加关注品类管理的广阔视角（Grünblatt，2008）。先前提
到的力量向自行开展品类管理的大型零售商转移推动了品牌制造商的这种行业趋
势。长久以来，零售商关注的是整个产品品类的营利性，而不仅局限于对个体品
牌的关注。

在需求层面，以供应为导向的 ECR 实践首先实现了大量成本的节省，因此
品类管理成为采用 ECR 的焦点问题。如图 2-2 所示，三个主要品类管理概念分
别为以消费者为导向的分类（"有效分类"，Efficient Assortment）、经过优化的促
销（"高效促销"，Efficient Promotion）和推出新设计的产品（"高效产品导入"，
Efficient Product Introduction）（Seifert，2006a，p. 147）。以上三个概念都涉及供
应商营销和销售部门发起与零售商相关领域的合作。也就是说，随着有效消费者
反应的提出，品类管理得到了较快的发展（Lietke，2009，p. 17）。相反，其余的
两种战略因制造商和零售商之间的利益冲突而频频受到挑战（Lingenfelder et al.，
1998）。例如，零售商非品牌产品在销售终端的出售或者持续的打折活动使得制
造商的品牌形象受到挑战。如前文所述，零售部门对价格的重视与品牌制造商对
质量的关注相矛盾。消费者价值会因为过度膨胀的品类或仅仅为吸引聪明购物者
的过度促销所降低（Wünschmann and Müller，2005，p. 87）。因此，迫切需要理
顺制造商和零售商的营销战略。因此，基于关注营销的全面视角框架之下的品类
管理协作行为是协调由零售商和制造商渠道活动所驱动出的需求的一种方法。
这种方式旨在获取合作收益。这三种品类管理的应用将在接下来的部分进一步
探讨。

（一）有效分类 45

因为零售部门关注品类与产品分类，一些大型品牌制造商认为只有与渠道成
员围绕相似的系列产品进行分类才有意义（Freeman，1987）。此外，力量逐渐从
制造商向零售商转移也支持了这一趋势。因此战略层面的"有效分类"（Efficient
Assortment）是品类管理的主要概念。它为成本节约和机会增长提供了一个更广

泛的基础，在需求侧的相关概念中，它也被更多地采用（Hofstetter and Jones，2006）。分类优化的相关手段包括对库存和货架空间的资源分配，以及品类管理（Hofstetter and Jones，2006）。这将为系列产品简化与适用于特定区域的产品分类提供机会。由制造商和零售商相互驱动的这种努力，能够产生出以消费者为导向的品类，包括最优的产品货架摆放和品类的正确定价结构。在这种情况下，一个品类经理需要对此品类的所有产品（包括自有品牌）进行价格设定，以达到整个品类利润的最大化。零售商对一次经过分类之后的所有品类进行优化是徒劳的。因此，零售商需要从其供应商的"供应池"中指定"品类首领"（category captains），它被赋予管理相关品类的责任（Seifert，p. 190）。通常零售商会选择此产品品类中最有竞争力的制造商（Grünblatt，2008）。然后，零售商和"品类首领"共同协作来确定品类战略（见第二章第三节第二部分（四）"品类管理过程"步骤的论述）。在此过程中，零售商负责收集所有品类项下产品的信息，包括销售量、价格、空间分配和促销信息。而制造商则将这些信息和它们丰富的消费者行为知识结合，并最终用最优的产品分类、价格和货架分配来设计品类结构。良好的品类分类会最大化商品营业额，并优化零售空间的产出率。

（二）高效促销

"高效促销"（Efficient Promotion）的主要目标是制造商与零售商达成合作计划、执行和评估促销（Lietke，2009，p. 16）。首先，要确定同时符合零售商和制造商的目标。在促销中，零售商通常寻求提升商店整体绩效（"商店人气"），而品牌制造商旨在提升自身商品的品牌资产。接下来要理顺系统中各主体的不同诉求，高效促销优于在销售点经常见到的以价格为主的促销（Fellerand Groß-weischede，1999）。合作促销的有效计划和执行能让资源更有效地被使用，帮助制造商和零售商提升销售量并创造额外利润（Grünblatt，2008）。总的来说，高效促销能提升制造商和零售各自的品牌忠诚度。

（三）高效产品导入

"高效产品导入"（Efficient Product Introduction）需要将制造商的产品开发和零售商市场导入相结合。将零售商对消费者的了解和制造商对产品研发的专业知识结合起来，能够生产出更好地满足消费者需求且更适合零售商特殊环境的新产品（Heydt，1997，p. 126）。通过将合作型产品测试和对产品导入促销活动的密切监测，可以提高新产品的成功率（Hofstetter and Jones，2006）。运用销售终端数据中获得的消费者接触点，可以让零售商对新产品的消费者接受程度及促销活动做出快速的反馈（Heller，2006，p. 340）。将这些信息与制造商分享，能使合作双方在需要时做出适当改变，降低相关新产品的研发成本（Heydt，1997，p. 126）。

（四）品类管理过程

食品行业已经设计出指导零售商和供应商的品类管理战略，其中包括从品类定义到包括执行和审查等战略步骤在内的八个步骤。"有效消费者反应—欧洲"（ECR Europe，2000，p. 21）认为，对于制造商和零售商双方来说，要成功执行品类管理，以下八个关键步骤十分重要：

步骤 1：定义基于目标市场需求的品类。

步骤 2：分配各品类的角色。

步骤 3：评估品类并探寻改进机会。

步骤 4：设定绩效目标和衡量进程的类别计分卡。

步骤 5：构建品类战略。

步骤 6：制定分类、定价、促销、产品销售规划及供应链管理的品类战略。

步骤 7：品类战略执行—制订计划。

步骤 8：审查品类计划。

步骤 1 确定构成品类的产品、次品类以及细分市场。根据消费者认知，定义的品类应包括可以相互替代或者相互关联的所有产品。品类的角色定义需要经过跨品类的审查。一旦品类的定义和角色被选定，品类战略（步骤 5）和执行品类战略（步骤 6）则成为重点（Basuroy et al.，2001）。在品类管理过程中，制造商和零售商在每一个步骤上的协同合作是先决条件。

在品类管理中，整合和分析制造商和零售商中的消费者数据尤为重要（Seifert，2006，p. 160）。这关系到合作产出效果的控制和衡量。双方都需要判断提供这些数据的收益是否超过了所涉及的成本和风险。对于制造商来说，这种合作关系可能以损害其他零售商关系或威胁到自身品牌安全为代价。零售商则需要判断允许制造商对其品类的影响到什么样的程度。一个供应商一旦被委任为"品类首领"，制造商将对零售商的部分品类发挥举足轻重的影响，甚至可以在此品类中确定哪些品牌作为竞争品牌。比如，"品类首领"可以建议零售商让某个竞争品牌出局（Steiner，2001）。

三、有效消费者反应与品类管理的目标及利益点

当通常将节约成本和提高利润率作为采用有效消费者反应的主要利益点时，相关学术文献及商业刊物列出了一系列有形、无形的有效消费者反应（ECR）成果。表2-7总结了现今部分有关有效消费者反应和品类管理的文献，其突出强调了制造商和零售商的主要利益点。表2-7中的主要利益点主要由三方面构成，即制造商的利益点（用M表示）、零售商的利益点（用R表示）以及制造商和零售商的关系利益点（用RB表示）。有关有效消费者反应和品类管理的现有文献主要归类为经验研究（Hofstetter and Jones，2006；Corsten and Kumar，2005；Dupre and Gruen，2004；Basuroy et al.，2001；Dhar et al.，2001；Broniarczyk et al.，1998；Zenor，1994）、评论（Richards，1995）和基于描述性的案例研究（Kurnia and Johnston，2001；Johnson，1999）。特别是经验研究仅局限于关注食品杂货细分市场。尽管如此，研究结果都共同指出了在此研究领域的以下几点主要目标。

表2-7 有效消费者反应和品类管理的利益点

作者	有效消费者反应和品类管理的利益点
Hofstetter 和 Jones (2006)	(M) 降低库存量，提升服务水平，改善准时交货率以及减少交货时间。提升形象，提升销售量，采用有效消费者反应的制造商更倾向于被零售商选择成为青睐的合作伙伴，更好地理解零售商业务流程，在销售终端有效地管理产品 (R) 提升供应链效率。提升销售量和形象。采用有效消费者反应的企业表现高于行业平均值。更多的以消费者为导向的品类，更多的以利益诉求方式的促销，并能减少缺货现象 (RB) 获得高水平关系利益点。[①] 双方同时在经营环境中更具有响应性和灵活性。增强商业伙伴之间的信任和公平性。更高的共同解决问题的承诺
Corsten 和 Kumar (2005)	(M) 采用有效消费者反应的制造商与自有品牌供货商相比，不管是在品牌规格还是在市场份额方面，均能获得更大的经济效益和发展能力 (RB) 在培养相互关系中的信任及与更聪明的零售商合作方面将会取得利益点
Dupre 和 Gruen (2004)	(M+R) 聚焦品类管理可以获得高于平均水平的增长。通过次级品类分割获得的更优越的定位产品机会。区域品类成为可能。基于品类的消费者偏好选择，使零售商和供应商品牌商标具有更高的消费者忠诚度。降低运营成本，增加收益。更好的资源分配和共享，更高效的仓库运作和存储 (RB) "品类首领"对零售商的信任更加客观
Basuroy 等 (2001)	(R) 在高度品牌间竞争和较低的消费者商店转换率的前提下，执行品牌管理可以提高该品类的盈利能力

---

① 这些利益点是参与者无法独自达成的。

续表

作者	有效消费者反应和品类管理的利益点
Dhar 等（2001）	（R）品类管理对品类的广度和深度进行了诠释。品类管理有助于确定影响品类成功分类的关键变量，并对各品类在零售商总体营销组合中扮演的角色进行解释 （M）有效消费者反应在零售商中得到最好的实施，是制造商对零售商进行营销投入的决定性指标
Kurnia 和 Johnston（2001）	（M）在供应方面有效消费者反应的采用，为生产及促销计划提供了基础 （R）减少运营成本，改进产品质量。更好的零售商忠诚度，或更高的销售和利润
Johnson（1999）	（RB）在相互信任的贸易关系中得到双赢
Broniarczyk 等（1998）	（R）精简品类，从而避免商店选择的危险
Richards（1995）	（M）供应商作为品类首领的身份，可避免供应商停业的后果
Zenor（1994）	（M）制造商从品类管理的协作定价中获得利润利益点

资料来源：参见下文中文献。

基于文献综述（见表 2-7）的结论，有效消费者反应和品类管理的优势可分 50 为三大主要利益点和目标群集：①品牌/零售商忠诚度；②经营效率和盈利能力；③供应商与零售商之间关系的改进（见图 2-3）。

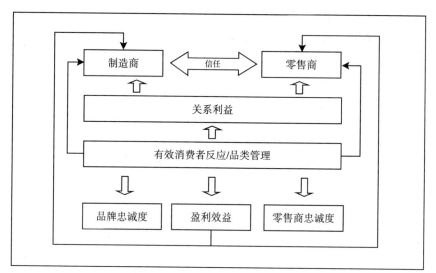

图 2-3　有效消费者反应与品类管理的目标和利益点
资料来源：作者自制。

特定的经营效率改进往往由供应商在供给侧发起，进而常常带来短期的成本领先（Dupre and Gruen，2004）。然而，在供给侧的改进能够为需求方带来更多的收益。比如，改进准时交货可以有效避免缺货情况，进而会赢得更多的消费者满意度，从而增加品牌忠诚度（Kurnia and Johnston，2001）。此外，特别是由需求驱动的商业活动，会获得长期的更多的互惠利益。有效消费者反应意味着需要对消费者需求给予更多的关注。因此，有效消费者反应带来的一系列利益要以为消费者创造更多的价值为驱动。如表2-7所示，通过提升服务水平、以消费者为导向的品类、让利幅度更大的促销、改善产品质量、更优化的产品货架摆放和经过改进的品牌定位等方法能够创造消费者价值。从需求侧获得的这些成果可以带来更加长期的利益。结果，品类管理明显有利于供应商和零售商长期目标的实现，即提高制造商和零售商品牌忠诚度的目标（Barrenstein and Tweraser，2002，p. 139）。在竞争如此激烈的快速消费品市场，这对合作双方均是一个明显的竞争优势。当有更强势的品牌进行销售时，零售商会更倾向接受制造商对进货、订货和品牌展示的建议。他们也可能向强势品牌收取较少的进场费，并把更有利的空间分配给这些强势品牌，毕竟这会加强制造商在垂直渠道的地位并同时增加其在水平方向的竞争力。当店铺品牌忠诚度增加后，零售商通过拉拢更多的消费者进入其阵营而获得利益。

　　尽管有效消费者反应和品类管理的最终目标是使消费者受益，但关系利益只是关注零售商和供应商的双边关系。基于制造商和零售商之间相互信任的增强，会给双方带来其他一些利益。Kumar（1996）指出，信任有利于将制造商和零售商关系提升至最高水平。当双方充分信任对方时，它们就可以交换机密信息，并会努力去了解彼此的业务。此外，它们还会让它们的信息系统更加合理化，进而提供更多的人力、物力为彼此更好地服务。特别是在供应侧驱动的有效消费者反应的应用需要大量的信息技术投资。零售商对合作伙伴的信任也会给制造商带来让其长久受益的工作任务。Richards（1995）指出，供应商的品类首领地位能避免供应商停业的风险。如果品类首领能够展现其更多的客观性，那么零售商对制造商就会产生更多的信任。比如，作为品类首领，供应商自愿去除其弱势品牌，这就是一个很客观的表现（Dupre and Gruen，2004）。对于制造商来说，与可信任的零售商实行有效消费者反应提升了它们的经济状况（Corsten and Kumar，2005）。各个作者都声称"推进合作伙伴之间的信任，并与更优秀的零售商合作是值得的"。

四、采用有效消费者反应战略的问题与风险

　　尽管采取有效消费者反应战略所获得的利益是问题讨论的核心，但其中存在

的问题和障碍会影响这个合作战略的执行。采取有效消费者反应战略需要商业伙伴之间的相互信任，而这种情况在竞争环境下是否会出现还值得怀疑，除非采取有效消费者反应战略的成本、收益和风险能平均分摊，特别是成本分摊和利益的相互分配会引发商业伙伴之间的摩擦，特别是来自制造商方面，因为制造商会认为自己在有效消费者反应的收益和负担分配方面不成比例（Freedman et al.，1997）。此外，各个参与方只关注自身利益的活动需要精简，这对来自自由市场竞争环境的公司来说是不容易做到的，这就再次引发了对信任问题的关注。制造商会感觉它们的品牌战略安全受到威胁，当零售商获得消费者的想法后，会把其运用到它们的自有品牌项目中。

总的来说，采取有效消费者反应战略利大于弊，如 Corsten 和 Kumar（2005）所述：

"尤其是当构建有效消费者反应关系中能够获得大量的经济和学习利益时，通过改变对自身的贡献和利益的认知，并且将接受不平等看作'商业成本'，这种做法对于供应商来说是明智的。"

总之，因为大量资金被抽走，运用有效消费者反应对小部分公司来说尤为有吸引力。这就是有效消费者反应，特别是品类管理只适合资金实力雄厚公司的原因所在，它们愿意在合作与控制层面为此做出大量的投入。总而言之，特别是在食品和快速消费品行业，由于来自水平方向的竞争力量不断增强，类似于有效消费者反应的垂直合作很有可能会继续得到重视（Seifert，2006，p. 404）。

五、品类管理背景下的自有品牌

（一）零售商所认为的自有品牌角色

在品类管理实践中，零售商必须清楚地定义每一品类在所有商店产品中所扮演的角色。在此过程中，品类管理也有必要让零售商在整个商店层面和某一特定品类层面来确定其自有品牌所扮演的角色（Hoch and Lodish，1998）。就商店层面而言，零售商有兴趣将自己与其他销售商区别开来，它们把自有品牌视为差异化的主要依据（Banerji and Hoch，1993；Quelch，1996）。在零售商战略中，利用较低可变成本和较高毛利，自有品牌的主要角色就是利润创造者（Corstjens et al.，1995）。自有品牌也扮演形象创造者的重要角色，塑造以最少的资金提供最佳质量的形象。范围广泛的自有品牌也有利于获得更大的市场份额。Sayman

和 Raju（2004）对于 13 个产品品类的终端销售数据分析揭示了大量自有品牌项目的"保护伞效应"。他们发现，其他品类中自有品牌的数目在增加，扩大了自有品牌在"目标品类"（target category）中的份额。较大的自有品牌销售量会让零售商在与品牌制造商议价过程中获得更有利的位置。Scott Morton 和 Zettelmeyer（2004）使用来自五个连锁超市的终端销售数据来论证他们的预测，除去其他动机，"当与全国性品牌制造商协商供应条款时"，把店铺品牌引入某个品类中能增强零售商的议价地位。总而言之，自有品牌在零售商总体竞争战略中扮演相当重要的角色。自有品牌不仅对店铺和产品品类的盈利产生作用，还可增强店铺形象，创造消费者忠诚度和增加零售商的渠道话语力量。

（二）自有品牌成功因素

当关注自有品牌和品类管理之时，我们还须关注能够决定自有品牌在此品类中能获取多少份额的因素。根据 Banerji 和 Hoch（1993）的观点，由于预期和行动相互关联，消费者、制造商和零售商对自有品牌的表现都发挥同等的作用。消费者的需求、期望和行为界定了需求侧。零售商的资源分配影响供给。全国性品牌制造商的数量、竞争力和行动都影响着自有品牌的竞争环境。

需求侧的文献表明，制造商和零售商品牌对产品或者促销目标或认知的不同，会引发消费者认知和偏好的差异（De Chernatony，1989；Richardson et al.，1994）。比如，普通品牌（generics）往往与低端品质产品与缺乏创新相联系。结果，这些偏好差异可能会导致在品类产品购买过程中，消费者在名牌产品和自由品牌之间做出各种不同的选择（Baltas et al.，1997）。

在供给侧，零售商负责价格、质量、货架空间分配、创新和品牌宣传等变量的把控。通过评测自有品牌总体市场份额，广泛扩展的自有品牌会降低全国性品牌的平均价格（Putsis Jr.，1997）。Hoch 和 Banerji（1993）在一项研究中写道，当自有品牌的质量相对于全国性品牌较高时，店铺品牌就会获得更多的市场份额。作者同时发现，对某一品类中全国性品牌制造商的数量和某一品类中全国性品牌的广告总支出会影响自有品牌的成功。结果，当全国性品牌竞争加剧，并且那些品牌加大资金进行品牌资产建设时，自有品牌就会被挤出市场。另外，零售商的促销能有效提升自有品牌的绩效（Sethuraman，1995；Dhar and Hoch，1997）。Dhar 等（2001）做的一项研究调查表明，尽管价格更低、促销更多、更大规模的产品会改善所有品类的绩效表现，品类绩效的决定性因素与此品类对于零售商品类组合和对于消费者所扮演的角色密切相关。在此项研究中，他们做出了以下区分：主食品类（如谷物或咖啡）、各种加工产品（如腌菜、大米）、利基产品（如通心粉和奶酪）以及补充物（糖浆或薄饼混合物）。比如，主食品类中多层次的自有品牌项目能提升商店人气，从而提高该品类的销量。

许多品牌制造商都达成共识的一点就是，来自自有品牌的竞争对它们的品牌具有严重威胁（Quelch，1996）。然而，在特定情境下，自有品牌事实上会有助于制造商品牌的市场地位。例如，当以其中一个主要竞争品牌的市场份额减少为代价之时，品类领导者会对店铺品牌市场份额的增加持欢迎态度（Dhar and Hoch，1997）。一些制造商甚至会鼓励零售商推进一些强劲的店铺品牌并从中获益。在制造商和零售商都具有市场竞争力的情况下，Soberman 和 Parker（2006）建议零售商把具有"同等质量"的自有品牌投放到市场。在作者构建的模型中，这项战略的采用可提高品类的平均价格并提高利润率。结果，甚至是主要制造商也因看到此激励因素而同意零售商供应同等质量的自有品牌。

（三）品类管理和价格决策

尽管店铺品牌价格仅仅是自有品牌成功获利的诸多因素之一，但它对自有品牌市场份额具有巨大的影响。从需求方面来看，当消费者寻求物有所值的商品时，自有品牌会是其主要的购买目标（Keller，2008，p. 222）。由于低质量、低价格的传统定位，通常自有品牌的销售量还是不如全国性品牌竞争对手。这也是质量同于或高于全国性领导品牌的溢价自有品牌不断被推出的原因。从全球视角来看，自有品牌产品相比全国性品牌为消费者平均节约了31%的支出（Nishikawa and Perrin，2005a）。在某些产品品类中的平均价格差会更高。

相对于全国性品牌，自有品牌较低的价格会提升消费者的购买吸引力，当零售商决定其店铺品牌价格时，零售商会考虑该品类的总体利润。Dhar 和 Hoch（1997）预计，自有品牌和全国性品牌的价格差每上升1%，就会导致店铺品牌份额的小幅度降低。因此，换句话说，提升价格差，只有当回报递减之时降低自有品牌价格才会有利可图（Dhar and Hoch，1997）。在品类管理中，其中一个主要价格政策问题是为了获得品类利润的最大化，在自有品牌和制造商品牌中确定最优价格差。根据 Cotterill 和 Putsis Jr.（2000）品类管理中的价格政策议题，发现在全国性品牌占据较高市场份额和零售商高度集中的市场，往往全国性品牌和自有品牌的价格会更高。

55

六、供应商和零售商合作中的自有品牌产品整合问题

大部分零售商依旧不生产自有品牌，但却与代替它们生产商品的品牌制造商保持着密切关系（Olbrich and Braun，2001，p. 417）。这就引发了供应商是否应该为零售商生产自有品牌的问题。各项研究都从制造商的角度审视了该项议题的优势和风险（Hoch，1996；Quelch，1996；Dunne and Narasimhan，1999；Verhoef et al.，2002）。

Dunne 和 Narasimhan（1999）认为，全国性品牌制造商生产自有品牌主要存在三个共同动机：

（1）经济动机（economic motives）。

（2）关系动机（relational motives）。

（3）竞争动机（competitive motives）。

经济动机涉及利用规模经济，避免超额生产或闲置生产，从而降低成本。关系动机是生产自有品牌从长期来看可以改善渠道关系，反过来又对制造商品牌的推广起到积极的作用（Oubina et al.，2006）。竞争动机是生产自有品牌可以从竞争者手中夺回部分销售量（Verhoef et al.，2002）。

如前文所述，零售商负责所有的自有品牌营销活动。另外，从制造商手中获得自有品牌意味着一种劳动分工。通过合作强度的不同，Olbrich 和 Braun（2001，p.417）对零售商和自有品牌制造商的分工进行了区分。合作最低水平发生在制造商的销售部门和零售商采购部门之间。在零售商的既定标准下，制造商仅仅严格扮演商品供应者的角色。商品的物资调运发生在零售商和供应商的物流部门。制造商的任何售后服务都指向于零售商而不是消费者。自有品牌采购的下一层次合作以增加合作强度为特征。自有品牌的合作伙伴在物流、生产和营销方面都有合作。这些合作都是基于销售终端扫描数据交换和评估这一基础，供应商直接对销售发展状态做出回应并及时对流行趋势做出判断。这使得采购和自有品牌产品规划都得到改善并实现自主处理。以有效消费者反应计划为导向的供应管理，如自动订货与持续更新，会加强这种劳动分工（Olbrich and Braun，2001，p. 420）。还有一种合作形式，其合作强度最大，在分类的规划、发展与执行、开发新产品、新产品导入和联合市场调查等合作项目层面成为共同的合作伙伴。制造商在零售商的监督之下做出自有品牌分类及其营销参数方面的大部分决策。这

种形式的合作能够在品类管理过程中得到实施，特别是在有效产品导入项目之中
（Ahlert and Borchert，2000，p. 87）。

　　Gollnick 和 Schindler（2001，p. 388）得出这样的结论，自有品牌未来的成
功发展应遵循同样的合作管理原则，这些原则在有效消费者反应项目中已有体
现。这关系到作为复杂的面向高端市场的零售商自有品牌项目一分子的自有品牌
的发展和管理。

七、垂直品牌组合管理和有效消费者反应

　　如前文所述，采用有效消费者反应和品类管理战略要求参与者在不同的合作
强度和质量水平上获得多样化的利益。当品牌制造商和零售商以这种形式合作
时，成本节约和利益最大化是最关键的预期成果。然而，提高消费者忠诚度和合
作者之间的关系动机等无形收益也是被希望获得的。品类管理特别要求合作者之
间紧密的信任关系。在商业过程中的适时调整和充足资金投入也是必要的。尽管
自有品牌大多是被零售商管理的，但人们还是质疑它们能否具备能力，即是否能
在它们所拥有的 150~200 种产品品类中对品牌进行有效管理（Hoch，1996）。因
此，Speer（1998）建议，品类管理对于零售商来说是不可或缺的。

　　就如 VBPM 理论所建议的那样，制造商为零售商提供了某一品类的垂直品牌
组合，其中包括自有品牌的生产和管理。如前文所述，在品类管理合作关系下纳
入这种形式的合作是有益的。因此，VBPM 被认为是品类管理的一种高级形式，
因为增加了一个内部视角来看待拥有自身品牌组合的制造商。

　　同时为零售商生产和管理全国性品牌和自有品牌，可以让制造商成就特定品
类独家供应商的地位。获得对整个品类的控制和管理会超出一个品类首领的既有
能力。这将对渠道关系产生长期的积极影响。下面引入 Johnson（1999）的观点
进一步阐明这个议题：

　　"对于供应商组织来说，当该产品品类拥有一项合适的采购营销战略，品类
管理的收益会达到最大化。采购营销主要是通过把商店作为市场媒介，运用像货
架位置、价格、沟通和店内促销等营销工具。传统上这是门店零售商才具有的特
权。提供有说服力的理由让零售商接受、改进甚至是改变它们原有的品类工具，
进而使整个品类并包括供应商作为一个整体而获利，当然也要考虑到供应商的地
位，从而满足双方的商业利益，这对于供应商来说是一个挑战。"

58　　　所引 Johnson（1999）的这段话建议，供应商应从零售商手中接管原本只有零售商才有的营销活动，这可被解释为聚焦于垂直营销活动的要求。将这种方法进一步放置在 VBPM 框架之下，上文提到的说服零售商为相互利益而采取新的方式去管理产品品类所遇到的挑战，也反映了当制造商向零售商提出 VBPM 方案时即将面对的相似挑战。经济因素很有可能成为合作双方的决定性因素。然而，明确品类管理中信任以及关系的重要性，从过往经验中建立成功的品类管理方案，这对双方决定加入 VBPM 合作的决策中起到很大的帮助作用。①

　　前面针对垂直营销中关键概念的讨论，将作为 VBPM 的概念指引，并被作为检验垂直营销理论适用性的基础。垂直营销及其运用，如有效消费者反应和品类管理中的商业概念，接下来将对其进行批判性的思考。因此"理论借用"（theory borrowing）方法在此得到应用。将垂直营销概念从初始情境中抽取出来并应用到新的环境中形成新的概念，这一点很有必要。

第四节　有关垂直营销和有效消费者反应的批判性思考

　　VBPM 意味着品牌制造商和零售商之间的一种紧密合作关系。从目的与目标来看，对零售商和供应商的意义来说是双重的，一方面它们会遵循自己的特定利益，另一方面从这种合作关系中寻求同时获利。由于 VBPM 理论以品牌制造商的关键性优势为基础，也就是其品牌管理的能力，这种概念被设计出来为制造商所使用。这也可被看作品牌供应商针对渠道营销活动所做出的努力。供应商把零售商融入到自身营销战略中的努力，充实了"垂直营销"的概念（Irrgang，1989，p. 1；Müller-Hagedorn et al.，1999）。

　　此外，垂直营销概念中的有效消费者反应概念是关注重点。如前一部分所示，有效消费者反应作为一种被广泛接受和运用的垂直营销形式，同样也将作为

① 在后面的第三章第三节第四部分（二）中，将专门讨论影响有效消费者反应的成功要素，并将强调品类管理成功实行对 VBPM 的重要性。

VBPM 概念的参考理论。总的来说，在有效消费者反应和 VBPM 中有大量参数是　59
相辅相成的。首先，两个概念都涉及同样的主体，即品牌制造商和零售商。其
次，有效消费者反应和 VBPM 主要处理市场营销问题，具有相似的原则。比如，
高效促销（Efficient Promotion）和高效产品导入（Efficient Product Introduction）
都类似于品牌管理原则，VBPM 也是如此。此外，VBPM 将自有品牌视为不可或
缺的品牌组合观点与品类管理（Category Management）中的产品品类视角是一致
的——有效消费者反应战略的营销应用，而且对消费者的密切关注同样非常重
要，正如"有效消费者反应"中所表明的消费者是思考的中心。创造更多消费者
价值是实施有效消费者反应战略的一项关键性成果（Hofstetter and Jones，2006）。
品牌和强大的消费者—品牌关系能创造消费者价值，这一点被广泛认同（Aaker，
2002，p. 8；Kapferer，2008，p. 18；Keller，2008，p. 79）。VBPM 借鉴品牌组合
管理中以消费者为导向的法则，旨在为不同类型消费者提供合适的品牌组合。因
此，提供一种垂直品牌组合是 VBPM 的中心思想，并有助于增加消费者价值。这
种以消费者为导向的视角与先前提到的有效分类（Efficient Assortment）和品类管
理（Category Management）中的品类视角相一致。

　　考虑到 VBPM 的战略目的和目标，合作者能从有效消费者反应合作中获得相
同的目的和目标。其他现存文献强调，**加强信任**（enhanced trust）是执行有效消
费者反应相关项目的一个重要目标（Richards，1995；Dupre and Gruen，2004；
Corstjens et al.，1995）。同 VBPM 相似，经过提升的、持续的合作伙伴之间的信
任既是执行此战略的必要条件，也是该战略的预期成果。

　　最后，结合 VBPM 及其理论中关于自有品牌的最新研究成果，Gollnick 和
Schindler（2001，p. 388）得出结论，品牌制造商和零售商共同开发自有品牌，
需要遵循有效消费者反应中关于合作管理的相同准则。这种合作可以在品类管理
过程中得到应用，特别是在高效产品导入项目中得到实施（Ahlert and Borchert，
2000，p. 87）。

　　关于垂直营销的批判性反思以及其在有效消费者反应和品类管理中的应用，　60
决定了将垂直营销作为 VBPM 理论指导的适用性。因此，在这里运用 Murray 和
Evers（1989）提出的"理论借用"（theory borrowing）方法。以下部分将先对
"理论"进行定义，并介绍理论借用的目的。然后将会介绍如果想将概念从初始
情境下抽出或想改变其部分理论进而形成新的理论或概念时，研究者需要一个探

寻的过程。接着再详细介绍从垂直营销中借鉴的理论。接下来将把垂直营销及其相关理论放置在理论借用过程中对垂直营销展开讨论，以测试这些垂直营销范式的适用性和有效性。

一、理论定义

在导入理论借用（Theory Borrowing）概念之前，首先要对"理论"这个术语进行详细说明。理论可以被定义为一种回答"为什么"的答案（Whetten，1989）。在现代科学中，"理论"被定义为"描述两个或更多变量间因果关系或相互关系的模型，而这种关系在现阶段还没有被证实"（Gilland Johnson，1997，p. 178）。根据 Whetten 等（2009）的观点，理论大体上可分为两类：①作为一般理论观点所形成的范式理论（paradigmatic theories），经常被用来描述某一特定现象；②由一个或几个命题观点所组成的命题理论（propositional theories），用于通过一个概念的应用来解释其他不同的概念。Eisenhardt（1989）建议，"代理理论"（Agency Theory）作为范式理论的例子，可用来解释某一合作结构中的问题。作为命题理论的例子，Westbrook 和 Oliver（1991）运用 Izard 的"差异情绪理论"（Differential Emotions Theory）来解释购买后情绪。

本书也同样会讨论范式理论和命题理论之间的区别，即把 VBPM 本体价值的经济理论和商业概念的认识论结合起来。相应地，这些具有多面性的理论借用在如市场营销、组织研究或物流等领域的理论和知识扩展中得到普遍使用（Murray et al.，1995；Handfield and Bechtel，2004；Whetten et al.，2009）。

二、理论借用过程

61

市场营销的跨学科性质，意味着有必要从其他学科或背景中借用理论或概念（Murray et al.，1995）。理论借用是一个研究者进行一种社会程序，包括从原有参考框架中借用某些理论，或在不同的情境中去解释对此领域同样非常重要的现象（Murray and Evers，1989）。比如，在市场营销中对情感的研究就借用了其他领域的理论，特别是心理学（Huang，2001）。市场营销这门学科不仅是从其他学科同时也是从本领域获取信息。比如，市场营销的概念就是从其他社会或文化情境中借用而来，并运用到另一个不同的文化情境中，比如从美国到德国（Hansen and Bode，1999，p. 440）。要正确地把一个借用理论代入一个新的情境，研究者不能忽视借用理论的存在基础（Merton，1968，p. 516）或者如被 Murray 等（1995）所指的"社会根基"（social roots）。一旦忽视这些存在的根基，就会导致理论在新环境中不匹配的后果。

总而言之，正是由于这种不匹配的存在可能，检验借用理论是十分有必要的。图 2-4 展示了检验方法。本书的一个前提假设是，理论不会在一个空间中自行创造和存在，而是与历史环境有着明晰的关系（Hansen and Bode，1999，p. 442）。在某种程度上，原理论解释了初始情境中的特定现象，而借用来的理论则解决了新的情境中所存在的问题。

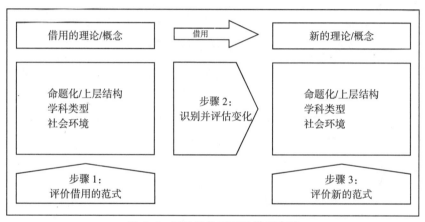

图 2-4　理论结构及理论借用步骤
资料来源：改编自 Murray 等（1995）。

理论借用的**第一个步骤**是让研究者去验证借来理论的上层结构（superstruc-　62 ture），它由该理论的核心观点构成。理论的概念是什么？主要观点是什么？如何使用它们？为达到验证上层结构理论的目的，这些都是需要解决的重点问题。这些新的理论或概念是否有意义，取决于借用过程中所发生的变化。识别这些变化是理论借用过程**第二个步骤**的部分内容。最后，应用的学科类型会改变，或者新的理论范式会在一个不同的社会环境中被确定。由于理论之间具有结构上的相关性，当选择的仅仅是结构中的一部分时，新构成的概念就会失去结构间的协同作用（Murray and Evers，1989）。**第三个步骤**包括对新概念或新理论的评估与评价。最终，研究者需要对两种概念结构是否矛盾进行反思，并解释这些新理论的不一致性所造成的后果。

三、渠道关系中的制造商战略

制造商认为货物分销渠道是它们的"瓶颈",因为零售商能够决定它们是否会继续销售某个制造商的品牌。因此,制造商不仅要让消费者识辨出它们的品牌,还要在自己的营销构思中考虑到零售商的需求(Tomczak et al., 1994, p. 57)。许多常见的市场营销文献以及学者很早就意识到零售商和供应商共同开展市场渗透的必要性(Nieschlag et al., 1969; Meffert, 1975, p.15; Kotler and Keller, 2006, p.491)。而且,由于渠道伙伴中存在矛盾关系,因此需要合作双方的共同努力。供应商和零售商目标的不同,导致了矛盾的出现。比如,大多数制造商以加强品牌和产品为目标。另外,零售商将注意力主要集中在加强店铺品牌和产品整体品类的成功层面。表 2-8 总结了制造商和零售商之间相冲突的几个方面,如"产品"、"分销"、"促销"和"价格"。市场营销活动的参与者如何看待以及如何运用营销组合的差异说明了他们之间可能存在冲突和对抗。这种比较是十分有必要的,因为它有助于描绘不同制造商的渠道战略。这些战略也称为"垂直营销",并将在下一部分进行介绍。

表 2-8 快消品市场的渠道冲突区域

营销组合元素	制造商	零售商
产品/分类	—强势产品/品牌形象 —关注产品创新 —推进制造商/公司品牌 —整个产品组合的分销	—推进自有品牌 —关注产品一致性 —关注分类/店铺品牌形象 —基于消费者需求和盈利的产品选择
渠道	—大批订单 —高密度分销 —根据自己判断选择性分销 —提高服务水平(零售商方面的高存货量)	—小额订单 —选择性或独家分销 —最佳服务水准(降低存货量)
促销	—产品/品牌广告推广 —全国性品牌广告推广 —以促销为导向的制造商品牌	—店铺品牌广告推广 —区域品牌广告推广 —以促销为导向的零售商品牌
价格	—销售价格高 —制造商建议的零售价格 —在全国范围内的价格长期保持一致	—购买价格低 —价格独立设置;选择以低于成本的价格出售 —基于需求和竞争的区域定价结构

资料来源:派生自 Zentes 和 Schramm-Klein(2004, p. 1691)以及 Seifert(2006, p. 24)。

（一）垂直营销——序言和定义

64

正如本书全书所指，VBPM 概念以有效消费者反应的概念与洞见为基础，并可能是制造商和消费者之间这种合作形式的延续。从供应商的视角来说，有效消费者反应战略是垂直营销范畴的一部分（Müller-Hagedorn et al.，1999）。

垂直营销由制造商直接针对渠道的营销活动所构成。相关文献从几个方面对此概念进行了讨论。Oehme（2001，p.454）认为，垂直营销是消费者营销和渠道营销之间的桥梁，而 Irrgang（1993，p.1）则把渠道看作制造商对消费者营销所做努力的一种重要催化剂，他明确地提出要将渠道的需求整合到制造商的营销计划中。Olbrich（1995，p.2616）对垂直营销的定义包括：供应商所持有的以渠道为导向的营销视角，以及制造商和零售商之间合作伙伴关系的形成。垂直营销中关于合作方面可以追溯到 McCammon（1970，p.43，引用自 Olbrich，2006，p.243），他创造了"垂直营销系统"（Vertical Marketing Systems）这一术语。结合多个不同观点来看，垂直营销可以被理解为面向消费者营销时的一种涉及渠道合作的供应商战略。事实上，垂直营销指的是制造商和零售商之间相互协调的营销活动。此外，垂直营销还可被理解为一种渠道营销（trade marketing）概念，如 Dupuis 和 Tissier-Desbordes（1996，p.45）所述：

65

"零售商和供应商合作执行的一个方法论过程（methodological procedure），在考虑到各方的限制性和特殊性情况下，零售商和供应商的目标是更好地服务和满足消费者的需求，增加利润率和竞争力。"

当把这两个概念都看成是零售商和供应商之间的合作关系时，渠道营销不同于垂直市场营销，它不会明确地把供应商看作合作的发起人。垂直营销的观点通常认为合作是由供应商提出的。

在德国市场营销领域，德国市场营销学者 Wolfgang Irrgang 的著作对垂直营销的概念具有深远的影响。他是该方面诸多营销书籍及文章的作者、编者。以下是对垂直营销的讨论基于 Irrgang 的主要概念和理论（见表 2-9）。

（二）垂直营销目标

66

垂直营销目标与营销组合有着紧密的联系，并且部分来源于渠道冲突（见表 2-8）。Irrgang（1993，p. 3）设定了两个垂直营销目标，即：

- 任务分配目标（Task allocation goals）
- 利润率目标（Profit margin goals）

表 2-9　垂直营销要素

垂直营销要素	准则
目标	任务分配目标 利润率目标
战略	选择战略 激励战略 合同战略
风格	主导地位 减少冲突

资料来源：Irrgang（1993，p. 2）。

利润率目标与供应商和零售商之间分配的合作任务紧密相关。双方都力争利润最大化，因此为了盈利而"斗争"自然成为争论的主题。**任务分配目标**决定由谁（制造商或零售商）去执行哪些任务（营销、信息技术和物流），确定用何种控制方式（什么样的强度）并确定对所做出努力的回报。因为供应商无法直接接触消费者，在典型的供应商—零售商关系中存在着双重信息的不对称，消费者数据仅在渠道中存在（Zentes and Schramm-Klein，2004，p. 1692），并且由于精密的收银机为零售商提供了有价值的消费者数据，加剧了这种信息不对称。此外，零售商通过为实现与其他竞争者有所差别所做的努力，使其从早前被品牌制造商所主导的市场中解放出来。结果，Engel 等（1995，p. 849）将这种零售商的转变描述成"从商品推广到营销的演变"。总之，渠道开始打造强大的店铺品牌，而不是把注意力集中在制造商品牌及其产品上。

67　　　采用何种强度执行特定任务是任务分配目标的主要关注点。强度可以被理解为制造商想要保持或委托的控制力。对于制造商来说，控制强度既可以是完全控制所有任务，也可以是全部委托给其渠道伙伴。图 2-5 展示了制造商和零售商之间营销组合的任务分配，同时也展示了普遍情况下制造商对这些任务的控制程度。由此看出，就产品政策制定而言，知名的制造商品牌不需要过分担心零售商的影响（Irrgang，1989，p. 19）。另一项营销组合要素则更倾向于由制造商控制向更多的零售商影响倾斜（Murane，2003，p. 121）。这是常常发生在销售点的典型事例。由于零售商承担着促销、定价和经营等相关任务，因此零售商至少在某些程度上具有一定的控制力。在垂直营销关系中，制造商的目标是从这些分配任务中尽可能地获得更多的控制权。

价格	零售商生产和推销自有品牌	零售商随意制定的制造商品牌价格	建议零售价	合同分销	价格限定的委托交易
促销	对自有品牌促销	在销售终端综合的品牌促销	在销售终端协调展示各种促销产品	在销售终端实施促销物料的展示	品牌制造商无须在销售终端做推广活动
渠道	零售商用自己的标准促销	由制造商提供的资金支持进行促销	品牌制造商用零售商提供的参数进行促销活动	品牌制造商负责促销，零售商不做干涉	品牌制造商租用商品货架空间
产品	零售商生产自有品牌	零售商销售供应的自有品牌	零售商对制造商品牌进行品质控制，零售商销售二线（second-tier）品牌	渠道在部分方面有话语权（如商品包装）	建立制造商品牌
	无	低	分享	高	完全

制造商的控制

图 2-5 制造商对营销组合要素的控制程度

注：营销组合中的"渠道"（place）是指在销售点的营销活动。

资料来源：Irrgang（1989，p. 18）。

（三）垂直营销战略

68

垂直营销战略是制造商对于如何与渠道处理关系的一种长远观点。以下三种主要战略构成了垂直营销组合的指导方针（Irrgang，1989，p. 63）

（1）选择战略（selection strategy）。

（2）激励战略（stimulation strategy）。

（3）合同战略（contractual strategy）。

选择战略涉及品牌制造商选择何种类型的渠道中间商来分销其产品或服务的长期决策。例如，消费品的销售渠道包括从深度折扣商店到超级市场。其他零售形式比如杂货店和五金店也具有类似的结构，从低价折扣店到具有更多品类及更大销售铺面的商店。零售商的类型能让制造商对零售进行细分。细分的规则是地理位置，要满足类似密集分销（ubiquitous distribution）的动机或符合品牌的产品定位（如折扣或溢价）。

一旦确定了分销渠道类型，供应商通常面临激励渠道伙伴按其意愿行动的任务挑战。**激励战略**也被称为**推动战略**（push strategy），制造商试图建立鼓励措施并为零售商提供销售支持，从而让零售商以它们的利益为出发点（Seifert，

2006b，p. 25）。激励幅度取决于制造商相对于零售商所拥有的控制力的大小。零售商拥有的控制力越大，就会使供应商对其进行越高程度的激励。激励措施包括产品进场费、折扣、回扣及物流服务（Murane，2003，p. 124）。供应商通过支持零售商进行免费促销活动或在销售点进行定制促销活动，来推动其产品流向市场（Tomczak et al.，1999，p. 833）。此外，非货币性激励对这些措施进行补充，从而创造了垂直偏好。Irrgang（1989，p. 99）把这些措施归类成"制造商的好意"（manufacturer good-will）。他认为，制造商通常需要与其他定位相似的品牌竞争对手较量。因此，制造商需要努力将自身"定位"成一个具有实力并有同情心的合作伙伴。反过来，这也会体现出零售商对供应商的选择偏好。虽然并不总是这样，但二三线品牌供应商的产品特别适合这种方法，它们的产品缺乏品牌资产可以通过"制造商的好意"获得补偿。图 2-6 指出了一些理性及感性的定位标准，零售商可利用这些原则在零售环节制造垂直偏好。

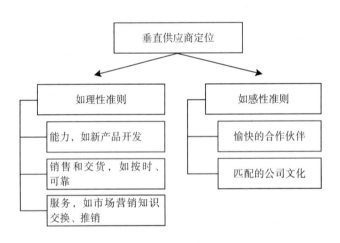

图 2-6　垂直供应商定位原则

资料来源：Irrgang（1989，p. 100）。

在选定分销伙伴（选择战略）和决定如何激励他们（激励战略）后，制造商需要决定合作是否需要合同为其担保。这就构成了**合同战略**，也被称为**垂直合作战略**（vertical cooperation strategy）（Seifert，2006b，p. 26）。垂直营销合作是由品牌制造商发起并制定与零售商合作的合同条款。Irrgang（1989，p. 122）认为，制造商会从渠道伙伴那里寻求定量（quantitative）或定性（qualitative）回报。与销售相关的目标通常被看作定量回报。定性回报则体现在零售商对供应商营销项目的支持上。合同战略的强度取决于合作覆盖范围及协议制定的详细程度。制造商关心的是将有利于实现制造商销售目标的合作写入合同条款。制造商试图与零售商签订长期合同，从而给其他竞争供应商设立进入壁垒（Irrgang，1989，p. 124）。

总而言之，垂直营销战略可被看作品牌制造商管理垂直营销合作的操作工具。 70

（四）垂直营销体系中的合作形式

根据合作伙伴之间的控制力分配，制造商可以合理地确定相应的合作风格（Irrgang，1989，p. 130）。合作风格会对关系文化产生影响。当制造商拥有更多的控制力时，合作风格就会倾向于更具侵略性的合作方式。制造商将试图阻止零售商在合作关系中发挥主导作用。由于控制力不断地向零售商方面转移，制造商将寻求一种更加平和的合作风格。比如，当寻求一种合作风格时，双方的问题都会公开讨论并找到受到双方欢迎的折中方案。合作风格的主要目标是避免和减少合作伙伴之间的冲突。为此，合作风格的确定被证实是一种能够使零售商参与到以消费者为导向的营销活动规划和执行中的有效工具。制造商和零售商共同制定和执行营销活动将预示着双方获得更大的成功。

四、借用理论的运用

如图 2-4 所示，借用理论的运用可以遵循三个步骤。接下来，将强调垂直营销的重要概念，它是理论的上层结构，因此也是借用理论的第一步。这些上层结构要素将与 VBPM 相应要素进行比较，进而决定所选理论在多大程度上适用于我们所感兴趣的问题。垂直营销学科类型和借用理论的概念将与新现象进行对比。最终确定理论间的分歧和不一致。这就是理论借用过程的第二步。由于 VBPM 主要与有效消费者反应（ECR）中的垂直营销概念相关，这些核心概念将在批判性思考部分进行阐述。第三步作为本部分的结尾，在此阶段，内在范式评价会识别出新范式命题、学科类型和认知兴趣（cognitive interests）方面的变化。

（一）比较垂直营销上层结构
71

垂直营销是品牌产品制造商针对渠道伙伴进行的一项长期营销战略。因此，垂直营销的关键参与者是品牌产品制造商和零售商，其中品牌产品制造商作为垂直营销发起者，而零售商则是营销活动的目标对象。虽然大多数有效消费者反应主要是由品牌供应商发起，但也可由零售商发起。比如，零售商争取达到最优的产品品类，进而发起有效的品类合作，如在供应商中寻找品类首领（有关有效消费者反应和品类管理的概念见第二章第三节）。相反，VBPM 则由供应商发起。首先它们要找到改善渠道关系的方法。此外，品牌制造商的品牌组合将作为合作的起点。因此，VBPM 的动机和先决条件主要与供应商相关。

所涉及的所有概念都旨在长期合作。有效消费者反应和 VBPM 都以合作伙伴之间存在相互信任关系为前提。双方重大的财务和个人投资都以相互信任为前提（Kumar，1996）。这些投资在垂直营销中都是十分必要的，同时对 VBPM 也是必要的。垂直营销的任务分配目标是决定由谁（制造商或零售商）去执行哪些任务（营销、信息技术和物流），确定用何种控制方式（什么样的强度）并确定对所做出努力的回报。同样地，VBPM 也强调合作中任务分配的重要性。比如，VBPM 的目标之一就是获得更多零售商自有品牌管理任务的控制权。从一开始制造商对自有品牌没有控制权到几乎获得所有的控制权，这种变化可以表明控制强度。结果，这种对自有品牌控制权的转移会加强制造商在竞争中及在垂直关系的地位，这被看作实施垂直营销组合所付出努力的间接补偿。当有效消费者反应与垂直营销其他领域匹配时，如信息技术和物流，VBPM 则重点关注有关营销方面的任务。因此，VBPM 与有效消费者反应的子战略"品类管理"更为相关，后者仅仅处理有关营销方面任务的"品类管理"。此时需要注意，有效消费者反应的首要目标是提升消费者价值，但这一点既不是垂直营销的关注点，也不是 VBPM 的关注点。

72　　垂直营销战略有三重含义：

（1）选择战略。

（2）激励战略。

（3）合同战略。

选择战略主要决定了制造商将为其品牌分销选择的零售伙伴类型。因此制造商必须决定产品分销的程度。分销程度包括密集（ubiquitous）、选择（selective）和独家（exclusive）三种程度。这与在垂直品牌组合管理中使用的选择战略是完全一致的。首先，大多数的品牌产品制造商会针对一线品牌采取密集分销。其次，垂直组合的自有品牌，正如其定义，多被零售商伙伴独家分销。因此，通过运用 VBPM（垂直品牌组合管理），制造商会依据垂直营销中的相似战略选择零售商。除了分销方面外，VBPM（垂直品牌组合管理）和有效消费者反应战略也意味着能力和信任是挑选合作零售商时需要考虑的因素，尤其是有效消费者反应战略需要双方都具有一定的技术能力之时。此外，在垂直品牌组合中相互分享敏感的消费者数据及消费者对品牌的认知信息，这都显示了高度的彼此信任。

　　垂直营销**激励战略**决定如何激励零售商伙伴顺利地按制造商的需求开展营销活动。控制力分配是直接影响制造商对各个零售商的激励程度的主要变量。货币（monetary）和非货币（non-monetary）性质的激励战略在垂直营销中的使用都是合理的。专门技术等能力的转移是垂直营销中的一种关键非货币战略（Irrgang，1989，p. 100），特别是非货币战略在有效消费者反应和 VBPM 中同样普遍存在。比如，在 VBPM 合作中，制造商能展现和运用其品牌管理能力。这种努力会产生盈利的垂直品牌组合，同时也被证实会给零售商带来利益。结果，预期收益会促使零售商从制造商的利益出发来行事。同样地，在品类管理合作中，制造商对整个产品品类管理的专长能通过作为品类首领被展示出来。结果，更坚固和更持久的关系会随着零售商与特定制造商建立的垂直偏好产生。如同垂直营销一样，有效消费者反应和 VBPM 的应用可强化制造商在零售商伙伴中的理性和感性定位。

　　选择和激励战略的结果是**合同战略**的产生。制造商通过合同来保障从其所做的努力中获得预期收益。同样地，假如意向投资能得到合同协议的支持，其有效执行的可能性就会更高。因此，合同战略是由供应商发起的战略。作为合同的发起者，制造商会争取在合作中取得领导权（Kunkel，1977，p. 23）。相应地，VBPM 的合作关系是由制造商发起的。但合同协议是要考虑合作伙伴双方的需求和利益。供应商可能想限制对其创新及品牌专有技术的使用，而零售商想要保护其消费者数据。同样的情况也出现在品类管理合作中。在这种情况下，相互信任再一次成为双方的关键重点。在领导权这个问题上，对含有零售商自有品牌的品牌组合管理无疑使制造商发挥领导作用，并很可能使制造商担任品类首领角色。合同战略也确定了制造商从合作伙伴方获得何种性质的回报。在垂直营销中，定量（与销售有关）收益和定性（与相互关系有关）收益将被确定。对 VBPM 来说，定量回报可以保证制造商产品进入零售商的货架，对零售商的 VBPM 能够获得有保障的货架空间。另外，定性回报则表现在，零售商确保制造商品牌具有首选的货架位置，或者零售商支持供应商的垂直品牌组合所开展的营销活动。最后，零售商和制造商在 VBPM 中的合同协议反映了有效消费者反应合作的时间长

73

短。这主要是因为双方的大量财务支持可以保证彼此展开恰当的合作。

关于合作的成熟度，合作伙伴通常拥有不同的目标。如前文所提到的那样，制造商通常遵循长期目标而零售商却要想保持短期灵活的目标（Irrgang，1989，p. 123）。一方面，制造商力图保证其销售渠道；另一方面，零售商能快速调整品类。对于 VBPM 和有效消费者反应合作来说，特别是组合中没有强大的品牌制造商会争取与零售商建立长期的合作协议。即使没有强大的品牌拉力，这种合作的锁定效应也会让制造商难以被取代。

74　　合作**风格**取决于供应商和零售商之间的控制力分配。在垂直营销中，当权力平均分配或更倾向于零售商时，制造商会倾向采用平和的合作方式。他们也致力于在垂直营销合作中协调地选择营销组合要素。与零售商相协调的营销组合要素在几项有效消费者反应战略中已有体现，如有效分类（Efficient Assortment）、高效促销（Efficient Promotion）和高效新产品有效导入（Efficient New Product Introduction）。VBPM 的合作风格被描述为：通过制造商和零售商之间品牌和营销组合等相关任务的密切协作，进而减少冲突。对于自有品牌的管理控制也会转移到制造商手中。考虑到目前讨论的控制力在渠道中的转移，平和的合作风格对于强势的制造商和较弱的二线品牌来说，都是同样重要的。把自有品牌的生产纳入一项有效消费者反应（ECR）合作中表明零售商权力的减少、制造型供应商权力的增加（Braun，2002，p. 283）。因此，也可以说，如果把获取权力当作制造商的明确目标，VBPM 会更倾向于一种"主导"的风格。

75　　表 2-10 总结了垂直营销理论的上层结构，并将其与有效消费者反应和 VBPM 中的主要因素进行对比，对之前提到的两个不同概念促进了借用理论的形成，这包括借用理论的第二个步骤。可以看出，所有概念都指向相同市场参与者（即品牌产品制造商和零售商）之间的长期合作。总的来说，新的 VBPM 与垂直营销的主要要素都是一致的。有效消费者反应战略与垂直营销和 VBPM 之间的主

76　　要区别在于，有效消费者反应战略主要不是由品牌制造商发起的。由于在零售商方面具有更多的控制力，如今它们能够促使供应商参与到有效消费者反应活动中来。

表 2-10　VBPM 和有效消费者反应与垂直营销理论上层结构的比较

垂直营销要素	主张		
	垂直营销	有效消费者反应	VBPM
期限	长期	长期	长期
发起方	品牌制造商	品牌制造商、零售商	品牌制造商
目标群体	零售商	零售商/品牌制造商	零售商
主要目标	品牌制造商加强对营销、信息技术和物流任务的控制	品牌制造商和零售商旨在增加消费者价值和节约成本	品牌零售商增加对自有品牌及品类的管理
选择战略	品牌制造商通过分销类型和需求级别选择零售商	品牌制造商/零售商通过有效消费者反应相关能力和信任度进行选择	品牌制造商/零售商通过分销的类型和需求级别以及信任度进行选择
激励战略	控制力分配程度是品牌制造商确定激励程度和数量关键采用货币或非货币激励措施	零售部门倾向具有更多的控制力主要通过非货币激励增强品牌制造商位置	零售部门倾向具有更多的控制力主要通过非货币激励增强品牌制造商位置
合同战略	确定的定量和定性收益制造商作为领导	定量和定性收益双方领导的可能	定量和定性收益制造商作为领导
合作风格	取决于控制力的分配倾向平和的合作风格相互协调活动进而减少交易冲突	零售商促使品牌制造商进行合作倾向平和的合作风格相互协调活动进而减少交易冲突	取决于控制力的分配倾向平和的合作风格相互协调活动进而减少交易冲突

资料来源：作者自制。

与此相似，关键的垂直营销战略可以针对性地不断被借用。"控制力"（power）和"信任"（trust）作为指导原则出现在各个概念和理论中。合同战略的目标和要素充当整个合作类型的框架，这些要素普遍存在于三个概念中，所有的合作风格都采用一种和平方式。

总而言之，垂直营销和有效消费者反应的主要要素和观点可在 VBPM 中直接找到，并没有太多的修改。由此可见，大多垂直营销的主要主张都可在 VBPM 中找到。这又一次证明了概念的一致性，并完成了各种概念中相关主张的比较，这对于理论借用的步骤 1 和步骤 2 是十分必要的。接下来将在社会环境和学科类型中进行评估。

（二）社会环境

以供参考的社会环境是 20 世纪 70 年代到 80 年代后期德国统一前的时期，此时垂直营销被第一次提出，以及作为本书参考框架体系——由 Irrgang 提出的垂直营销框架——也得到了发展。尤其是 70 年代的德国市场，一直是卖方市场，市场由很多成功并且具有实力的品牌制造商所主导。消费者生活在"二战"后繁荣时期，目睹了经济持续增长。70年代同样也是自有品牌开始走向繁荣的开端，大多数的一线产品供应商对自有品牌多以无商标产品方式推出这一做法持不赞成的态度（Dölle，2001，p. 349）。

McCammon于1970年创造了"垂直营销体系"（Vertical Marketing Systems）这一术语。德国通行的市场营销文献《市场营销》（第一版）于1969年出版，作者是Nieschlag、Dichtl和Hörschgen，本书界定了渠道成员之间常见的营销行为，并指出了制造商和零售商之间可能产生的冲突（Irrgang，1989，p. 1）。以下一段话引自1976年Thies关于渠道冲突关系的总结，并介绍了以合作为基础的解决方法。

"……这是为了所有市场参与者的利益，同样包括所有消费者，停止各行其是的营销活动，并摒弃冲突……以合作协同的方式进行合作。"

Thies（1976，p. 37）也指出，零售商权力的获得是由于大型零售商的集中趋势以及自有品牌市场份额的上升和品牌产品市场份额的下降。总的来说，垂直营销起源的社会环境时期可被描述成：

- 零售商的集中化
- 控制力向零售商转移
- 渠道成员之间的矛盾冲突关系
- 合作被看成可能解决渠道冲突的方法

现阶段，值得一提的是商业实践和文献中经常讨论到的术语"合作"，其被作为一种协调和计划的双向过程（Linn，1989，p.24；Ahlert，1996，p.126）。垂直营销的合作性质使得这一概念的定义得到理解。Irrgang（1989，p.132）把垂直营销看作"……将零售商的期望整合到制造商营销概念中"。Irrgang的垂直营销概念于20世纪80年代形成，是本书的理论框架基础，渠道关系被放置在类似于20年前的社会情境中（Irrgang，1989，p. 1）：

- 持续集中的趋势引发强大零售商的出现
- 制造商面临严峻的垂直竞争
- 目标分歧导致渠道冲突

同样是在20世纪80年代晚期，包装零售货物巨头宝洁公司首次与美国沃尔玛合作，此次合作被认为是有效消费者反应运动和品类管理概念的开端（Fernie，

2004；Keller et al.，2012，p. 418）。由于零售商总是倾向于考虑产品品类和利润率，宝洁公司决定向渠道提供一些具有可比性的产品（Freeman，1987，引自Keller，2008，p. 345）。在20世纪90年代后不久，食品营销协会（Food Marketing Institute）和库斯咨询公司（Kurt Salmon Associates，KSA）官方首次公布了针对有效消费者反应的调查研究（Kurt Salmon Associates，1993）。尽管这些概念都出自美国，但在不同社会情境下，基于库斯咨询公司的有效消费者反应模式很快被成功引入欧洲（Lietke，2009，p. 9）。

　　如今，品牌制造商面临来自水平和垂直方向的严峻竞争环境，这些竞争基于 78 竞争者的创新和模仿（Gollnick and Schindler，2001，p. 379）。制造商不断地为争取更多的零售商货架空间而努力，并向不太忠诚于它们品牌的消费者示好。德国的集中趋势仍在持续中。例如，德国五大连锁超市1980年的市场份额为26.3%，1990年为44.7%，2000年为62.3%，2006年为69.4%（M+M Eurodata，引用自Metro Group，2007，p. 21）。这迫使分销商去思考增强其在水平方向地位的方法。特别是溢价自有品牌的生产和管理以及多层级的自有品牌组合被认定是零售商保持竞争力和扩大其实力的强有力工具（Olbrich and Braun，2001，p. 417）。此外，技术进步使得渠道成员之间的有效消费者反应合作成为可能，即物流数据项目，如高效补货（Efficient Replenishment）（Eistert，1996；Lamprecht，1998）。如今，欧洲的品牌供应商和零售商对于有效消费者反应的应用是很普遍的做法（Hofstetter and Jones，2006，p. 10）。零售商指定来自供给侧的品类首领，让其代替零售商去管理整个产品品类（Hahne，1998，p.65）。这对形成有利于制造商的控制力结构有着深刻的影响。比如，当分类决策涉及竞争品牌和自有品牌之时，品类首领可间接获得超越竞争对手的控制力，并直接越过了零售商的品类管理权限（Holzkämper，1999，p. 56）。然而，如今制造商仍旧受到零售商的控制，零售商保留着依据自身判断替换产品的权力。结果，品牌所有者须应付这种富有弹性的需求曲线，通常还要考虑接受稀薄的利润（Steiner，2004）。

　　这种社会情境下的范式间检验（inter-paradigmatic examination）主要会向大众揭示不同情境中的共性问题。首先提到的是零售部门中不断增强的集中趋势及其对渠道关系的影响。偏向零售商的势力转移对制造商来说也是一个较为严重的问题。供应商和零售商之间的冲突关系，特别对供应商来说是一个难题。多数精细构思的自有品牌项目增加了冲突的可能性。制造商和零售商之间的合作无所不在，并且始终被认为是缓解合作者之间紧张关系的有效工具，特别是有效消费者反应被看作能保证双方积极（关系）结果的相互合作形式。

79 （三）学科类型

垂直营销范式包括规范性模型，其目标是从一系列观察中为零售商提供实用性的决策规则。垂直营销概念实际上被用于描述现实世界的情况。因此归纳法和现实主义用于描述学科类型和垂直营销的认知兴趣。

另外，VBPM 是基于对社会建构主义范式（interpretivist-social construction-ism paradigm）的解释，其中现实现象被看作社会的或动态的结构。因此，归纳法也具有关注主观描述的认知兴趣的特征。

尽管现实主义与实证主义在某些哲学层面具有相似性，但它也承认人并不是自然科学的研究对象（Saunders et al., 2003, p. 85）。同时指出对人类社会构建解释及主观现实主义认识的重要性。

尤其是商业和管理研究通常是实证主义和解释主义的结合，因此很有可能是反映现实主义的方法（Saunders et al., 2003, p. 85）。结果，垂直营销和 VBPM 的认知兴趣和学科类型在很多领域表现出了一致性。因此，借用理论的情境能够在新领域的情境中得到应用。

（四）理论借用过程的评价和结论

评判借用理论"合适"与否的常用标准是理论功能在新、旧情境下的功能应该近似一致（Morgeson and Hofmann, 1999）。因此，垂直营销理论从初始社会情境中被单独抽出用于解释和指引某一相似的社会现象，如 VBPM。垂直营销以叙述性方式提出主要观点，并直接与 VBPM 中的主要论点进行对比。所有概念中的主张都呈现了高度的一致性：

- 信任是合作的决定性因素
- 对于制造商来说，控制营销组合要素是合作的主要目标
- 控制力分配对合作条款和风格有着重要影响

具有可比性的社会情境让概念借用具有意义。因此，它们有着同样类型的合
80 作者，并且这两种概念都是由制造商提出的。

此外，这两种社会情境都以零售部门的集中而引发相似效应和渠道关系的冲突为特征。最后，这两种概念都以归纳研究方法为基础，从而让认知兴趣具有可比较性。

总的来说，已讨论的借用理论过程揭示出，在主要理论要素中不存在可能导致概念冲突的重大变化。因此，可以认为借用理论具有理论依据而且针对性强。

第五节　本章小结

本章第一节确定了品牌架构和品牌组合作为主要的外在条件，品牌制造商从中看到参与包括自有品牌在内的 VBPM 的可能性，特别是细分问题证实了垂直品牌组合的合理性。价格细分在 VBPM 中扮演着决定性的角色，外界条件环境有着双重表现。基于渠道和利益点细分的分销渠道细分主要是为了满足消费者的偏好，也识别出了其他几个因素，它们能够证明 VBPM 是品牌制造商有可能采用的一种品牌组合。VBPM 的结果是使品牌组合具有影响力，垂直品牌组合可以作为竞争者的进入壁垒。本节内容包括自有品牌定位和制造商组合战略的介绍。该讨论可以被视为第三章中品牌架构审计的起始点，该审计会详细说明品牌架构中自有品牌定位所产生的影响，反之亦然。

在第二节中，探讨了自有品牌的定义，并对自有品牌的品牌化战略进行了论述。所被视作"真正"的品牌，可以确定的是自有品牌管理需遵循特定的规则，这与零售商店铺品牌战略息息相关。讨论的主要成果是零售商对于自有品牌品牌化框架的构建。这个框架包括"品牌广度"（brand breadth）、"定位"（positioning）、"细分"（segmentation）以及"与店铺品牌的关系"（relationship with store brand）四个选择。零售商通常运用这些战略选择，以多种方式构建其自有品牌组合方案。此外，零售商作为市场中的领导者提供了多层次、多元化的自有品牌组合模式。当制造商品牌组合用来对抗零售商自有品牌产品时，零售商自有品牌组合的战略选择框架会在下一部分做进一步的讨论。

第二章的剩余内容全部致力于对垂直营销理论和概念的讨论。垂直营销被推荐作为 VBPM 理论发展的指导理论。在理论借用过程中，垂直营销组合管理被证实可以在新情境中应用。因此，VBPM 可以在垂直营销理论、有效消费者反应以及品类管理的主要概念的基础上进行构建。此外，提出的管理战略可被认为是对垂直营销管理理论的延续和进一步设计，并可作为制造商和零售商之间密切合作的形式。

　　总而言之，VBPM 源自品牌制造商的战略定位，并通过公司品牌组合的形式表现出来。垂直营销的原则和概念会使该战略具有操作性，并把品牌制造商和零售商所处的外部环境连接起来，反过来也可在零售商的店铺品牌和自有品牌的品牌化战略中体现出来。

第三章　垂直品牌组合管理（VBPM）规划

下文的目标主要是构建一种过程规划步骤，这些步骤能够对采取垂直品牌组合管理（VBPM）的品牌制造商进行指导。本章以建立一般目标的评价标准为起点，这个评价标准作为评价制造商和零售商之间合作关系的整体框架。采取VBPM战略，我们鼓励品牌制造商透彻地评估所有相关的内外部因素。

在内部，规划步骤首先应包括对自有资源和能力的评估，这些资源和能力关系到实施协作活动的成败。这项分析包括制造商的品牌架构和组织的垂直营销能力。基于VBPM的合作本质，评估和选择哪些在战略上有可能取得成功的零售商合作伙伴是极为关键的。另外，需要考虑的其他外部因素还包括产品类别特征、竞争者品牌、消费者行为以及自有商标品牌。为评估这些内外部因素，我们引出并采用SWOT战略分析工具来进行分析。

根据 Wheelen 和 Hunger（1990，p. 11）的观点，"关系到公司未来的最重要因素都是战略层面的要素，这些要素根据首字母缩写总结为SWOT，分别代表优势（Strength）、劣势（Weaknesses）、机会（Opportunities）和威胁（Threats）"。优势和劣势是指内部的环境；机会和威胁则指外部的环境。正如前文所述，此项规划程序正是要确定这些关系到VBPM成功实施最重要的内外部因素。在VBPM的要素分析中，将这些要素分为优势、劣势、机会和威胁的分类并没有清晰地确定这些内外部因素更为重要（Grant，2005，p. 13）。因此，此规划过程的主要目的是支持品牌制造确定哪些内外部因素是关系到VBPM成功的关键因素。这个过程应该可以帮助公司与其所处的外部环境相联系，例如，通过这个过程确定一个

84 与公司战略契合的很可能取得合作成功的零售商。① 我们需要建立决策依据作为评估的一部分，并将其作为我们应用 VBPM 战略的主要原则。这个规划过程最终将给出建议方法来实施并控制 VBPM 实践。

第一节　设定垂直品牌组合管理（VBPM）目标

一个品牌制造商为了达成 VBPM 目标而设定的目标将作为战略实施最重要的指导方针，这些目标将强烈影响着合作性质和合作方式。例如，品牌组合的相关目标将可能带来更多的经济产出，然而零售商的目标则是期待达成更好的关系。原则上，VBPM 的目标应该基于企业在更高层面展开合作，尤其是在营销目标层面。

由于在实际情况下，这些品牌制造商根据其公司的特定情境而制定的目标（比如规模、品牌组合、消费者关系等指标）并不能全部被一一列举。因此，我们建议通过一个包括恰当评价指标的一般性程序来确定 VBPM 中各主体的各自目标。这些评价指标包括：

（1）目标范围（scope of the goals）。包括内部（公司层面的、品牌组合层面的、人事层面的）或者外部（影响零售伙伴和市场层面的）。

（2）任务分配（task allocations）。决定各个主体在怎样的合作方式中执行任务，以及管控强度和报酬［详见第二章第四节第三部分（二）］。

（3）合作内容（content of the cooperation）。例如，市场细分问题、防止同类品牌的相互竞争、与零售商合作伙伴的关系激励、合同战略。

（4）确定性（specificity）。当目标的实现可以测度，那么这些项目就应该用数字进行表示，并且在一定的时间期限内有效完成（例如，在 12 个月的合作期限内增加 5%的市场份额）。

采用 VBPM 的品牌制造商是与零售商伙伴合作活动的发起者，因此它们的利

---

① Grant（2005，p. 12）将战略看作"在公司和其外部环境之间形成联结"，对于战略的成功实施，公司的外部环境必须和公司的内部特点相联系。Grant 将成功的外部环境联系看作一种"战略契合"。

益是在所有决定中需要最优先考虑的。也就是说，首先要确定发起者所关注的目标范围，例如那些会对品牌制造商自身（内部）战略环境产生影响的目标。例如，品牌制造商需要确定最适合开展合作战略的产品类别和品牌。本质上讲，所选择出的品牌是根据合作的预期目标而确定的。将一个自有品牌整合到公司自己的品牌组合并代替零售合作伙伴来进行管理，也将影响到该品牌组合的均衡状态。这些都是需要和公司长期战略保持一致的根本性问题。目标范围也要考虑到外部主体。比如说，发起的合作将影响到参与合作的零售商的关系，并且合作目的是要提高纳入 VBPM 管理的零售商产品品类的市场表现。这个过程与品类管理层面的合作相似，作为产品品类的领导者，品牌制造商享有控制零售商产品品类的部分权利。

合作的任务需要被分配给这些合作伙伴。依照垂直营销法则，这些合作伙伴需要确定每个任务的相关目标。例如，通常品牌制造商所关心的是尽可能地对自有品牌进行控制（达到高强度的控制目标）。[①] 另外，从一项已执行任务中所获得的报酬应该大于或者至少等于所投入的努力。也就是说，品牌制造商将有兴趣接手重要性任务，而其他任务可以委托出去。

VBPM 的执行重点将在很大程度上取决于与执行内容相关的目标。例如，与执行内容相关的目标会受到产品种类特性、品牌组合的构成或者公司的整体营销目标的影响。此外，取决于纳入 VBPM 管理中的产品类别性质，这个决定还将会影响到公司对品牌战略的评价标准以及对零售商的选择程序。合同战略也与执行内容相互关联，合作的存续时间直接关系到合作协议的时长。合作时间持续的越长，那么品牌制造商对自有品牌的控制时间也就会越长。维护更多的垂直品牌组合也将涉及更广泛的消费者细分市场，这通常也是品牌组合战略的目标（Aaker，2004，p. 77；Kapferer，2008，p. 396）。

从范围、任务强度以及任务内容等方面对目标描述得越确定，那么在计划和执行 VBPM 的过程中做决定也就越容易，这也使得在内部或者外部参数变化的情况下，计划制定者能够越好地根据需求去做出改变。

当设定了战略的确切目标时，就可以着手进行实施 VBPM 的内外部分析。步

---

① 如第二章第四节第三部分（二）所述，供货商寻求高强度的垂直营销合作，因为合作强度越高，它们对于渠道合作伙伴的控制就越强。

步为营计划过程的形成将是下个阶段的目标。

第二节 垂直品牌组合管理（VBPM）规划过程的四个步骤

第二章的结论是设计 VBPM 四步规划过程的基础：

● 如第二章第一节所示，品牌架构和品牌组合战略是评估协作者品牌化战略的关键性概念。[①] 此外，这两个概念是清晰地界定 VBPM 的主要工具。如该部分所述，品牌应该在组合框架之内扮演其被赋予的角色。对于需要整合进一个品牌组合的自有品牌来说也是如此。该部分强调了市场细分的重要性，特别是价格细分与渠道细分。在这一背景下，第二章第一节第五部分（三）讨论了垂直管理品牌及其相关风险。然而，当要从垂直方向进行品牌延伸之时，VBPM 是另一种规避风险的战略，这一点已经明确。

● 在第二章第二节中已经指出，零售商设计与保持复杂的自有品牌组合的做法比较普遍。该部分的主要结论是根据品牌广度、自有品牌定位、与店铺品牌的关系和自有品牌组合的细分等战略维度对自有品牌进行分类的一种方法，这些已经确定的维度将帮助规划者设计品牌化战略，并将很可能为战略实施提供解决方案。

87　● 第二章第三节将有效消费者反应（Efficient Consumer Response，ECR）和品类管理（Category Management，CM）作为关键的垂直营销（Vertical Marketing，VM）商业实践。结果，VBPM 受益于来自 ECR 和 CM 的经验与洞见。在规划过程中（第一步和第三步），须对制造商和零售商的垂直营销（VM）能力进行排列和评估。显而易见的是需要从一种关系视角来测试关系的适应性和持久性，特别是关系动机，已经被强调是垂直营销协作的关键驱动因素。

● 从第二章第四节推演出的一种理论借用过程适用于垂直营销（VM）及其

---

① "品牌架构"（brand architecture）与"品牌化战略"（branding strategy）术语在本书和文献综述中表达相同的含义。步骤一使用的是"品牌架构"这一术语，在本步骤中将评估制造商的品牌化环境（见第三章第三节第二部分）。

相关商业实践，它是 VBPM 借用的关键理论。VBPM 可能会运用诸如垂直营销目标、战略和协作风格等垂直营销的要素。例如，任务分配目标将决定在协作中由谁来执行哪一项任务。相应地，选择战略将会从规划过程第三步的外部审计中产生，在这一环节合同战略（contractual strategies）将成为合作治理因素。协作风格，无论其是处于支配地位还是能够减少冲突，将取决于内外部审计以及之前所提及的战略匹配度。

规划过程将从以下领域的深入分析开始：

- 制造商的品牌架构和品牌管理能力
- 品牌制造商的垂直营销能力
- 市场、品类和产品特点
- 存在合作可能的零售商

一旦对上述领域做出分析，规划过程将通过之前每一步骤的结果实施向着战略设计演进。每一步骤将产生是否继续推进规划进程的决策规则（见表 3-1）。规划会从循序渐进型规划所产生的各种利益中获益（Percy and Elliott，2009，p. 73）。循序渐进型规划指的是，如果某一阶段的决策不发挥作用，那么之前阶段所做出的决策不会被推翻，而要继续保持其相关性。

表 3-1　VBPM 规划过程的四个步骤

阶段	规划焦点
步骤一：组织内部审计	品牌架构 品牌管理技能 垂直营销能力
步骤二：理解市场与产品品类特征	包括自有品牌在内的市场和产品特征
步骤三：评估零售商	零售商品牌化战略和能力 制造商—零售商关系
步骤四：设计 VBPM 战略	品牌组合管理 市场细分 合同战略

总之，战略分析及其相应决策需要考虑一个组织更高层次的使命、目标和政策（Wheelen and Hunger，1990，p.29）。重要的是，应该让营销规划和目标去指引规划者，例如，如果营销计划要求覆盖价格敏感型细分市场，那么从垂直方向去发掘价值型自有品牌就会变得合理起来。

一旦将企业目标和营销目标纳入考虑范畴，规划者接下来就能够决定预期合作的具体目标（见第三章第一节）。这些目标将指引但不会限制内外部环境分析。预先设定的目标也有可能被改变，这要取决于环境分析的结果如何。一旦完成了第一步、第二步和第三步，战略匹配度（strategic fit）将会把内外部因素与实际战略的设计联系起来。在实施过程中，评测与控制机制将对该战略的表现做出监管。

89　　图 3-1 将 VBPM 战略规划过程中的任务次序串联起来。总之，VBPM 规划过程既是分层级进行的，也是合乎标准规范的。所有的步骤都会得出结论——每一步骤都会有。这在第三步尤为明显：如果无法确定零售商，规划过程应该在此阶段停止或者返回到第一步，在第一步中一个新界定的品类可能会匹配出一个合适的零售商。接下来的部分将对第一步到第四步做出更为详细的介绍。

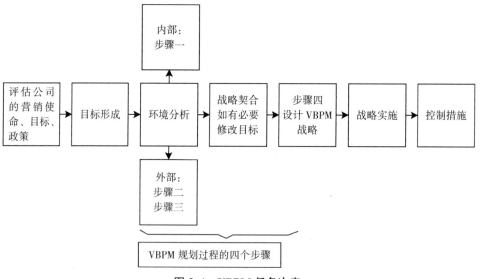

图 3-1　VBPM 任务次序

资料来源：作者自制。

一、步骤一：组织内部审计

战略规划的第一步是审计制造商的内部环境。审计将涵盖公司的资源与组织、管理和人事能力。分析将特别要求对制造商品牌化战略做出一个认真的评估。关于公司的品牌架构如何在一开始就影响 VBPM，须对这一点提出质疑。紧接着这一点，品牌组合战略要求具体化，这样组合与目标范围的结构、角色以及90 组合品牌之间的相互关系才会明晰起来（Aaker，2004，p.13）。为了能够让自有品牌以一种知己知彼的方式整合到品牌组合，这一步骤非常必要。一旦能给出一个组织内部的清晰图谱，才能开展第一步中的品牌和品类选择。步骤一将让适合VBPM 的组合品牌变得明晰起来。接下来，它将识别出哪些组合角色会妨碍合作的品牌。例如，一些品牌，如"战略性品牌"，它们在组合中的位置会比较突出，对于 VBPM 来讲可能就并不适合（Aaker，2006，p. 23）。

组织内部审计还将包括品牌制造商实施 VBPM 的资源与能力。因此，保证VBPM 成功实施的组织优势和劣势将被挖掘出来，并做出分析。评估的主要领域将是垂直营销的能力和品牌管理技能。[①]因此，须对这些能力做出评判。

二、步骤二：理解市场和产品品类特征

供应商的组合品牌隶属于某一个产品品类和某个市场。[②]因此，对每一个与VBPM 战略相关的产品品类及其市场参数进行全面审查是组织内部分析的后续任务。在本步骤中，规划者将从产品类型、竞争品牌市场份额、话语权份额、自有品牌渗透、自有品牌质量水平等项目中获得洞见。本步骤的结果将使得规划者为更复杂的品牌组合做出知己知彼的决策。这些任务的执行可以与品类管理合作中的品类首领（category captains）所肩负的责任相比较（见第二章第三节第二部分）。

三、步骤三：评估零售商

当战略管理者已经决定了哪些品牌适合战略实施，并且全面理解了各个产品品类所处的市场，规划过程下一步的目标是决定与哪个零售商合作去开展VBPM。一个宽泛的选择过程将能够产生存在合作可能的协作者。预先选择零售商的主要标准将基于现有的 ECR 关系、重要性和零售商规模。一旦预选出具备资格的零售商，制造商接下来将分析渠道合作伙伴的资源和与战略相关的能力。在所有因素中，这一分析将首先着眼于零售商自有品牌的品牌化战略。要评估协作者的品牌化战略的兼容性（零售商品牌 VS 供应商品牌架构），本步骤非常必

91

---

① 一个零售商将自有品牌交到制造商手中的关键动因之一，将很有可能是后者的品牌管理技能和管理品类的能力。

② "产品品类"指的是，一个品牌开展竞争的所有产品或者系列产品（Keller et al.，2012，p. 120）。"市场"概念更为宽泛，指的是从事某一特定产品或者某一种特定产品类型的所有买方和卖方（Kotler and Keller，2006，p. 10）。

要。基于其合作性质，VBPM 需要以信任为基础，需要具有经验丰富的协作者。正是由于此种原因，与零售商的现有关系及其关系处理能力应该得到评估。完成步骤三将产生出从事相关产品品类经营的零售商，这些零售商的品牌化战略具有兼容性或者能够经过协调然后与品牌制造商战略兼容，制造商与零售商之间具有积极的、信任的过往关系。因此，选择要求具备之前所提及的"战略契合"（strategic fit）。

四、步骤四：设计 VBPM 战略

当完成了规划过程的前三步，并且每一步都获得了正面的结果，就能够为战略实施明确地指定出相应制造商品牌的某一产品品类。作为规划过程的最后一步，第四步要求管理者去决定如何将零售商自有品牌更好地整合到品牌制造商的品牌组合中。因此，将需要设计出自有品牌须符合制造商品牌架构的必要条件。规划次序最后一步——第四个步骤主要涉及的是品牌管理事项，特别是品牌组合管理任务。通过与市场细分事宜相联系，将能得出整合的一个起始点。根据 Kapferer（2008，p. 396）的观点，"品牌组合的组织反映了公司所选择市场细分的类型"，而且就如第二章第一节第五部分（一）所示，市场细分与 VBPM 密切相关。战略形成将主要从规划过程第一步的结果中获得给养，在步骤一中评估了制造商品牌架构，后续还进行了外部环境分析。规划结果可能被应用于通过 SWOT 分析工具来构建公司的整体战略。最终，VBPM 规划初始阶段将以合同战略作为结束。

总之，规划过程的目标是让自有品牌以知己知彼的、最佳的方式整合到制造商品牌组合中。遵循 VBPM 的战略目标，须决定哪些品类和品牌可以进入 VBPM、哪些零售商及其自有品牌符合特定的必要条件。规划过程旨在支持品牌制造商做出此类决策。

VBPM 规划的任务范围是多维的。两家独立公司须紧密合作，这会成为挑战。因此，规划过程须保证在整个规划阶段优先考虑发起者的利益，即品牌制造商的目标。自然，这些目标须与零售商的目标保持一致，这样才能在协作者之间实现共赢。此外，垂直营销战略须与品牌组合相关事宜保持一致的步调。

接下来的几个部分将明确在规划 VBPM 之时公司须采取的特定措施。因此，按照时间先后顺序来推进规划过程要求的各个步骤，先从品牌制造商的内部环境分析入手，接着针对外部环境因素进行分析。在规划过程概念化开始之前，首先将设计出内部审计的一个分析框架。这是下一节的讨论主题。

第三节　步骤一：组织内部审计

一、内部环境——设计一个分析框架

VBPM 提出，要将零售商的自有品牌整合到品牌制造商的品牌组合中。由一个品牌制造商发起的该合作战略，首先要帮助它达成自己的目标，这些目标主要与企业、产品类别和品牌相关。自然，合作应该让合作伙伴受益，即零售商，从而创造出一个双赢的局面。然而，合作的起点还是来自品牌制造商，故步骤一的结果是对制造商的内部环境进行全面的调查，并识别出适用于该战略实施的产品品类与品牌。必须保证，实施该战略的品牌继续帮助组织达成更高目标的同时，也能够满足垂直品牌组合管理的既定目标（垂直品牌组合管理的目标评价标准详见第一章）。以下部分将首先把所有品类的"战略"作为一般分析框架的准备步骤。其次，内部环境将以战略与资源—能力相结合的视角来形成其体系。此外，接下来是基于 SWOT 分析及其对框架形成所产生贡献的一个讨论。本章将得出以下结论：提供指引组织内部审计并作为分析框架的一个目录清单。

（一）组织中的战略层级

对于内部审计，必须制定一个分析框架。这将给重复审计时提供一个通用方法，也能给审计者提供一整套体系。该框架必须具备两个关键特征：首先，为确保它是广泛适用的，它必须包含对于大多数行业来说都富有竞争力的领域；其次，为了让它适用于单一企业，那么这些领域必须具有特定的能力和资源（Ansoff，1987，p. 90）。

该框架设计的出发点在战略决策的责任领域。Wheelen 和 Hunger 提出（1990，p. 9）的"战略等级"（Hierarchy of Strategy）将大企业的战略分为三个层面：

（1）公司层面。

（2）业务层面。

（3）职能层面。

根据作者的观点，公司层面的战略与公司在所涉及的大量活动与业务之时所采用的组合战略有关。这还包括资源的流动、与企业环境的关系和整体业绩。另外，业务层面的战略解决的是特定行业或者一个部门所处细分市场的竞争力问题。这也被称为战略业务单元（Strategic Business Units，SBU's），一个部门可能经营着一组类似的产品（Wheelen and Hunger，1990，p.10）。接下来，职能层面的战略通常涉及最大化属于某一业务单元的组织资源和能力。惯常的职能活动都以诸如市场营销、财务部门、研究与开发、信息系统、运营等部门的形式加以组织。从企业的层级角度来看，企业的规划者必须了解每个职能部门对业务单元和企业总体业绩所起的作用（Wheelen and Hunger，1990，p.139）。由于在较大型企业中都具有共性，层级视角也可广泛适用于大多数行业。图3-2描述了一个典型的战略委派责任区域的概述。

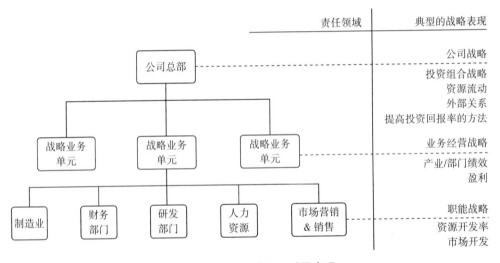

图 3-2　战略委派责任区域及表现

资料来源：改编自 Wheelan 和 Hunger（1990，p. 11）。

94　　　结果显而易见，战略的层级结构显示出业务层面特别是功能层面是内部分析的关注焦点。大多数的垂直品牌组合管理过程和应用将产生在这些层面。

（二）资源和能力

谈到垂直品牌组合管理，战略业务单元自然会涉及那些公司职能层面所管理的品牌。因此，分析框架最重要的将是识别出职能部门的资源和组织拥有的能力。

　　Grant（2005，p. 139）提供了一个合适的模型，因为它在一个战略背景下将资源和能力结合起来（见图 3-3）。他将资源定义为一个企业所拥有的生产性资产，并认为组织能力是指企业执行特定生产性活动所具备的能力（Grant，2005，p. 139）。作者将资源进一步细分为有形资源、无形资源和人力资源。有形资源最容易确定，无论其是财务性质还是实物性质。相反，无形资源难以识别。它们主要表现为品牌名称、商标或声誉资产等其他形式。之前已经讲过，特别是品牌产品（或公司）的声誉，其在垂直品牌组合管理中起着重要的作用。① 这些资源项目，尤其是品牌资产，在垂直品牌组合管理规划中将大大有助于组织内部的分析。最后，"人力资源是人类用技能、知识和推理和决策能力提供给企业的生产性服务"（Grant，2005，p. 143）。正是人力资源能力，将企业的资源转化为组织能力。将能力分类的尝试把讨论带回到了公司主要的运营层面，即职能层面。Grant（2005，p. 139）建议，将职能分析作为这方面分析的一个常见形式。这种做法将涉及之前提到过的来源于职能领域的组织能力。图 3-3 总结了战略资源和能力之间的联系。

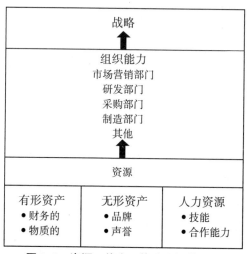

图 3-3　资源、能力、战略之间的关系

资料来源：改编自 Grant（2005，p. 139）。

　　以上的讨论强调了能够产生战略的一般资源和能力领域，故而这也是评估对

---

① 这是品牌制造商发起垂直品牌管理和零售商组织这样一种合作的关键原因，参阅第一章第一节。

96 象。目的是制定一个框架，包含在大多数行业中出现的不同类型的能力和资源，尤其是在快速消费品的生产者。[①] 鉴于企业的类型众多，这样的一个表单显然不能够全部概括（Ansoff，1987，p. 92）。然而，垂直品牌组合管理将有符合这种协作战略的特别关注领域。基于资源型能力的角度来看，一个垂直品牌组合管理的常见检查清单框架将在后续的论述中加以定义。目标是将企业有特定能力的职能领域与相应资源结合起来，并提供一个每个制造商都适用的通用模板检查清单。下一部分将介绍战略营销评估工具 SWOT 分析，并讨论该工具对垂直品牌组合管理审计框架的用处。

（三）内部环境和 SWOT 分析

已有的战略相关文献建议，企业在制定战略时，需要对企业内部环境做出评价（Porter，1980；Ansoff，1987；Wheelan and Hunger，1990；Grant，2005）。就像前一部分所做的论述，评估环节通常需要对公司的资源和能力做出盘点。为了进一步的战略制定，盘点项目（内部环境）通常被分为优势和劣势，并在重要性和业绩表现方面进行排名。这种内部环境的评价可以运用战略分析工具"SWOT 分析"来进行。接下来的表 3-2 对不同作者关于 SWOT 分析的若干应用做了简要总结。该表侧重以内部环境的研究对象来分析，并列出了不同的评价方法，特别是关于营销环境方面。下面将借助 SWOT 分析方法中的"优势和劣势"评估部分来构建垂直品牌组合管理的资源—能力检查清单。一旦完成从步骤一到步骤三的内外部评估，评估结果可用于垂直品牌组合管理决策中的 SWOT 分析基础（见第三章第七节）。

97

表 3-2　SWOT 分析实例

作者	内部环境	评价/营销
Ansoff（1987）	一般管理与财务 R&D 运营 营销	每个功能评估四个能力配置和强弱二值程度（如市场营销）： 设施和设备：仓储、零售网点、销售办事处、运输设备 人员技能：销售、应用工程、广告、服务、合同管理 组织能力：直接销售、零售连锁、产品支持、分销和控制 管理能力：工业营销、消费者营销、政府营销

[①] 由于就像在快速消费品企业流行的有效消费者反应（ECR），在快速消费品行业里垂直品牌组合管理是公司最有可能被关注的一种战略。同时，该战略的目的在于解决通常也是快速消费品生产商的品牌制造商的战略问题。

续表

作者	内部环境	评价/营销
Wheelan 和 Hunger（1990）	公司结构 企业文化 企业资源 　营销 　财务 　R&D 　运营 　（制造） 　人力资源 　管理 　信息系统	典型营销问题： 公司目前的营销目标、战略、政策和计划是什么 公司在市场定位和营销组合分析方面表现如何 营销绩效与竞争相比有多好 营销经理如何使用公认的营销概念和技术，以提高产品的性能（如产品生命周期、市场细分、市场研究和产品组合） 市场营销经理在战略管理过程中的作用是什么
Grant（2005）	资源 　金融、技术 　厂房及设备 　位置分布 能力 　产品开发 　采购 　工程 　财务管理 　R&D、营销和销售	重要性和相对强度范围为从 1 到 10（1=非常低，10=非常高） 营销和销售评估领域：能够满足客户的需求、品牌管理的专业知识、广告和促销功能
Kotler 和 Keller（2006）	营销 财务 制造 组织	性能：按照 5 个程度排序（从最强到最弱） 重要性测量在三个层次（高、中、低） 营销：公司声誉、市场占有率、客户满意度、顾客保留度、产品质量、服务质量、定价、分销、促销、销售队伍、创新有效性和地域覆盖

资料来源：Ansoff（1987），Wheelan 和 Hunger（1990），Grant（2005），Kotler 和 Keller（2006）。

　　表 3-2 对所有作者的研究成果进行了总结，包括用于分析的相似职能领域和资源，只不过各自使用的术语不同。常见的职能部门包括财务部门、研发部门、运营/生产部门和营销部门。另外，资源的范围从有形物品（如工厂和产品）到无形物品（如品牌和资本成本）。Collins 和 Montgomery（1998，p. 179）基于企业资源的视角对品牌组合的讨论能够支持这一观点：一个企业的资源与品牌数量相匹配。在所回顾的 SWOT 应用中，资源和能力的评价是惯常做法，但要受到项目不同得分的限制。得分分布情况从 1 到 10。一些作者也按照重要性排列这些项目（Kotler and Keller，2006，p. 55；Grant，2005），Grant（2005，p. 156）强调排名应该与建立一种竞争优势的资源和能力呈正相关关系。因此，一项垂直品牌组合管理应用的重要性排名应该把重点放在有利于战略成功的每一个选项的潜力上。有些项目将比其他项的排名更靠前。例如，某些垂直营销能力对垂直品牌组

合管理成功率比其他的能力更重要，这将在之后得以论证。

此外，重要的是在组织里要确定资源和能力的类型。Ansoff（1987，p. 91）识别出了四种评估类型，并将其与组织的职能领域结合起来：

（1）设施及设备。

（2）人事技能。

（3）组织能力。

（4）管理能力。

这种分类方法是一个综合评估有形（无形）资源和能力，并将其与该组织的不同层级相结合。这种方法可以对复杂业务流程做一个评价，其在不同层级对组织所做出的贡献也能够被测度。例如，一家公司可能已经积攒了大量品牌（无形资源），由受过良好教育的品牌管理人员管理（人事技能），采用了该公司的一个成熟的品牌建设方法（组织能力）。最后，品牌组合被放置在一个中心层面来管理（管理能力）。就像此例，垂直品牌组合管理将涉及公司不同层级的若干职能领域。

99　　**（四）基于 VBPM 检查清单的资源—能力**

如前文所述，内部环境审计的检查清单结构将受到 SWOT 分析中关键指标的影响。这主要意味着资源和能力之间的区别。有形（无形）资源对实施垂直品牌组合管理的重要性已被证明。这首先包括公司的品牌化资产及其品牌组合。此外，其他资源如信息技术和金融资源可以成为战略的推动因素，Ansoff 提到的能力多层次分类方法也在此列。能力将与人事、组织和管理层级相关。这与诸如垂直品牌组合管理这样的战略观念的复杂性一样，它将涉及上述所有层级的相关技能。

并不像 SWOT 的主要目的是测量相对于竞争对手一家公司的资源和能力所拥有的相对优势和劣势，[①] 为了垂直品牌组合管理的实施，组织内部审计具有更聚焦的目的。审计的结果应该突出组织执行垂直品牌组合管理的能力，而且它还应为战略的实施奠定一个基础，特别是在其品牌架构中能够识别的公司资源，它将设置出战略的"基调"，它也将识别出合适该战略的公司品牌。

考虑到优势和劣势的评价情况，对资源和能力的评价将更多的是运用洞察和

---

① 这是指 SWOT 内部环境的优势与劣势评估。在此背景中，SWOT 分析的机会和威胁不能被测定。

理解而非只是数据（Grant，2005，p. 157）。对于垂直品牌组合管理，这就意味着，对于公司品牌架构的全面理解或者提炼出公司垂直营销能力的清晰洞见比单纯评价这些项目更为重要。因此，评价可以基于一个主观的两个层级的"优势"和"劣势"价值量表，项目的重要程度应做类似处理，分析将只包括对战略重要的项目。因此，可以应用高、中、低三级重要性排序，重要性和绩效评价之间的相关性将提供给规划者一个优先排列的参考，例如，一个重要程度较低的能力相对于一个重要程度较高的执行能力不足需要较少的关注。作为上述讨论的结果，表 3-3 给出了一个垂直品牌组合管理检查清单的模板。

表 3-3　垂直品牌组合管理的资源—能力检查清单模板

	重要性 高/中/低	执行力 强/弱	结论
资源 与垂直品牌组合管理战略实施相关的所有有形和无形资源的清单。例如品牌架构、品牌组合、技术、财务等			
能力 与垂直品牌组合管理战略实施相关的人员和组织/管理能力列表。品牌管理、品类管理、ECR 能力、产品管理、物流等			

资料来源：作者自制。

　　综上所述，资源—能力检查清单须允许与 VBPM 相关的所有公司资源和职能 100 领域进行全面评估。可以推测，品牌制造商将识别出适合它们具体情况的其他产品。除了制造商的环境外，检查清单也将评估零售商的环境，作为步骤三的垂直品牌组合管理规划过程的一部分。总体而言，每项资源—能力评估的结果将即刻反映每个测评对象的优势和劣势，这将为战略制定提供初步的决策。例如，制造商的品牌架构内的某些系列品牌，很有可能会影响产品类别或者甚至是零售商选择的评判标准。

　　下面的部分将详细说明资源和职能竞争力，这是成功实施垂直品牌组合管理的关键。讨论将围绕在对公司的品牌架构、组合和垂直营销能力做出战略性的盘点。

101　　**二、战略资源评估——品牌架构审计**

为了实施 VBPM，品牌架构（brand architecture）作为一种战略观念的重要程度，以及品牌制造商的主要内部资源。讨论从品牌架构的定义论述开始，接着是对于品牌等级（brand hierarchy）的介绍，这被认为是讨论品牌在品牌架构中所起作用的起点。然后，讨论将转向为品牌架构创建一个类别。品牌关系与品牌在品牌组合中的角色扮演将作为品牌架构讨论的结尾部分，作为一项主要的组织资源，它需要在垂直品牌组合管理规划过程中被审计。

品牌代表公司在垂直品牌组合管理中不可或缺的无形资源，因此，它是组织内部审计的核心领域。在公司内，品牌通常是一个品牌架构系统的一部分。术语"品牌架构"（brand architecture）并不被品牌和营销学者经常使用。一些作者引用"品牌战略"（Kotler et al.，2002，p. 478；Hoffman et al.，2005，p. 298；Keller，2008，p. 433）、"品牌结构"（brand structure）（Laforet and Saunders，1999）和"品牌架构"（brand architecture）（Aaker and Joachimsthaler，2000，p. 102；Kapferer，2008，p. 347；Douglas et al.，2001）等概念。所有这些概念都是基于一个品牌组织结构的视角，说明了在市场环境之下的品牌角色和关系。Aaker 和 Joachimsthaler（2000，p. 102）对这一术语做出了清晰说明："通过明确品牌角色与不同品牌之间以及不同产品—市场环境之间关系的性质，品牌架构将品牌组合组织起来，并形成品牌组合的结构。"品牌管理架构，旨在达到品牌之间协同效应的同时保持必要的独立性，使目标群体明确而又毫不费力地了解品牌角色及其相互之间的关系（Esch et al.，2004，p. 750）。探讨品牌架构的出发点，与公司应该保持多少层级的品牌相关联。这种决策存在于"品牌等级"领域，是组织的战略本质（Kapferer，2008，p. 349）。品牌等级是把企业的品牌战略推进到一个分层秩序，并分配给每个品牌管理责任级别的一种方式（Keller，2008，p. 447）。Keller（Keller，2008，p. 447）按照从上到下的次序提出了如下的品牌等级：

102　　（1）企业/公司品牌（corporate or company brand）。

（2）家族品牌（family brand）。

（3）个体品牌（individual brand）。

（4）改良品牌（modifier）。

"**企业**"或"**公司品牌**"是层级最高的品牌，通常由高层管理人员负责。企业品牌名称通常在所有产品中都可以见到。在某些情况下，企业品牌仅仅作为一个产品的合法来源出现。例如，企业品牌宝洁作为制造商，出现在每一个单独的产品品牌之上。相反，企业品牌作为唯一的品牌出现（Keller，2008，p. 447），例如戴尔电脑和通用电气。"**家族品牌**"通常出现在各个产品品类，与企业品牌相比，它拥有更多的差异化空间（Keller et al.，2012，p. 587）。妮维雅就是作为家族品牌来使用的一个例子。[①] 这个品牌被广泛应用在护肤露、护发、抗老化产品等个人护理产品的各类细分市场（Nivea，2013）。**个体品牌**仅限于一个产品类别，公司可能会同时保持若干个定位不同的个性品牌（Keller et al.，2012，p. 588）。例如，在洗发/护发品类，宝洁拥有四个个体品牌，分别是威娜（Wella）、草本精华（Herbal Essence）、海飞丝（Head & Shoulders）和潘婷（Pantene）。每个品牌面向一个不同的细分市场（如威娜的专业护发），或者适合某一特定的使用场合（海飞丝的去屑）（Procter and Gamble，2012）。**改良品牌**是用来指定一个产品的特殊版本或特殊用途。如"贝克啤酒"（Becks）、"比尔森啤酒"（Pilsener，一种捷克黄酒）、"不含酒精"、"金牌酒"（Gold）、"淡啤"（Lime）等不同口味的产品（AB-Inbev，2011）。

有些产品可能是由以上提到的品牌层级所构成的，就像 3M 思高品牌（3M's Scotch）下的"Magic™"牌隐形胶带（Kapferer，2008，p. 349）：公司的企业品牌是 3M，家族品牌是 Scotch（思高）作为公司胶带、胶水产品的保护伞，个体品牌"Magic™"是一个磨砂胶带生产线，最后"Magic™"牌隐形胶带成为改良品牌。

当任何品牌的组织责任水平已被确定时，品牌等级是有用的。图 3-4 描述了公司的等级层次、战略类型和品牌等级之间的关系。如本节"组织中的战略层级"部分的论述所示，品牌等级勾勒出一个清晰的战略层次联系。在垂直品牌组合管理的规划过程中，将品牌战略分配到不同层级和各自的管理职责将是一个必要的任务。从随后的论述中，我们可以看到垂直品牌组合管理可能会促使各个制

---

①"妮维雅"品牌稍后也将在"整体保护伞品牌"（aligning umbrella brand）这个术语下出现，在 Kapferer（2008）提出的一整套品牌架构类型框架之下会做出更具体的描述（详见第三章第三节第二部分"保护伞品牌战略"）。

造商品牌与自有品牌之间的可见联系。类似的决策可以通过将品牌层级——相对于品牌等级来讲——与公司各个层级的责任水平相结合来加以促进。

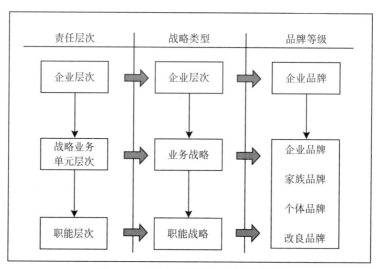

图 3-4　企业与品牌等级之间的联系

资料来源：改编自 Keller（2008，p. 446）和 Meffert 等（2002，p. 171）。

接下来，讨论明确品牌架构的不同类型。这一点也将被证明，品牌等级水平同样存在于公司类似的特定品牌结构中。

（一）确定品牌架构类型

一旦公司的一个品牌等级有了一个清晰的蓝图，关注的焦点将转向该公司对不同品牌层级之间的关系以及后续的品牌架构类型。确定品牌结构类型的基础取决于连续性品牌层级之间的整合程度（Meffert et al.，p.172）。另一个关注点是所使用的品牌层级数量和企业品牌的知名度与角色扮演（Kapferer，2008，p.351）。如之前论述所示，这两个主题都与前面提到的"品牌等级系统"（brand hierarchy system）存在联系。品牌架构的构建结果对品牌所能提供的内容和价值有着持久的影响（出处同上）。接下来的讨论重点将放在这些效果上。

现有的文献提到过两种类型的品牌架构——最纯粹和最极端的表现形式，即在一种极端情况下是企业品牌主导战略，即"品牌家族化"（branded house），另一种极端情况下是个体品牌主导战略"品牌系列化"（house of brands）（Laforet and Saunders，1994；Aaker，2004，p.48；Kapferer，2008，p.353；Keller，2008，p. 83）。一个品牌家族化结构是采用单一的主品牌，并在市场和产品层面为所有产品提供关联度和共同价值（Rajagopal and Sanchez，2004）。例如，一级品牌妮维雅的核心价值是处于下一层级的所有子品牌或者产品的标准规范。它们反过来又必须表达主品牌的价值，以确保内部的高度统一（Kapferer，p.353）。另外，品牌系列化战略使用相互独立、互不关联的品牌，这就使得其在同一个市场展开竞争成为可能（Aaker，2004，p.48）。正如前面提到的宝洁公司，它是一个常被引用的实施品牌系列化战略的品牌（Laforet and Saunders，2005），在公司进入的市场上同时存在若干定位不同的品牌。

有一些作者已经设计出战略和模型来描述复杂的品牌架构（Olins，1989；Laforet and Saunders，1994；Aaker and Joachimstahler，2000）。品牌学者 Aaker 和 Joachimstahler（2000，p.105）将用"品牌关系图谱"来描述这种情形。品牌在品牌关系图谱中的位置在某种程度上反映了企业品牌战略中品牌与企业品牌战略的分离情况。这些品牌在品牌系列化图谱中彼此之间几乎没有任何关系，而品牌越接近品牌家族化图谱，则越会与主品牌高度关联（出处同上）。"品牌关系图谱"中有九个详尽描述的子战略，消费者是否能够区分各子战略的微小差异还值得商榷（Esch et al.，2004，p.755）。Kapferer（2008，p.356）提供了一个综合的品牌架构分类方法，它在垂直品牌组合管理过程中特别有用。它将品牌层级的数量与营销组合使用的自由度相结合起来。首先，它将所讨论的各个品牌架构在消费者心中的认知进行恰当的整合。这些参数，即品牌层级、营销自由度和消费者认知，在垂直品牌组合管理审计语境与应用的情景下，也将对品牌架构的评估发挥着同样的关键作用。

现有品牌架构效应在战略实施方面的相关知识是至关重要的。例如，将自有品牌整合到自己的品牌组合要求对该公司的品牌层级及其导致的后果有一个准确的决策。此外，企业品牌的角色须确定，还需与消费者联系在一起。Kapferer（2008，p.356）提出了品牌架构的六种类型，后续会做相关讨论。对于每种类型的品牌架构，垂直品牌组合管理及其所奉行的战略之间的相关性将在后续讨论。这种分类方法将作为垂直品牌组合管理中品牌架构的参照点。

（二）Kapferer 关于品牌架构的六种主要类型

1. 产品品牌战略

在产品品牌战略（product brand strategy）中，一个品牌只被分派给一个具有独特定位的产品或产品线。[①] 这对想要占据不同细分市场的创新型企业来讲，尤为如此。当用定位不同的产品品牌为不同的细分市场服务时，采用产品品牌战略的公司能够获得更高的综合市场份额。仅在美国，"可口可乐公司"就拥有近 100 个不同的饮料品牌，其中包括像可乐、雪碧、芬达一样的著名商标（Coca-Cola，2012），仅可乐一类，就有十多个包括普通版本、香草或樱桃味等不同品种。产品品牌战略有助于满足多种消费需求与期望，通过不同品牌，消费者也能更好地了解产品之间的差异。此外，推出新名称的品牌还可以保护公司品牌组合中的现有品牌，如果新品牌失败了，还可以避免负面溢出效应。当公司名气不大时，推出新品牌进入新市场，则风险更低、自由度更大，零售商也赞成这一战略（Kapferer，2012，p.318）。当一个品牌制造商拥有很多强势品牌时，零售商很有可能会在给予额外货架空间的方式上做出回馈。

另外，产品品牌战略需要大量的投入。推出新品牌需要营销传播投入，零售商也将新品牌看作需要支付陈列费的新事物。

> **VBPM 启示：**
> ——所有类型的品牌架构对营销组合要素使用的更大自由度，使得垂直品牌组合管理战略形成获得更好的灵活度
> ——自有品牌及其自身定位。制造商垂直组合中其他组合品牌没有出现负面溢出效应
> ——组合中另一品牌可能转化为自有品牌

2. 产品线品牌战略

一个产品线品牌（brand line）包括一个品牌名称下的一系列互补产品。产品可以不同，但与初始产品密切相关。例如，利洁时（Benckiser）的"Calgon"产

---

① 定位是指"相对于竞争产品在目标消费者心目中的地位，让目标产品占据一个清晰、独特和理想的位置"（Kotler et al.，2002，p. 316）。公司可以几种不同的方式来定位它们的产品。Hooley 等（2004，p. 567）建立了六个主要的定位选项：价格、质量、服务、定制、利益差异化和创新。所选择的定位战略应确保在目标市场上，公司比竞争者具备更有效地服务这些市场的能力与资产之间的契合（Hooley et al.，2004，p. 567）。但定位是营销战略的一个重要概念，围绕定位战略的定义讨论应限定在营销战略阶段。对定位概念的理解和应用将被有针对性地假定为在现有的相关知识。关于定位战略对于 VBPM 的影响，将在步骤四中讨论，在本步骤中将形成 VBPM 战略。

品线品牌，以粉状餐具洗涤剂作为其生命周期的开始，之后逐步扩展到清洗剂和水垢抑制剂（Kapferer，2008，p. 359）。这种扩展依赖于初始产品的成功，消费者会普遍认为这些产品是相关的。产品线品牌战略（line brand strategy）可以强化品牌资产，一个成功品牌旗下的相关产品更容易受到分销商的青睐。同时，依靠现有强大的品牌资产也可以降低新产品进入市场的成本。当然，这种产品线品牌战略也有一定的局限性，只有具有高度相关性的新产品才能加入这种产品线品牌中去。

VBPM 启示：

——所有产品延伸共享品牌资产

——自有品牌与其他产品品牌直接关联

——产品类别受限于产品线品牌的专有能力

——自有品牌整合依赖于制造商关于母品牌的定位

——自有品牌与产品线品牌之间存在联合品牌战略的可能

——潜在的负面溢出效应

3. 系列产品品牌战略

属于具有竞争力的同一领域的全系列产品通过同一个品牌名称开展营销。例如，"鸟瞰"（Bird's Eye）品牌旗下超过 100 种冷冻食品，就属于这种情况，该品牌用一种独特的品牌观念将所有产品聚合起来（Kapferer，2008，p. 360）。来自同一品牌旗下的系列产品会受益于该共享品牌的品牌资产，这在推广产品时就成为一个优势。在同一品牌概念下推出新产品更容易、成本更低。当系列产品的范围扩大时，可能会让消费者感到困惑。但这些困惑可以通过及时处理品类层级得以化解。这样一种结构通常与零售商组织它们产品类别（如瘦肉、海鲜）的方式相同。然后系列产品品牌（range brand）能够营销所有系列的产品，这些产品被以有意义的、结构化的方式加以分类。这能够让公司覆盖不同的细分市场。

> **VBPM 启示：**
>
> ——系列产品品牌涵盖了类似于自有品牌系列产品的庞大产品种类①
>
> ——全系列产品的共享品牌理念降低了垂直组合品牌的灵活度
>
> ——针对一个特定的细分市场来使用一个独特的系列产品品牌为自有品牌提供了机会
>
> ——可能产生负面溢出效应

4. 背书品牌战略

背书品牌战略 (endorsing brand strategy) 结合了两个品牌层级：一个背书品牌使得产品品牌、产品线品牌和系列产品品牌旗下经过分类的一系列产品更容易获得市场接受。通用汽车为欧宝 (Opel) 提供背书，庄臣为碧丽珠 (Pledge) 提供背书。背书品牌为被背书品牌提供支持，被背书品牌可以自由发挥。背书品牌代表质量与保证，而产品品牌可以在其自身的个性范围之内游刃有余。这体现了品牌等级形成的每一个发展阶段所扮演的不同角色。首先，背书者代表的是企业（社会）责任。其次，产品品牌占据了一个深具差异化的独特职能 (Kapferer and Laurent，1992)。

> **VBPM 启示：**
>
> ——自有品牌作为产品品牌、产品线品牌或系列产品品牌，拥有自己的定位
>
> ——企业品牌为自有品牌提供背书
>
> ——可能产生负面溢出效应
>
> ——自有品牌可以脱离背书战略，以避免负面溢出效应

5. 保护伞品牌战略

保护伞品牌战略 (umbrella brand strategies) 有两种形式：灵活的品牌保护伞战略和整体（主品牌）保护伞战略。这两种战略属于单一的品牌名称和品牌层级，可以覆盖众多的甚至是不相关的产品类别。灵活的保护伞品牌战略的特点

---

① 如第二章第二节所述，自有品牌可以通过广度 (breadth) 来确定，宽泛的自有品牌通常横跨许多产品品类或者可以涵盖零售商的所有商品。

是，个别产品部门有高度的营销自由度。在日本，三菱是诸如电信、汽车、造船、金融服务、电子产品、食品和饮料等多个不同产品品类的品牌（Mitsubishi，2013）。在灵活的保护伞品牌战略下，每一个部门都可以进行差异化的品牌运营。例如，三菱汽车拥有一个鲜明的口号和品牌个性，这不同于其他产品部门。它的营销自由度使得灵活的保护伞品牌战略类似于品牌系列化战略（house of brands strategy）。一个关键的优势也在于保护伞品牌所起到的重要作用，它类似于一个得到认可的大型公司品牌。在亚洲市场尤其如此，在那里权威的企业品牌得到较高的认可。这有利于制造商发挥更大的力量，而其在面对各种利益相关者之时无法发挥出这样的力量。但同时，灵活的保护伞品牌战略缺乏情感价值等无形资产，它们往往更倾向于技术与质量。

　　整体（主品牌）保护伞战略［aligning (masterbrand) umbrella strategy］从表面上看并没有什么不同。它也有一个处于顶部的能够描述产品、服务或部门的单一品牌。然而，这两种保护伞品牌战略完全不同。整体（主品牌）保护伞战略的母品牌提供了一个完整的参考框架，要求其他品牌在这一框架运行。品牌名称下所有产品都有共同的核心价值观，这与品牌家族化（branded house）战略最为接近。从产品构成到品牌沟通都须遵循主品牌的集中管理。各产品在主品牌名称下出售，再加上针对不同市场或细分市场的差异化描述。例如，拜尔斯道夫公司（Beiersdorf）旗下"妮维雅"品牌就在一个保护伞品牌下融合了众多细分市场和消费者需求，例如妮维雅沐浴露、妮维雅润肤露、妮维雅男士系列等个人护理产品（Nivea，2013）。这一战略能够产生规模经济效应。在其参与竞争的市场上，₁₀₉保持了既差异化又相关联的集多种价格观念于一身的品牌识别。如果有好的执行，这种类型的品牌架构可以发挥巨大的品牌影响力。然而，在价格敏感型市场，实现大量销售是关键，Laforet 和 Saunders（2007）指出，保护伞品牌战略并不理想，这可能会和保护伞品牌在其他对价格不太敏感的细分市场上所发挥的作用产生冲突。

VBPM 启示：

——与企业（保护伞）品牌名称联合迫在眉睫

——保护伞旗下的所有产品可能产生负面溢出效应

——当把自有品牌放在新的位置和细分市场时，灵活的保护伞品牌战略给自

有品牌提供了机遇

——背书品牌战略为自有品牌提供可能的解决方案（保护伞品牌为自有品牌提供背书）

6. 源品牌战略

源品牌战略（source brand strategy）类似于保护伞品牌战略，唯一的不同就是它的产品都有各自的名称。与背书品牌战略不同，主品牌通过为产品注入认可度与独特性来发挥主导作用。这种战略既可以让产品不同，还可以深入挖掘产品特点。母品牌具有综合意义，并通过用于吸引不同细分市场的子品牌来获得完善。例如，圣罗兰（Yves Saint Laurent）为母品牌，它用不同产品品牌来吸引各个细分市场上的消费者，例如毒药（Poison）、鸦片（Opium）、爵士（Jazz）等（Kapferer，2008，p. 368）。源品牌战略获得了品牌化效率层面的好处，超出了背书功能所带来的好处。两个层级的品牌结构，既使得共享处于第一层次的母品牌的价值观成为可能，也使得处于子品牌层次的品牌具有不同的个性。源品牌战略的局限性在于，在品牌延伸和品牌传播层面缺乏自由度。一切行动都应与母品牌所具备的专有能力相关。

VBPM 启示：

——两个层次的品牌结构，与母品牌密切相关

——可能对母品牌产生负面溢出效应

——由于品牌延伸和品牌传播方面的低自由度，自有品牌机会有限

——当清晰地进行了差异化，自有品牌可能成为子品牌

110   表 3-4 总结了 Kapferer 的六种品牌架构类型的主要内容与利弊。

表 3-4　Kapferer 的六种品牌架构类型

品牌架构	优点	缺点
产品品牌 每种产品（线）通过一种定位战略（分别）进行品牌命名。适用于创新型企业和成长性市场 例如，雅高：索菲特酒店、诺富特酒店、宜必思；宝洁：碧浪、VIZIR、达诗	多级细分和差异化，尽可能实现最大市场覆盖率 进入新市场的最大市场自由度和低风险战略 最小化对其他品牌组合的负面溢出效应	高成本的战略 没有正面的溢出效应

品牌架构	优点	缺点
产品线品牌 众多互补产品共享一个品牌名称 例如，欧莱雅：沙龙级洗护系列产品；利洁时：卡尔冈洗碗系列	通过延伸加强品牌资产。以行（系列的形式）延伸更易分配，并减少启动成本	延伸受限于紧密相关的产品创新
系列产品品牌 在一个品牌名称和品牌理念下的大产品线，（这些产品线）都属于同一相关领域 例如，芬达斯（精益美食、传统美食、海鲜）	共享品牌资产。规模经济交流。简化了新产品启动	品牌延伸时，消费者可能产生混淆
背书品牌 两个品牌层次。顶层背书品牌保障不同独立定位的产品品牌的安全和担保 例如，GM/欧宝、ICI/多乐士	允许差异化，同时通过背书品牌提供的安全性和保证性维持了其共性	背书者可能带来负面的溢出效应
保护伞品牌 灵活保护伞品牌：一个品牌名称可以覆盖大量不相关产品类别。与"多品牌组合"战略相似，每个产品都有自己独特的定位 例如，三菱、东芝	允许产品层上的极大自由和差异化能带来强大的企业品牌迈进。能量增加	通常受技术和质量驱动，因此缺乏情感之类的无形价值
整体（主）保护伞品牌：每个品牌名字在产品层有共同价值体系（"品牌屋"） 例如，妮维雅、索尼	规模经济。可能会产生非常强大的品牌	主品牌由于大量曝光而易受攻击
源品牌 两层品牌结构，以母品牌为领导，子品牌进行差异化 例如，卡尼尔—Fructis、达能—Actimel	品牌化效率。产品层面的强烈共同价值和独特性来源	品牌延伸完全和母品牌的核心意义相捆绑。自由度受限

资料来源：改编自 Kapferer（2008，p. 356）。

在任何一家公司中，营销人员都可能针对不同产品采取不同的品牌架构类型（Keller，2008，p. 463）。如此复杂的品牌架构系统可能以何种形式呈现，将在下面进行讨论。

（三）复杂品牌架构——以联合利华为例

Kapferer 的六种主要品牌架构类型是理论模型，并且在实践中，并不总是以单纯理论模型的形式出现。相反，品牌架构经常被混合使用，并发展到了更为复杂的结构（Rajagopal and Sanchez，2004；Laforet and Saunders，2005）。由于企业目标不同、消费者行为或者竞争活动等原因，公司可以采用不同的架构（Keller，2008，p. 463）。根据 Laforet 和 Saunders（2007）的理论，现今的食品品牌供应商在构建它们的品牌架构时采用了更为复杂的方式。在一个既定类型的结构之下所进行的变动还取决于公司的管理传统和国际扩张战略，以及产品线或业务单元之间的关联程度（Rajagopal and Sanchez，2004）。为了说明公司如何混合和匹配品牌架构，我们通过跨国快速消费品公司联合利华旗下的一个产品类别研究来构建一个简单案例。该公司目前在其全球品牌组合（Unilever，2012）中维持着超过400个不同的品牌。例如，在人造黄油品类，联合利华的德国部门针对不同的细分市场，向市场推出六大产品品牌（Unilever，2012）。其中一些品牌应用了复杂的品牌结构，超越产品品牌的类别范畴。每个品牌和它们的架构将在下面进行讨论。Kapferer 的品牌架构分类方法被应用于这一分析。

旗舰品牌拉玛（Rama）针对希望拥有健康和幸福生活的家庭。该品牌包括六种经过改变的产品：拉玛人造黄油、早餐款、有机人造黄油、被称为"拉玛平衡"的低热量款、轻盐款以及针对喜爱黄油口味的消费者的系列产品。通过 Rama Culinesse 和 Rama Cremfine 的产品线延伸，拉玛将其品牌扩展到烘烤和烹饪领域。经过这些产品线延伸，根据 Kapferer 的产品线品牌架构，拉玛可以被认为是一个产品线品牌。产品品牌拉塔（Lätta）是一种有三种形式（经典款、额外脂肪款以及添加酸奶款）的半固体早餐人造黄油。博思（Becel）是一个系列产品品牌，主要提供针对担心胆固醇和心脏病的消费群体的人造黄油制品。该品牌扩展至其他产品类别，如酸奶、牛奶，甚至用于面包涂抹料的肉类。金霍马（Homa Gold）是一个拥有较少产品的产品品牌，定位于主要将人造黄油用于烘烤和油炸的传统用户（Unilever，n.d. a）。联合利华与 Flora Soft 一起，推出了另一个小品牌"线"的产品品牌，主要针对偏爱低钠和无乳糖产品的消费者（Unilever，n.d. b）。萨尼拉（Sanella）是联合利华最后一个人造黄油产品品牌，用于烘烤和烹饪。联合利华在其组合中还有另外两个品牌也提供人造黄油制品。系列产品品牌由于源自意大利，传递出一种地中海感觉的承诺。其产品是一种基于人造黄油的橄榄油，系列产品涵盖面食、橄榄油、面食沙司、色拉调料、草药和伯特利（Bertolli）面包涂抹料。另一个将人造黄油制品囊括在其组合中的系列产品品牌是杜达（Du Darfst）。该品牌最初提供半固体人造黄油产品。如今，该品牌的目标客户群为关心体重和健康的女性，拥有80多种产品，涵盖方便餐食、面包涂抹料和半固体人造黄油。

如表3-5所示，联合利华的所有人造黄油品牌均向不同市场细分提供不同的利益组合。品牌承诺从口味到生活方式都不一样，使用产品和健康分别作为吸引消费者的利益点。产品大部分可以直接消费，这有助于提升健康利益点。①这也许可能与将人造黄油利益点定义为与其他面包涂料（主要是黄油）相比是更健康选择的范畴有关。这些品牌名称和利益点诉求是独立的，与其他品牌没有任何关联。企业品牌联合利华出现在其所有的产品包装上（Laforet and Saunders，2005）。这是产品制造商对于产品质量的保证声明。2004年，联合利华推出了新的企业标识，出现在所有的产品包装上（Horizont，2004）。除了产品制造商的法律责任外，该标识也增强了该公司的可辨识度（van den Bosch et al.，2005）。虽然所有人造黄油品牌标有联合利华的标识，但人们对这一点仍存在争议：消费者无法区分联合利华人造黄油品牌之间的任何联系。产品品牌之间没有任何视觉方面的联系，企业标识在凸显产品制造商的高标准方面就显得很被动，对消费者最认可的是品牌名称。此外，联合利华企业品牌并没有主动去传播某种意义或利益点。根据其现有品牌战略判断，如果联合利华要瞄准人造黄油领域的一个新细分市场，它很可能整合出一个定位独特并与其他组合品牌没有明显关联的独立产品品牌。尽管联合利华的整体品牌战略是品牌系列化战略（house of brands strategy），但个体产品品牌仍然能够采用以上提及的不同产品架构类型。因此，一个整体的企业品牌战略可能只适用于个体产品品牌层面。

113

表3-5　联合利华德国市场人造黄油品牌组合

品牌	品牌架构类型	市场细分	优点
Rama	产品线品牌	家庭	健康、幸福
Lätta	产品品牌	早餐	健康、保健
Becel	系列产品品牌	心脏隐患人群	低卡路里
Homa Gold	产品品牌	传统	用于烘焙和油煎
Flora Soft	产品品牌	低钠、无乳糖	健康
Sanella	产品品牌	烘焙和烹饪	烘焙专用
Bertolli	系列产品品牌	意大利食物	地中海风味
Du Darfst	系列产品品牌	重视体重的女性	低卡路里

资料来源：作者自制，派生自联合利华（2012）。

---

① 萨尼拉（Sanella）和金霍马（Homa Gold）产品被建议作为烹饪或烘烤原料，用于间接消费。另外，伯特利（Bertolli）更倾向于意大利美食爱好者，其中人造黄油产品只扮演次要角色。

> **VBPM 启示：**
> —在每个品类拥有多个品牌的公司可能在产品层面采用不同的品牌架构
> —品牌架构须在产品层次进行详尽的审计
> —自有品牌与母品牌的特定架构相关
> —自有品牌整合可能会影响组合结构，并可能暗示着组合的重新架构过程

联合利华的案例再一次说明了品牌架构在 VBPM 规划之初的相关性。如前文所述，品牌架构设定了企业品牌的角色，也是对该组织品牌理念的表达。在实际应用层面，品牌架构为如何处理品牌延伸和在组合中增加新品牌指明了方向。[①] 要盘点公司的品牌，规划者首先必须仔细分析所采用的品牌架构。垂直品牌组合管理规划进程中的关键任务就是确定如何应用所遇到的架构类型。在采用混合品牌架构情况之下，当公司面向不同细分市场和分销渠道提供较多的品牌组合之时，其脉络的复杂性显而易见。下一部分将阐明，当一个新品牌被添加进一个组合之时，从品牌架构中衍生出的一般性品牌化结论。这些结论一方面会影响对自有品牌的定位，另一方面也意味着制造商的品牌架构重组。Kapferer 的六种类型品牌架构将是本次讨论的参考点。在第三章第七节第二部分，品牌架构将在更大范围内讨论 VBPM 战略设计的主要内容。

（四）品牌架构对品牌组合成长的影响

当要将一个品牌整合到品牌组合中时，它将受到品牌种类的影响。就像 Douglas 等（2001）认为的那样："无论是对于收购的还是自创的新品牌，品牌架构决定其应对方式。"因此，还必须确定新进入组合的品牌以什么方式、以何切入点来与品牌架构形成匹配，其是否与已经组合起来的品牌具有交集。Esch 等（2004，p. 759）确定了对整合产生的两个相互依存的变量。[②]

（1）企业品牌或者保护伞品牌的角色。

（2）品牌之间相互独立的必要程度。

[①] 品牌架构和品牌成长的详细讨论见下一部分。
[②] Esch 等（2004）谈到了此情况下的"协同"与"独立"。协同是企业品牌及其在组合中扮演角色的结果。当一个企业品牌或者保护伞品牌扮演重要角色，在品牌系列化架构（branded house architecture）中就是如此，品牌化协同是组合中所有品牌为主品牌的品牌资产做出贡献的结果，保护伞品牌之下其他的组合品牌也会受益于其品牌资产。

　　当遇到这样一种品牌结构时，企业品牌起到决定性作用，新品牌通常会参照领导品牌的指导原则来寻求整合。品牌化协同效应是所有品牌均做出贡献的结果。与此同时，在保护伞品牌之下的所有产品独立性更弱一些。当组合品牌的独立性更为必要之时，品牌化协同的实现程度就会较低，企业品牌或保护伞品牌能够为其提出支撑。结果，品牌得到较高的营销自由度。如图 3-5 所示，当逐渐远离"品牌系列化战略"（house of brands strategy）之时，品牌的独立性降低，企业品牌的重要性增加。

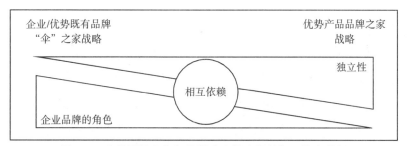

图 3-5　企业品牌角色与品牌独立性之间的相互依存关系
资料来源：改编自 Esch 等（2004，p. 760）。

　　前面章节介绍过的 Kapferer 的品牌架构类型将在本部分详细讨论。为了揭示品牌架构对品牌组合成长的影响，接下来将讨论这两种极端形式，即以产品品牌战略为例的品牌系列化（house of brands）和以整体主品牌战略（Aligning Masterbrand Strategy）为例的品牌家族化（branded house）。

　　产品品牌战略和某种程度上的灵活保护伞品牌战略（Flexible Umbrella Strategy）允许现有的和新增的所有品牌之间享有最高程度的独立性。这些架构下的品牌可以将不同的细分市场作为目标，有自己的定位和品牌标识。产品品牌战略下，产品品牌之间没有联系。一个新品牌将不会受益于任何产品品牌资产，组合品牌也不容易受到由新品牌造成的负面溢出效应的影响。所有的品牌都仅从自身资产中获益，与企业品牌有很少甚至没有关联。在前面章节中所讨论的联合利华案例中，企业品牌首先体现的是作为产品制造者的法律功能。新增品牌将同样独立于包括企业品牌在内的其他品牌。品牌组合中的一个新品牌需要在组合中的一种独特定位来瞄准一个新的细分市场，为其独立性提供保证（见图 3-6），以避免可能的相互挤压效应。

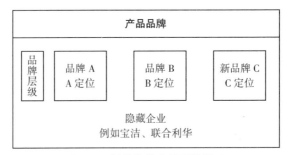

图 3-6　新品牌的产品品牌战略

资料来源：改编自 Kapferer（2008，p. 354）。

116　　另外，整体主品牌战略允许组合中产品之间存在最小程度的独立性。单一品牌为所有产品提供凝聚力，仅允许旗下产品或者服务运用描述符（descriptor）。一项企业识别为包括互相定位、共同视觉识别在内的所有子品牌提供既定框架（Kapferer，2008，p. 366）。新产品自然会在主品牌的支持下被接受（见图 3-7）。因此，对于新的子品牌来说，这个战略下的营销自由度是最低的。同时，主品牌至上将导致显著的营销协同。新产品将接受预先设定的身份和定位，这将使整合变为一个相对简单的过程。在整合的一开始，仅占领一个有意义的细分市场是一个有待解决的任务。

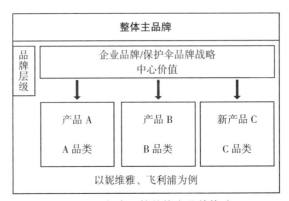

图 3-7　新产品的整体主品牌战略

资料来源：改编自 Kapferer（2008，p. 366）。

117　　决定哪种战略的对错，取决于公司的具体情况（Joachimstahler and Pfeiffer，2004，p. 727）。当品牌作为比如正宗、来源地效应和再保证的指标方面发挥更多的作用时，品牌架构就更倾向于品牌家族化（Kapferer，2008，p. 352）。另外，当差异化和个性化重要之时，推荐采用品牌系列化战略（Kapferer，2008，p. 352）。Rajagopal 和 Sanchez（2004）已经提出了一个依托于特定品牌架构而得以部分实现的系列品牌属性。例如，作者就揭示出，最佳的市场影响（其中一个属性）可以通过独立品牌获得理想的效果。学术界对于支持哪个架构系统还没有产生定论。比如，Kapferer（2008，p.377）发现，品牌家族化现象不断增多，另外Laforet 和 Saunders（2007）发现"企业品牌化逐渐减少，因为公司积累了众多品牌在各个细分市场竞争，在细分市场里公司需要差异化它们的产品"。这些研究结果表明，品牌系列化战略在快速消费品行业更为普遍——基于其能够预防信誉损伤层面（负面溢出效应），对于垂直品牌组合管理来说它是一个更好的架构。前面的讨论已经表明，将新品牌整合到一个组合要求对一个组织的品牌架构进行精准的决策。企业品牌的作用与产品品牌之间保持必要独立性的程度是整合前需考虑的关键因素。这两个因素彼此成反向对应关系，在品牌架构的任何一端都获得或失去重要性。

品牌架构是一种规划，而且就像任何规划一样都会有偏差。品牌架构可以以 118 混合的、复杂的形式出现。联合利华德国部门的人造黄油产品组合就是一个显示品牌架构组成特殊性的例子。每一个组织的品牌架构都有自己的历史和个性。同时，必须提到的是，在主导性品牌架构的规则指导下，并不一定就会促成一个品牌的整合。有一些情况，在实行预期的战略之时，一个品牌会偏离既定的品牌架构规则。在这里，Chandler（1962）著名的"结构遵循战略"（structure follows strategy）理论可能会被采用。一个新品牌整合到一个品牌组合中的战略目标应该优先考虑其资源的构成。换言之，品牌整合首先应遵循品牌架构所采用的战略。例如，如果市场实际情况要求一个品牌具有差异化属性，而这些属性是既定品牌家族化架构（branded house architecture）下的特定企业品牌所无法提供的，那么整合就需要将这些因素纳入考虑范畴，可能采用的是新品牌的一项差异化品牌战略。

VBPM 启示：

——企业品牌角色和产品品牌独立性之间彼此成反向对应关系

——在一个公司的品牌组合中，品牌架构可以不同

——现有品牌架构并不一定适用于进入品牌组合的新品牌

——溢出效应是品牌结构调整的关键性决定因素

（五）品牌架构对 VBPM 的影响

公司品牌架构对 VBPM 战略布局具有深远影响。对于组织内部的审计，可以得出这样的结论，VBPM 规划者须在审计之初就确定公司的品牌架构或者架构系统。这将揭示企业品牌的作用，并强调潜在的产品品牌保持必要独立性的程度。审计将首先能够让规划者确定自有品牌和品牌组合可能产生的品牌化后果。例如，企业品牌可能有助于提升自有品牌的辨识度以及如何为产品命名，这在某些程度上要受到品牌架构的制约，并且独立性程度将为自有品牌打开或关闭一系列营销可能性。此外，品牌架构将让规划者知晓哪些细分市场已经被覆盖、哪些细分市场可能并未被覆盖。即使自有品牌通常瞄准的是在定价更低的细分市场，审计仍先要明晰是否拥有自有品牌的运作空间。同时，也要考虑定位更高的溢价自有品牌（premium PLs）。最后，架构审计将揭示和分辨出品牌组合的定位战略。需要知道，品牌之间相互交织、相互倾轧的情况需要及早预防。总体而言，"结构遵循战略"（Chandler，1962）法则也适用于这种情况。VBPM 的战略观念及其预期目标将优先于特定的品牌架构类型。

根据组织内部的检查清单（见表 3-3），所评估的品牌架构应该允许在重要性和优势或劣势方面进行评级。由于其战略重要性，品牌架构应该被高度重视。优势和劣势评级指的是有利于 VBPM 实施的品牌架构系统的能力。诸如潜在的负面溢出效应、企业品牌的作用、市场细分问题等评判标准是本阶段规划者的指导方针。由于规划过程仅存在于开始阶段，这个评级应该被视为临时性的，需要在整个规划期间进行审查。在之后的规划过程阶段，品牌架构将再次扮演重要角色。在下一步，将首先分析零售商的品牌架构，其次放置在与品牌制造商的架构关系中。当在 VBPM 战略框架下，两种架构系统相遇，并要得到由此引发的相互作用下的品牌化结果，这一步骤是非常必要的。

> **VBPM 启示：**
>
> ——品牌架构审计将分辨已被覆盖的细分市场和品类品牌的定位战略，以避免品牌重合
>
> ——未被覆盖的细分市场可能为自有品牌提供机会
>
> ——架构的优势和劣势评级将给予垂直品牌组合管理适用性提示
>
> ——架构审计是为了与零售商架构形成战略契合的中间化步骤

基于品牌架构审计的结果，VBPM 规划者将接着考量公司的品牌组合。这里，关键在于对所有品牌、它们的角色及其相互关系进行界定。

（六）盘点组合品牌

在垂直品牌组合管理框架下，品牌是组织的关键资产。在确定了制造商的品牌架构之后，审计将对组合中的所有品牌做一个全面盘点。接下来将对确定组合中的品牌角色进行盘点。当企业品牌的角色位于中心位置之时，在对品牌架构进行讨论之前，这样的组合角色只能被部分地确定。现在，审计将突破企业品牌的角色，来审视在公司内发挥作用且具有战略相关性的所有品牌的角色及其关系。

正如在第二章第一节第二部分中所指出的，文献无法为品牌组合提供一个标准的定义。Aaker（2004，p.16）和 Riezebos（2003，p.184）都将该术语定义为：包括一个组织管理的所有品牌。Keller（2008，p.434）将品牌组合定义为"一家公司在某一特定产品类别销售的所有品牌和产品线品牌的集合"。在垂直品牌组合管理过程中，当要选择品类或者品牌之时，这个基于品类的视角在本章的后续讨论上将发挥作用。关于品牌组合的盘点，Hill 和 Lederer（2001，p.7）提供了一个更为宽泛的视角：不将组合限制在一家公司或者一个特定品类所拥有的品牌。作者宁愿将品牌组合的范围扩大到每一个在消费者的购买决策过程中起着作用的品牌。垂直品牌组合管理规划者须考量每一个与消费者相关的品牌，甚至也包括那些不属于公司的品牌，这将在下文显示。这包括了如联合品牌、要素品牌（ingredient brands）或其他次要的品牌关联物。这一基于消费者的视角也与以消费者导向为指导原则的有效消费者反应理念（ECR）相吻合。

为了盘点公司的品牌和产品，Keller 的品牌—产品矩阵是一个合适的工具（Keller，2008，p.434）。它可以为规划者形象地展示出各个品类中的所有品牌和产品。它也可以用来帮助确定任何特定产品类别中的产品与品牌之间的关系。这种基于产品品类的视角对垂直品牌组合管理审计任务非常有用，因其优先考虑将品类看作战略业务单元。这也是类似于有效消费者反应的实践。

矩阵里的行表示某个品牌名称旗下所销售所有产品（见图 3-8）。这体现了 品牌延伸战略。在矩阵中的每一行代表一条产品线品牌，由以同一品牌名称下所销售的所有形式的产品组成，这就是品牌—产品矩阵关系。例如，拥有大量肥皂产品的多芬（Dove）。该品牌为市场提供不同的配方、尺寸、包装类型和应用，如多芬香皂、多芬洗手液、多芬香皂片、多芬洗洁精（Randall et al.，1998），这些不同的皂类产品都隶属于多芬品牌。

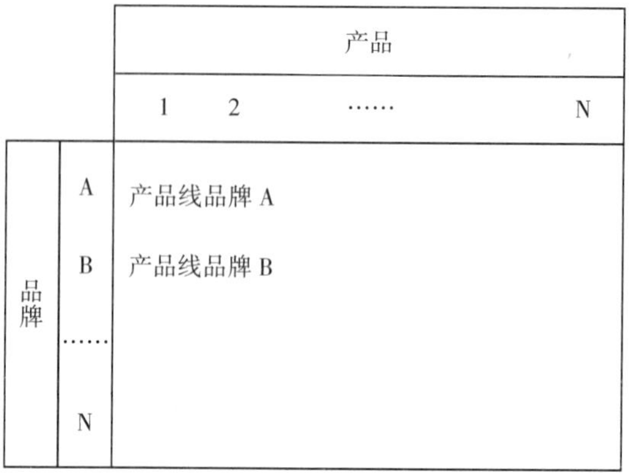

图 3-8　Keller 的品牌—产品矩阵

资料来源：Keller（2008，p. 434）。

矩阵里的列是产品品牌关系（product-brand relationships）的主体，并形成了品牌组合战略。它涵盖了某个品类所营销的所有品牌和产品线品牌的数量和性质，也代表了一个特定的市场细分。例如，之前讨论的联合利华德国部门人造黄油品类包括五个产品品牌，分别定位于不同的细分市场（见本章第三节第二部分"复杂品牌架构"）。每个品牌的产品线品牌长度也不同。伯特利（Bertolli）只提供一种涂面包的黄油，但拉玛（Rama）品牌包括五种不同的产品。最重要的是，拉玛（Rama）品牌扩展到了其他几个产品类别。Keller（2008，p.435）认为，一项品牌化战略的特点在于它的宽度（即品牌延伸战略）和深度（即品牌组合）。如果该公司有大量的、涉猎范围较广的品牌，这项品牌化战略就也已被认为是既深且广的（Keller，2008，p.435）。联合利华及其人造黄油品类就是这样。之前的论述已经表明，六大产品品牌的某一些品牌已经获得广泛的延伸。在广度方面，没有其他厂商比联合利华为市场提供更多的品牌。2012 年，"韦伯分析报告"（Verbraucher Analyse，VA)①在其列出的德国排名前 15 位的人造黄油品牌中，联合利华旗下就占了七个品牌（VA，2012）。所有其他的产品均来自其他公司的单一品牌。

---

①"韦伯分析报告"（Verbraucher Analyse，VA）是由"Axel Springer AG"和"Bauer Media Group"联合出版的一份德国消费者分析报告。

无论公司在每一品类只提供一个品牌还是多个品牌，品牌组合审计都不应该仅局限于该品类的品牌。相反，审计应该包括所谈论的产品品类中的所有品牌。Hill 和 Lederer（2001）对于品牌组合的开阔视角显示，这种清单包括所有品牌，无论公司是否拥有。评判是否将特定品牌包括在内的主要标准是消费者相关性。例如，当在形成一个购买决策之时，"Intel Inside" 外部品牌推动戴尔的产品战略，并很可能产生消费者相关性（Hill and Lederer，2001，p.7）。对于公司与消费者，这些品牌和其他品牌所扮演的角色及其关系将是下一部分的讨论内容。在这一点上必须指出的是，品牌组合审计在盘点阶段应该宽泛一些。无论其重要性、来源与角色如何，所有品牌都应该受到重视。Keller 的品牌—产品矩阵是一个与品类相关的工具，但仍将有助于揭示其他品牌在某一产品战略中的积极作用。

（七）品牌—产品矩阵——以宝洁洗涤剂为例

大多数情况下盘点品类品牌的任务应该不复杂。然而，每个品牌的产品线可能更复杂，这取决于某一特定品牌下所销售的产品数量。为了清楚描述品牌—产品矩阵的应用，将以英国洗涤剂品类为例来讨论该品类非常适合说明这种情况，因为市场由两个向市场提供多品牌组合的品牌主导（Bainbridge，2012）。以下例子的讨论全面关注宝洁在英国市场的表现，并从知名洗涤剂品牌碧浪（Ariel）开始。该品牌拥有 16 种不同的产品（见图 3-9）。消费者可以从四种不同产品形式中选择：洗衣液产品（gel）、洗衣粉产品（powder）、固液体混合洗衣产品（liquitabs）和洗衣皂产品（tablets）。然后每种形式的产品又可以分为四种不同的使用情况。因此，碧浪洗衣粉包括为适合彩色衣物的生物学配方洗衣粉，具有使衣物更清新的"纺必适效应"（Febreze，宝洁旗下的一款清新剂品牌）和能够让衣物更柔软的非生物杏仁蜜（a non-bio almond and honey powder）（Procter and Gamble，2012a）。碧浪所有其他形式的产品都有类似的使用效果。再加上诸如实惠包和不同包装大小等促销款，产品线会变得更长。碧浪还延伸到了去污子品类。这个系列拥有水剂型、粉末型、喷雾型等共 5 种产品。这就使得碧浪其实成为一个系列产品品牌（range brand）。

博迪二合一（Bold 2in1）产品品牌是宝洁洗涤剂品类中的第二大品牌，共有 13 种产品（见图 3-9）。该品牌的独特销售主张被称为"新型香味释放技术"，每次当衣物使用该品牌产品之后会在长达 12 小时之内释放出清新的香气（Procter and Gamble，2012b）。

104 垂直品牌组合管理
Vertical Brand Portfolio Management

124

Ariel Brand Line	Ariel Powder	Ariel with Actilift™ Biological Powder	Ariel with Actilift™ Colour Powder	Ariel with Actilift™ with Febreze Effect Powder	Ariel Non Bio Almond Milk and Honey Powder
	Ariel Excel Gel	Ariel with Actilift™ Biological Excel Gel	Ariel with Actilift™ Colour Excel Gel	Ariel with Actilift™ with Febreze Effect Gel	Ariel Non Bio Almond Milk and Honey Excel Gel
	Ariel Excel Liquitabs	Ariel with Actilift™ Biological Excel Tabs	Ariel with Actilift™ Colour Excel Tabs	Ariel with Actilift™ with Febreze Effect Excel Tabs	Ariel Non Bio Almond Milk and Honey Excel Tabs
	Ariel Tablets	Ariel with Actilift™ Biological Tablets	Ariel with Actilift™ Colour Tablets	Ariel with Actilift™ with Febreze Effect Tablets	Ariel Non Bio Almond Milk and Honey Tablets
Bold 2in1 Brand Line	Bold 2in1 Power	Crystal Rain & White Lily	Lavender & Camomile	Sparkling Pomegranate & Orange Blossom	Infusions White Diamond & Lotus Flower
	Bold 2in1 Liquitabs	Crystal Rain & White Lily	Lavender & Camomile	Sparkling Pomegranate & Orange Blossom	Infusions White Diamond & Lotus Flower
	Bold 2in1 Tablets	Crystal Rain & White Lily	Lavender & Camomile	Sparkling Pomegranate & Orange Blossom	
	Bold 2in1 Liquid	Crystal Rain & White Lily			
Das Brand Line	Daz Powder	Daz Bio Powder	Daz Mandarin & Lime Splash	Daz Summer Flower Power Powder	
	Daz Liquitabs	Daz Regular Liquitabs	Daz Mandarin & Lime Liquitabs	Daz Summer Flower Power Liquitabs	
	Daz Liquid	Mandarin & Lime Splash	Summer Flower Power		
	Daz Tablets	Daz Tablets			
Fairy Non Bio	Fairy Powder				
	Fairy Liquitabs				
	Fairy Liquid				
	Fairy Tablets				
	Fairy Gel				

图 3-9 宝洁公司英国市场洗涤剂产品品类①

资料来源：Procter 和 Gamble（2012b）。

———————————

① 为了叙述方便起见，我们把品牌分为四大类来讨论，每个产品品牌构成一行。严格来说，这四大类品牌应该作为一条产品线品牌来看待，应放置在品牌—产品矩阵中的一行中来讨论。以碧浪为例，该产品线品牌总共由第一类中的 16 款产品构成。

宝洁通过达兹（Daz）品牌销售九种产品。除了水剂款外，该品牌与宝洁其他品牌的产品一样（见图3-9）。各种产品都采用"达兹"产品名称，然后附带特别的说明，例如 Daz Mandarine 和 Lime Splash（Procter and Gamble，2012c）。

最后，宝洁第四大品牌福瑞（Fairy）是一个系列产品品牌，它有两款能够让纤维软化的产品和五款洗涤剂产品。福瑞的主要诉求点是软化（Procter and Gamble，2011）。在宝洁四大洗涤剂品牌中，这一产品线品牌最短，只有五款产品（见图3-9）。

总之，宝洁的全部洗涤剂品类由四个不同产品品牌旗下的40多款产品组成。如上所述，通过品牌—产品矩阵它们都能够被看到。在产品线品牌中还可以发现该品类的其他一些品牌。当近距离观察碧浪产品线品牌之时，很明显，除了非生物杏仁蜜产品之外，所有的延伸产品上都标明已注册商标"Actilift™技术"。普遍使用这一已产生品牌效应的差异元素（见本章第三节第二部分"品类层次与品牌组织层次分析"）让品牌资产延伸开来。碧浪也与宝洁的另一个品牌实施联合品牌战略，即空气清新剂品牌"纷必适"（Febreze）。宝洁与纷必适（Febreze）让衣物更加清新。最后，作为产品的制造商，宝洁这一企业品牌出现在了每一产品包装上，为其提供默示背书。所有这些品牌都会出现在品牌组合审计表中。首先，品牌—产品关系具有所有产品拥有共同品牌的特点。其次，宝洁这一企业标识出现在产品的背部包装上为所有产品提供默示背书。16种不同的产品面向不同细分市场和适用场合。对于消费者，通过碧浪品牌再加上宝洁的企业标识，品牌—产品关系一目了然。消费者也能在各种产品之间建立联系，他们都标注有"Actilift™技术"。将视角从宝洁的所有洗涤剂品牌身上延展出去，使用品牌—产品矩阵能够非常明显地分辨出产品—品牌关系。所有的品牌都是相互没有联系的产品品牌，除了上述的宝洁企业标识所提供的默示背书效应。

126

VBPM 启示：

—品牌—产品矩阵让一个品类中的所有品牌都能够被注意

—这些品牌包括产品品牌、联合品牌和任何其他可以注意到的组合品牌

—这让 VBPM 规划者对相关品牌能形成最初的总体概念

—形成品牌联系与关系的第一印象

以上所描述的品类中产品品牌之间的关系，可以通过回答"品牌产品与产品品牌之间是何关系"这一问题得到解释。这些关系反映了外部消费者对于品牌的看法（Aaker，2004，p.18）。因此，在做品牌盘点之时，规划者须评估和确定每一个产品线品牌、产品品类、品牌组合中的品牌关系。品牌组合的详尽评估将是下一部分的部分讨论内容。

（八）品牌组合审计

审计已经让规划者既分析了品牌架构，又盘点了包括公司拥有的所有产品品牌在内的产品品类品牌。至此，分析仍然没有定论。它完成了一个品牌资产的描述性审计，要是将品牌架构于中心位置，这只与战略评估"沾了点边"。现在，审计回顾了品牌资产，并将指引向更大规模的分析。从这点来看，分析将在三个层次依次展开：

（1）品牌层次。

（2）品类层次。

（3）品牌组合层次。

品牌层次分析将指明品牌—产品关系。分析将从拆解每一个品牌的身份开始，让规划者能够理解品牌对于素有产品的内在意义。品类层次分析将阐明产品—品牌关系，它将最终形成品牌组合战略。在这一层次，分析将把所有识别出来的产品品牌和其他商标放置在一个合理的框架之内。

127   1. 品牌层次分析

品牌组合审计到目前为止也只是局限在对产品线品牌的盘点而已。为了全面理解品牌—产品关系，将通过评估品牌识别（brand identity）来扩大审计范围。

品牌识别（brand identity）是品牌文献和实践中普遍采用的一个概念（Aaker，2002，p.68；Meffert et al.，2002，p.40；Riezebos，2003，p.60；Kotler and Keller，2006，p.279；Kapferer，2008，p.171）。对于品牌审计过程，没有必要在总体上评述该术语的含义。相反，所采用的该术语定义应该作为确定构成品牌识别主要特征的一个指导原则。在社会科学中，根据特定研究目的来采用相应的适用含义是普遍做法（Meffert，2004，p.299）。从品牌所有者的视角来看，品牌识别可以被定义为品牌所独有的一系列品牌元素与品牌价值。这个定义囊括了很多学者关于对品牌识别的主要观点，即品牌元素所代表的品牌视觉特征和品牌价值所代表的品牌意义和目的。

品牌名称、标志、符号、字体、口号以及包装都是可以作为商标来注册的品牌元素，这些元素能从视觉上对品牌进行区分并成为品牌的物质实体（Keller，2008，p.140）。这些元素容易识别，因此也更容易被审计。除了这些有形元素之外，品牌识别还由价值系统组成。Kapferer（2008，p.274）区分"核心价值"，即一个产品线品牌可能显示或者不能显示的"不可改变的"、"外部的"价值（见图 3-10）。差异化有助于管理产品线品牌。产品处处能够体现品牌的核心价值，核心价值也成为了品牌的核心识别元素。从另一个角度来说，外部的价值还需要照顾到细分市场的特性。例如，妮维雅（Nivea）防晒霜应该是防过敏性的产品，只有这样才能体现出品牌"照顾自己"的核心价值。除此之外，产品能够展现出通常在妮维雅核心价值中所无法体现的科学依据。在这里，为了与妮维雅的主要竞争者（如欧莱雅和雅诗兰黛，它们将科学论证作为该品类中防晒功能的一个关键性证据）相媲美，科学层面的背书是必不可少的（Kapferer，2008，p.274）。妮维雅的其他产品可能就不需要获得科学测试的支持，科学测试使得科学层面的背书成为了品牌的一个外部价值。

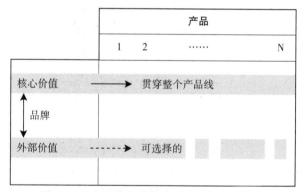

图 3-10　产品线品牌的核心价值和外部价值

资料来源：改编自 Kapferer（2008，p.276）和 Keller（2008，p.434）。

在品牌审计过程中，首先要识别出品牌所包含的所有元素。这可以被认为是 128 一项相当简单的描述性工作。有关品牌元素的知识能够使规划者决定在多大程度上将这些元素转移到产品线品牌与其他产品类别之中。除此之外，须确定核心价值和外部价值。这将代表品牌识别及其在产品线中的渗透力。为了确定品牌—产品关系，了解母品牌的识别系统对此特别有帮助。品牌作为"一种整合工具：……

将一系列产品和服务聚合在其名称之下，每种产品和服务均传递着品牌的核心价值"（Kapferer，2008，p. 273）。所确定的第一个整合因素为品牌名称和其他品牌元素。品牌为有形和无形价值规范体系提供保护（Keller，2008，p.59）。因此，产品线品牌中的每一个使用其名称和品牌系列价值的产品都将提升品牌资产，反之亦然。有关品牌价值的知识在明确品牌—产品关系之时起着特别的指导作用，因此其在 VBPM 战略中也起着指导性作用。例如，作为 VBPM 战略中一种可能的表现形式，品牌延伸将受到一致性应用品牌价值主张的指引。另外，有关品牌价值的内容知识对于避免潜在的品牌重叠（brand overlaps）至关重要，特别是外部价值能够让品牌管理者在产品线品牌中实现差异化。

129   在之前部分所讨论过的碧浪（Ariel）案例中，Actilift™ 技术是大多数碧浪产品所具备的一个利益点主张。然而，碧浪的非生物款（nonbiological）产品并不具备 Actilift™ 特征。因此，Actilift™ 的特殊利益点使其成为一种外部价值。缺乏 Actilift™ 可能甚至会让相关产品在质量层面不占据优势，因此是碧浪系列产品中的低价入门级产品。在垂直向下延伸领域（VBPM 另一个可能结果），不去传递外部价值会是一种可能的策略。由于外部价值可以增加品牌资产，不将其传递到向下延伸的产品领域会让延伸产品缺少价值，并且证实了此行为的正当性。

综上所述，品牌识别是一个品牌的品牌元素及其价值体系共同作用的结果。品牌识别将产品整合在能够确定品牌—产品关系的一系列有形元素和无形元素之下。这种分析在品牌层次展开。审计这些组成品牌识别的元素可以让 VBPM 规划者确定品牌—产品关系提供方向，还能为潜在的 VBPM 策略（如品牌延伸战略）提供指导。

> **VBPM 的启示：**
> —品牌识别由其品牌元素和品牌价值体系组成
> —理解品牌识别有助于规划者确定品牌—产品关系
> —特别为 VBPM 架构之下潜在的品牌延伸提供指导

如上所述，一个产品之上通常可以看到众多的品牌。通常消费者能够看到一个产品、产品品类和公司品牌组合中的品牌关系情况，并从外部对此做出判断。因此，需要确定和管理每个品牌在此情况下所扮演的角色。接下来的品类层次和品牌组合层次评估将阐明产品—品牌关系，这将促进组合角色和品牌组合战略的形成。需要提及的是，品类层次的评估也是对产品定义角色（product-defining roles）的一项审计，也可以在品牌视角之外的单一品牌水平层次进行审计。

2. 品类层次与品牌组合层次分析

品牌的设置和品牌组合不应该是随机地将品牌聚合起来，而是应该反映出具有良好结构且存在内在逻辑关系的一组品牌，其中每个品牌都有其位置并扮演明确的角色（Kapferer，2012，p. 360）。在本部分，将首先从品牌层次与品类层次来讨论产品定义角色（product-defining roles）。接着讨论定义组合角色，它最终会促成品牌组合战略。在品牌组合审计中，为了理解组合品牌之间的相互作用，明确不同品牌角色之间的区别是非常必要的。除此之外，将新的品牌整合到一个品牌组合中要视具体情况而定，它将受到现有组合中各个品牌所扮演角色的影响。这是在 VBPM 审计中进行此项评估的主要原因。

3. 产品定义角色

根据 Aaker（2004，p.18）的观点，消费者可以通过品牌（通常还是通过一系列品牌）来识别任何产品，产品定义角色（product-defining roles）从外部视角反映出消费者对品牌所持有的观点。Aaker（2004，p.18）列举了以下这些产品定义角色：①

- 主品牌（master brand）
- 背书品牌（endorser brand）
- 子品牌（subbrand）
- 描述符（descriptor）
- 产品品牌（product brand）
- 保护伞品牌（umbrella brand）
- 品牌差异化元素（branded differentiator）
- 品牌联盟（brand alliance）

主品牌是产品的主要指标，其经常作为消费者主要考虑的参考因素。西门子（Siemens）是生产家用电器、医疗器械、动力引擎和许多其他产品的主品牌。梅

---

① 为了规避明显重复的某些品牌类型，如本章第三节第二部分"Kapferer 关于品牌架构的六种主要类型"介绍的母品牌或总品牌，它必须再次指出这个讨论致力于从客户的角度来感知品牌角色。

赛德斯（Mercedes）是一系列汽车产品的主品牌。

背书品牌的角色是为一个产品提供切实的信任。背书者主要是组织品牌而不是产品品牌，因为在创新与信任等层面与组织建立关联在背书情境之下发挥着重要作用（Aaker，2004，p.43）。来自默克消费保健（Merck Consumer Care）的感冒与流感药物"Coricidine HBP"赞助了美国心脏协会（American Heart Association）（MSD，2012）。这种背书产品具有特别的针对性，因为"Coricidine HBP"就是特别适用于高血压患者。因此，美国心脏协会的标识就出现在了"Coricidine HBP"广告之中，从而赋予该产品更多的可信度。

子品牌对一个主品牌进行了更改，但仍保留着主品牌的主要参照点。子品牌通常将主品牌延伸到一个新的细分领域，比如苹果的"iPhone"。子品牌是可以独自创造品牌资产的品牌。不论是需要将品牌延伸到新的市场还是要利用现有品牌资产，子品牌在品牌组合战略中均发挥着重要作用（Aaker，2004，p.44）。"丰田普锐斯"（Toyota Prius）不仅得益于主品牌的品牌资产，并且其作为丰田混合动力系列产品中的子品牌独立获得品牌优势。另一个可供选择的子品牌，比如"丰田混合动力车"（Toyota Hybrid），其名称的描述符就略逊一些。

描述符一般都具有描述作用，且主要用于功能描述。它们可以详述一款产品，并将其归于某一产品品类（如"Toppits"保鲜袋）。更具建议性的描述符如"阿司匹林"（Aspirin Direkt），能够以独特暗方式从功能层面界定一款产品。描述符能够起到关键作用，因为它们具有获得品牌资产的能力［如"假日快捷酒店"，因此值得对此进行积极的品牌管理（Aaker，2004，p.44）］。

产品品牌存在于个别产品或者产品线，它们既可以以主品牌和子品牌的形式出现（如奥迪A4），也可以是主品牌和描述符的组合使用（如碧浪洗衣粉 Ariel Powder）。保护伞品牌是把它们的品牌名称借用给一组产品，不论其与主品牌所属品类是否相关。①

品牌差异化元素来自那些描述某个特征、成分、服务或者项目的品牌或者子品牌（Aaker，2004，p.19）。正如在本章第三节第二部分"品牌—产品矩阵"中

---

① 在本章第三节第二部分"产品品牌战略"和"保护伞品牌战略"中部分关于品牌架构的论述中，已经对"产品品牌"（product brands）和"保护伞品牌"（umbrella brands）所扮演的角色进行过详细的描述。在本部分，它们是对 Aaker 的产品定义角色谈论所做的补充。从消费者观点来看，产品品牌和保护伞品牌在消费者购买决策中起主导作用。

所提到的，在碧浪洗涤剂产品中能够找到一个具有品牌效应的成分——均来自具有品牌效应的注册商标 Actilift™ 技术，这种技术是一种基于特殊酶、清洁分子和聚合物的使衣物清洗效果更佳的特殊配方（Procter and Gamble，2012d）。在本案例中，Actilift™ 技术为产品提供了更强大的功能和利益。基于 Actilift™ 技术的品牌效应性质，竞争者无法通过简单的复制来使用该技术。Actilift™ 技术能够让消费者产生信心，并且具备差异化能力。品牌差异化元素的其他实例包括具有品牌效应的特征（如耐克的"Lunaglide+"气垫鞋）、具有品牌效应的成分［如戴尔笔记本电脑的"内置英特尔"(Intel Inside)］、具有品牌效应的服务［如雪佛兰和"星"(OnStar) 安全特征］和具有品牌效应的项目（如"Nespresso Club"）。

品牌联盟汇集了两个或两个以上的企业，把它们的品牌组合在一起创造更好的产品或建立战略性品牌建设方案（Aaker，2004，p.161）。由于其战略性质，品牌联盟致力于长远目标而不是更容易解体的简单合作（Kapferer，2008，p.169）。联盟能够带来一个竞争力的互补，这些竞争力无论是公司还是品牌都无法单独获得。品牌联盟（brand alliance）的一种常见形式是联合品牌（co-branding），"联合品牌"通常与"品牌联盟"这一术语互换使用（Esch et al.，2006）。这里至少有两个品牌（来自不同的公司或同一组织）联手将向市场推出一款产品，每个品牌都起着驱动作用（Macrae，1996，p.197；Aaker，2004，p.20）。联合品牌可以是两个或两个以上的主品牌，常见做法有信用卡产品（如 American Express and Air France）、一个成分品牌和一个产品品牌（如 McFlurry with M&M's）或一个背书品牌和一个产品品牌（如 Michal Jordan 和"Nike with Air Jordan"）。如上所述，"纺必适—碧浪"(Ariel with Febreze) 汇聚了宝洁品牌组合内部的两个品牌。清新衣物的利益点诉求获得了空气清新品牌"Febreze"的支持。联合品牌的主要好处是在两个或两个以上品牌资产之间产生协同效应（Esch et al.，2006）。与此同时，每一个品牌资产也会通过新产品得到提升（Esch et al.，2006）。

有时，几个产品定义角色被组合起来以便于界定系列品牌中的一款产品。之前提到的思高（Scotch）隐形胶带案例再次说明，在一个产品中可以使用多种产品定义角色（见本章第三节第二部分）（Kapferer，2008，p.349）：产品包装的显著位置标注主品牌"思高"(Scotch)，主品牌是众多不同产品的起码标识。随处可见以较小字体出现的背书品牌 3M。即使 3M 是一家知名的企业，使得其有资格将主品牌置于首要位置，但是思高品牌起到更大的推动作用也是毋庸置疑的。

在美国，"思高"这个词是隐形胶带领域的知名品牌，因此也界定了该产品品类。在思高品牌名称之下可以找到实际产品的名称："可移取魔力胶带"（Removable Magic Tape）。魔力胶带（Magic™ Tape）是思高的子品牌，用于少数隐形胶带产品。"removable"（可移取）和"tape"（胶带）是从功能层面描述产品的描述符。图 3-11 对这些产品定义角色进行了阐述，并解释了思高魔力胶带的相应品牌架构。它在品牌架构和产品定义角色之间做出了对比。这种双向视角阐释了品牌化术语的不同点和共同点。

133

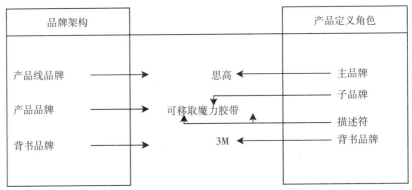

图 3-11 产品定义角色 VS 品牌架构

资料来源：Kapferer（2008，p. 349）和 Aaker（2004，p.19）。

根据 Aaker（2004，p.21）的观点，从品牌视角来看，界定一款产品的一系列产品定义角色是最重要的内容之一。每一个经过描述的品牌应该具有一个将影响品牌管理方式的明确角色（Aaker，2004，p. 21）。在上例中，"思高"成为参照点和品类识别。3M，一家提供 7 万多种产品的世界级生产商，为品牌提供了可靠性和所有权方面的责任。其子品牌"魔力"（Magic）让本来十分普通的产品具备了差异化特征，暗示了产品的"隐形性"（invisibility），因为这种特性给出了一个"隐形"的特点。描述符"胶带"（tape）和"可移取的"（removable）再次界定了品类，在产品功能层面做了再次部分分类和描述。[1]

---

[1] Kapferer（2008，p. 349）使用 3M 胶带的例子来说明品牌的不同类型和角色。作者的五种品牌角色特别从消费者视角来看待品牌。首先，激励因素是创造需求选择的主要驱动力。所扮演的支持性角色包括生产商的背书与责任（例如通过服务热线来证明）、产品来源识别（通常为制造商品牌）、价值源泉（例如雀巢的品牌系列化）和详细说明一个产品的指示器（类似于 Aaker 的"描述符"）。上述产品定义角色与品牌架构之间的比较引出了品牌等级（brand hierarchy）的讨论（见本章第三节第二部分）。从品牌等级观点来看，3M 是企业品牌（corporate brand），思高（Scotch）是保护伞或者家族品牌（umbrella/family brand），魔力（Magic）是个体品牌（individual brand），可移取（Removable）是改良品牌（modifier）。

产品定义角色在 VBPM 战略中发挥着关键作用。在实施该战略时，关注的主要问题之一是在包括自有品牌在内的品牌组合中相互使用品牌资产。品牌差异化元素（branded differentiators）和品牌联盟（brand alliances）在构建品牌资产方面的潜力须仔细考虑。从消费者视角来看，必须避免负面溢出效应（negative spillover effects）。与此同时，品牌制造商须决定在多大程度上与零售合作伙伴分享已经增值的品牌资产。从产品品类视角来看，整个产品品品类的吸引力应该是优先考虑的因素。在 VBPM 中，品类视角是一个关键因素。

产品定义角色主要受制于品牌组合的范畴。下一部分的讨论主题"品牌范围"（brand scope）将从超越品牌组合层面详述品牌在不同品类和不同市场中的扩展问题。

> **VBPM 启示：**
> ——产品定义角色代表一个产品的消费者视角
> ——这些角色影响每一个品牌的管理
> ——在品牌盘点过程中所识别出的品牌现在可以被赋予不同的品牌角色
> ——在 VBPM 框架之下须决定哪些角色可以与自有品牌共享
> ——由于其具有品牌资产构建潜力，品牌差异化元素和品牌联盟必须经过仔细考量
> ——产品定义角色是与品牌之间相互关联的另一种方式——一旦自有品牌成为角色扮演的一部分就会产生负面溢出效应

最后，VBPM 规划者须考虑自有品牌的一项背书是否对自有品牌和提供背书的制造商品牌有利。另外，也必须确定一个垂直方向的品牌延伸是否会对延伸品牌造成伤害。从消费者视角来看，产品定义角色是消费者从外部对品牌所持有的看法。因此，建议通过消费者调查来考量消费者对于在制造商品牌与自有品牌之间可能出现的品牌联盟所做出的反应。什么时候以现有品牌的名义推出溢价型产品和价值型产品？或者什么时候它们之间就可以没有视觉层面的联系？类似的品牌组合战略性问题和任何品牌组合都是相关的。两个独立当事人之间的合作在 VBPM 中会变得更为复杂。

总之，消费者根据一系列品牌来识别产品，其中产品定义角色构成了消费者

的主观视角。已经确立了几个产品定义角色，VBPM 审计者需要根据具体情况对

135 其加以识别。作为品牌战略的重要组成部分，产品定义角色在 VBPM 中也起到了
关键作用。当自有品牌被整合进来并开始参与品牌角色的扮演之时，品牌范围
（brand scopes）会变得更加复杂。能够在多大程度上利用品牌（甚至是对自有品
牌的利用）是规划过程中的一个全面评估对象。从品牌管理的视角来看，对产品
定义角色的明确审计将有助于一项相互了解的、有针对性的自有品牌整合。规划
过程的最终决策可能需要借助消费者调研来完成。

4. 组合角色范围

前一部分主要研究了品牌在产品和品牌组合中所扮演的角色以及消费者是如
何理解它们的。必须仔细考量所扮演角色的变化。另一个决策是关于拥有和管理
组合中品牌的公司本身。因此，品牌在组合中的角色，特别是与公司有战略相关
性的角色，必须在 VBPM 审计的第一步中接受调查。消费者的观点在与产品定义
角色产生分歧时，将成为公司组合作用的一部分。这将成为基于公司视角的组合
角色，而不是基于消费者视角的产品定义角色。

"组合角色反映了对品牌组合的内部管理视角"（Aaker，2004，p.23）。组合
中每一个品牌都不能被孤立对待，必须作为整体的一部分来进行管理（Aaker，
2004，p.23）。这一视角一方面使资源得到合理配置，另一方面也能清楚地显示
出每个品牌对组合的贡献（Aaker，2004，p.23）。建议 VBPM 规划者确定每一个
品牌的组合角色，所被赋予的角色才能被得到认可，未被占据的角色才能得到相
应的分配。Aaker 的上述定义说明，由于具有整体战略相关性，品牌组合战略与
企业战略相关。对业务战略进行分解，品牌战略"深度"（depth）关系到在特定
品类中进行性营销的品牌的数量与性质（Keller et al.，2012，p. 571）。对产品类
别的这一限制只部分适合于 VBPM。对单一品类的关注会导致必要的细分主题成
为主要的驱动因素，以此在单一品类中保持两个或者两个以上的品牌（见第二章
第一节第四部分）。而且，本章第三节第二部分"盘点组合品牌"已经确定，不
应该对在一个特定产品品类之外或公司没有所有权的品牌进行审计。对于组合角
色的审计，品牌组合的范围将限于公司拥有和管理的品牌。这应该归因于这样一

136 个事实，品牌组合中与品类不相关的品牌或者为其他公司所有的品牌可能会为一
个产品扮演某种角色。这种例子如宝洁公司的"纺必适——碧浪"（Ariel with
Febreze Effect）—— 一个与宝洁公司所有的空气清新剂品牌整合起来的洗涤剂

联合品牌。① 这个品牌联盟只是公司两个不同品类中不同品牌之间进行组合的一个例子，在这种情况下就可以用一种产品来满足不同消费者的需求。

组合角色的确定首先包括提供任何产品的所有品牌。这项任务在之前的产品定义角色审计涉及所有品牌的这一步骤中已经完成。自然，评价将来自于之前对品牌架构和品牌等级的审计。例如，该公司的品牌架构将影响公司品牌组合的角色。它的品牌范围既可以原地不动，也可以扩展到整个产品。组合角色的审计将与先前对品牌角色所做出的评估保持一致，只是从现在基于组合的视角变为基于公司的视角。这些先前所做出的评估是"组合角色"（portfolio roles）的一部分，并将出现在审计检查清单中（参见本章第三节第二部分"VBPM"审计中的组合角色确定问题）。为了确定组合角色，将对于 Aaker（2004，p.23）的五种组合角色予以介绍。此外，讨论也将包括 Keller（2012，p.579）所提出的低端入门级品牌（low-end entry level）、高端声望型品牌（highend prestige brands）和增加零售商货架空间和零售商依赖性（increased shelf presence and retailer dependence）的角色。

5. VBPM 审计中的组合角色确定问题

Aaker 的组合角色包括战略型品牌（strategic brands）、品牌化激发器（branded energisers）、银子弹品牌（silver bullet brands）、侧翼品牌（flanker brands）和现金牛品牌（cash cow brands）（Aaker，2004，p.23）。接下来将会对它们进行详细介绍。②

（1）战略型品牌。

战略型品牌是组织所拥有的资产，它们必须获得成功，因此应该获得所有必要的管理支持。Aaker（2004，p.23）区分了三种类型的战略型品牌：当前的强势品牌（current power brands）——带来可观销售额和利润的品牌，未来的强势品牌（future power brands）——预计将带来高利润的品牌，关键品牌（linchpin brands）——不一定会带来销售收入但会影响组织重要业务领域的资产（例如连锁酒店或者航空公司具有品牌效应的顾客忠诚计划）。

---

① 见本章第三节第二部分"品牌—产品矩阵"。
② 该讨论将主要关注组合角色的介绍，使规划者为了完成审计任务而能够全面了解这些角色。本章第七节第五部分将着重讨论 VBPM 中如何确定这些角色以及如何利用这些角色。

从品牌建设角度来看，未来的强势品牌和关键品牌需要获得支持。在组织中，这可能会导致一些问题，因为这样的品牌一般不会产生利润，因此经常被忽视（Aaker，2004，p.24）。另外，当前的强势品牌往往喜欢过度投入。这两种情况均要求更高层次的组合管理，以确保每个品牌根据其地位而获得相应的关注程度。战略型品牌的识别也应该由企业战略来引导（Aaker，2004，p.24）。某些品牌一旦能够为公司的业务战略做出贡献，就应该获得战略型品牌的地位。这才能够表现出 VBPM 中组合角色的重要性。例如，如果该公司的业务战略要求溢价细分，那么稀有的价值型品牌就不应该从一个战略型品牌那里获得背书。

（2）品牌化激发器（branded energisers）。

"一个品牌化激发器是一个具有品牌效应的产品、促销、赞助、符号、项目或其他事物，通过其关联性极大地增强并激发一个目标品牌，在较长的时间内品牌化激发器及其与目标品牌的关联都会受到积极的管理。"（Aaker，2004，p.145）这种品牌化激发器既可以由公司所有，也可以由另一个组织所有和管理。下面的例子将对这两种情况进行说明：

● "Snuggle" 泰迪熊是一个具有品牌效应的象征物，与织物柔软剂品牌 "Snuggle" 紧密相连，代表柔软与喜爱。

● 重新上市的 "大众甲壳虫"（Volkswagen Beetle）汽车为 "大众"（VW）品牌注入了活力。

● "Apple iPhone" 作为子品牌为 "苹果" 品牌注入了活力。

● 史蒂夫·乔布斯（Steve Jobs）是 "苹果" 公司具有品牌效应的 CEO，通过电脑和娱乐产品的大量创新激发了公司与品牌的方方面面。

● "NikeFuel" 是一个具有品牌效应的项目，体育用品制造商帮助业余运动员测试日常体育活动，将体育运动与 "耐克" 品牌联系起来。

● "Audi Quattro Cup" 是一项业余高尔夫赛事，由此让世界各地各类高端客户对 "奥迪" 品牌有了更深入的了解。

138 ● "可口可乐圣诞卡车"（Coca-Cola Christmas Truck）是一个常规性的品牌推广活动，这类活动主要是在冬季进行。

品牌化激发器也可以为其他公司所有，能够积极使用和管理来激发自己公司的产品（Aaker，2004，p.145）：

● "澳大利亚网球公开赛"（Australian Open Tennis Championships）给了韩

国"起亚"（KIA）汽车制造商在世界各地展现活力的机会。

- 当地的职业运动队可以促进和激发主办比赛的社区（Aaker，2004，p.145）。

- 当品牌经由背书之时，其为品牌提供动力（Aaker，2004，p.145）。

品牌化激发器应该与目标品牌相连接并提升其价值。因此，需要对品牌化激发器进行积极管理才能得到积极的品牌管理（Aaker，2004，p.145）。

（3）银子弹品牌。

一些组织所拥有的品牌化激发器或者品牌差异性化元素过剩要求在公司对此类工具进行优先排序（Aaker，2004，p.145）。可以按照它们对目标品牌影响程度的高低与所需成本的多少进行分组。银子弹品牌被认为是对其他品牌的形象具有较高影响力的重要品牌。应根据其地位，对银子弹品牌进行管理与资金投入。服装零售商H&M成功获得了著名设计师卡尔·拉格斐（Karl Lagerfeld）的系列服装设计。这种经过高调宣传的合作为H&M品牌创造了大量的口碑，以至于该系列服装在几个小时内售罄（AdMe Group，2004）。由于其对目标品牌的重要性，银子弹品牌应该与企业品牌一样，受到同等级别的关注（Aaker，2004，p.156）。

（4）侧翼品牌。

侧翼品牌的存在目的是去保护组合中的旗舰品牌，以应对那些主要以一款价值型产品或特殊定位对主品牌发起进攻的竞争对手（Aaker，2004，p.26；Keller et al.，2012，p.578）。这样，当侧翼品牌直接与竞争对手展开竞争之时，旗舰品牌能够保持其地位与价格。许多强大的制造商品牌利用侧翼品牌来应对来自价值型品牌和自有品牌的竞争。例如，米勒酿酒公司（Miller brewing Co.）将现有的"Miller High Life"品牌重新定位为低价啤酒，目的是为了保护其旗舰品牌"Miller Genuine Draft"（Keller et al.，2012，p. 578）。

（5）现金牛品牌。

现金牛品牌的销售普遍停滞不前，但仍拥有忠诚消费群体（Aaker，2004，p.27）。因此，它们通常不需要太多的营销投入并实现利润"撇脂"（Kotler and Keller，2006，p.302）。另外，将它们保留在市场上，现有消费者就不会转向竞争对手。对于品牌组合，现金牛品牌的角色是为银子弹品牌或侧翼品牌的未来增长提供资金（Aaker，2004，p.27）。例如，在竞争激烈的"剃须刀"市场，"吉列"（Gillette）一直让"Sensor"、"Contour"和"GII"等品牌存在于市场，尽管

139

这些产品被众多的吉列产品创新所超越（Keller et al.，2012，p.579）。总的来说，这些品牌仍为公司带来 30% 的年度销售收入（Haas，2010，p.80）。

（6）低端入门级品牌和高端声望型品牌。

其他两种能够从整体上提升品牌组合的组合角色是如 Keller 所提出的低端入门级品牌和高端声望型品牌角色（Keller et al.，2012，p. 579）。低端入门级品牌主要是在较低价格与质量层面所进行的产品线延伸，目的在于吸引消费者首次购买品牌。这种观念是为了获得顾客，一旦他们出现了对品牌的忠诚就说服消费者去购买组合中的高端品牌。另外，高端声望型品牌主要是为了提升整个品牌组合的地位和增加整个品牌组合的可信度（Keller et al.，2012，p. 579）。这两种品牌角色可以通过万豪（Marriott）连锁酒店的例子来加以说明（Aaker，2004，p. 229）。公司为价值导向的家庭提供由万豪背书的菲尔德（Fairfield Inn）连锁酒店。与此同时，万豪酒店收购了酒店行业的最高端品牌丽思卡尔顿酒店集团（Ritz-Carlton），在这个领域需要声望和自我表达利益点的支持（Aaker，2004，p. 229）。

上述所有的组合角色与品牌组合都有直接联系，理解这些组合角色能够更好地管理并从整体上为品牌组合注入资金。VBPM 规划者也有必要理解这些组合角色，因此这也是 VBPM 规划过程第一步中内部审计的组成部分。正如之前所讨论过的，一个新加入组合的品牌将对组合的平衡产生影响。确定和理解每一个品牌在组合中所扮演的角色是 VBPM 战略将自有品牌整合的前提。一旦这种理解是清晰的，须确定自有品牌的组合角色。例如，一个价值型自有品牌的组合角色可以是上述的"低端入门级品牌"角色。在这种情况下，引入 Keller 等（2012，p. 579）提出的这一组合角色是非常有意义的："增加零售商货架空间和零售商依赖性"（increase shelf presence and retailer dependence）。虽然通常在角色扮演情境之下可能不会看到这些角色，其可能只是一个目标，但它们特别适用于特定的 VBPM 情境。一个品牌制造商参与 VBPM 的已有动机是为了防止市场控制力向零售商转移（参见第一章）。这种观点来自于垂直营销目标和战略，这些目标和战略规定了有关市场控制力向零售商转移的控制水平和合作强度（参见第二章第四节）。接替零售商管理自有品牌将可能提高零售商对于制造商的依赖程度，因此提升了制造商的市场控制力。因此，这些组合角色将被添加到 VBPM 审计的检查列表中（见表 3-6）。

表 3-6　VBPM 组合角色

组合角色
战略型品牌
品牌化激发器
银子弹品牌
侧翼品牌
现金牛品牌
低端入门级品牌
高端声望型品牌
增加零售商货架空间和零售商依赖性

资料来源：Aaker（2004），Keller 等（2012）。

　　有必要对组合角色进行全面盘点还存在一些其他原因。这些原因要么涉及顾客，要么涉及竞争，当然也涉及公司，还关系到利润贡献、细分和未来的增长等问题。总之，品牌架构审计的最后一步将主要从公司的视角来开展工作，并会对 VBPM 战略产生重大影响。最重要的是它能够保证对相关问题了解程度更深的一次战略实施。无论是否将自有品牌整合到品牌制造商的品牌组合中，一个具有均衡性的品牌组合的目标是在防止组合重叠的同时保持最大程度的市场覆盖。总的来说，在 VBPM 合作中预期的自有品牌整合要求为新进入者分配进行一个特定的组合角色。这个组合角色最终会体现品牌在战略层面的考量事项。　　141

三、品牌架构审计的检查清单和审计问题

　　建议 VBPM 规划者运用检查清单，以系统的方式严格评估和记录公司的品牌组合。对这一审计，将使用"基于资源—能力的 VBPM 检查清单"（Resource—Capabilitybased Check-list for VBPM）。[①] 这个清单不会是无穷尽的，该评估可能催生出基于组织特定环境的进一步分析与变化。以下概括了审计者应当评估的检查清单主要内容。

　　审计首先关注的是公司的品牌架构，并将品牌层次的审计作为起点。这显示了公司的品牌层次，并引发对企业品牌或保护伞品牌在品牌结构中所扮演的角色进行批判性讨论。要确定品牌等级（brand hierarchy）也应该将品牌责任所属层次与战略类型联系在一起。可以将公司的品牌结构看作确定品牌架构的第一步，

① 参见第三章第三节第一部分"基于 VBPM 检查清单的资源—能力"部分。

来构建品牌等级树形图（brand hierarchy trees）。

在公司的品牌等级基础之上，将确定和评估品牌角色的特定品牌架构。如前文所述，Kapferer 的六种品牌架构最适合于 VBPM 审计过程。审计将对公司的品牌架构进行罗列与描述，并将说明其对 VBPM 的影响。例如，一个源品牌架构（a source brand architecture）在很大程度上不同于一个产品品牌架构（a product brand architecture）。这些品牌战略将对潜在的自有品牌整合产生影响。另外，保护伞品牌架构（umbrella brand architectures）以不同的形式呈现（灵活性与整体性）。从明显的结构来看，确切的评估将说明 VBPM 的差异及其含义。这一评估也将揭示出该公司品牌战略可能要求品牌应保持的必要独立性。品牌架构的类型对 VBPM 有着重要影响，也会对战略方向产生显著影响。

142 品牌组合既是对该公司品牌架构的一种表述，也是检查清单的下一个审计事项。所有品牌和产品线品牌将通过 Keller 的品牌—产品矩阵（brand-product matrix）进行盘点。这将揭示并阐明品牌—产品和产品—品牌之间的关系。这项评估将有助于了解所有的公司品牌。对于弄清公司所有品牌和非公司所有品牌之间的相互关系，这一盘点工作也是十分必要的。

一旦了解了所有的品牌，将从品牌层次开始对品牌组合进行分类审计。包括核心和外部价值（即品牌识别）在内的每一个品牌的品牌元素都应被确定。这样的评估将使一个更明智的自有品牌整合到品牌组合成为可能，在这里必须决定它的品牌价值和品牌元素能不能被转移到新的组合参与者身上。要从消费者的视角来看待评估，审计者的审计范围将扩大到品类层次的分析。在这里，产品定义角色将反映出消费者从外部对品牌所持有的看法。Aaker 的八种产品定义角色应能够让规划者确定品牌在每个产品中所扮演的角色。在将品牌联盟作为讨论对象之时，组合与外部品牌之间的相互关系将再次成为讨论的重点。

基于组合视角（组合角色）的评估将作为审计的结束工作。规划者必须确定战略型品牌、品牌化激发器和其他组合角色。规划者须在评估品牌组合之时考虑内部的组合角色。当整合品牌之时，检查清单应该能够预见到品牌角色扮演的变化。一旦具有品牌效应的资源被列出并对之进行审计，规划者也将确定由每项资源的重要程度。这个评级能够说明特定项目促进 VBPM 实施的能力。对此，可以将其看作资源的一种优势或者劣势。由于品牌架构的总体重要性及其相应评估项目，所有项目被认为对战略实施是非常重要的。因此就没有必要出现一个重要程度评级项目。表 3-7 是一个关于审计中主要评估项目的检查清单示例。

表 3-7　品牌架构的审计清单

品牌架构项目	评级（优势/劣势）	评论
品牌等级		
品牌架构类型		
品牌—产品矩阵		
品牌—产品关系		
产品—品牌的关系		
品牌识别		
产品定义角色		
组合角色		

资料来源：作者自制。

在审计过程的每一阶段，**审计问题**（audit questions）应在评价过程中对规划 143
者进行指引。这些问题的特定焦点与 VBPM 事项及其从不同角度对品牌架构所产
生的影响密切关联。这些问题应加强对"垂直整合"（vertical integration）特定事
项的分析，并挑战现有的组合战略。这些问题的答案可能会引发进一步的分析，
并可能导致品牌组合中角色和关系的改变。对于 VBPM 的最后成果来说，审计工
作的第一步就是对是否需要开发新品牌或子品牌、改变品牌角色或延伸现有品牌
等方面进行审计。然而，其中的重点是应该在 VBPM 规划过程中寻找品牌架构的
含义。同时，该过程将用于识别出适合于该战略的一个产品品类和品牌。对于这
一问题，审计是需要做出最初决策之时第一个也是最重要的组成部分。审计问题
清单可能被视为品牌架构检查清单中每项资源的一个不可或缺的补充：

144

品牌架构

　　—公司需要维持多少品牌层次？每个层次的品牌应该由谁负责？对这些内容做一个品牌等级树形图。
什么是决策标准，特别是向上层次方向的标准？品牌等级或企业战略如何影响业务和职能层面的
决策？如何在品牌等级的各个层次来分配品牌建设资源？

　　—采用特定的品牌架构是基于什么原因？公司拥有一个混合的或者多层级的架构方法吗？什么样的
公司或者市场情况需要覆盖怎样的细分市场？在未覆盖的细分市场还存在机会吗？应该应用怎样
的定位战略？如何将这些战略与更高层次的战略相联系？

　　—公司或企业品牌的角色是什么？企业品牌与非公司所有的品牌（如自有品牌）联系吗？能够预
见消极的/积极的溢出效应吗？在不同品牌层次，使用营销组合的自由度有多大？产品品牌是否需
要具有独立性？

图 3-12　审计问题

品牌角色盘点

—通过使用品牌—产品矩阵，存在哪类品牌和产品线品牌？区分公司所有的品牌与外部品牌。什么是品牌—产品关系（品牌延伸）？来自其他品类的品牌是否出现在某一特定产品品类？什么是产品—品牌关系？

—确定由品牌元素和价值系统（核心—外部价值）组成的每一个品牌识别体系。品牌元素是如何渗透到产品线品牌中的？产品线品牌中的品牌核心价值是一致的吗？可以运用哪些外部价值以及应用到哪些领域？在 VBPM 中建议或忽略使用哪些品牌元素和价值？品牌延伸的潜力是什么？

产品定义角色

—从品牌盘点中，识别出主品牌、背书品牌、被背书品牌、子品牌、描述符、差异化品牌元素和联合品牌。

145

—哪些品牌承担主要责任？哪些品牌获得或者需要积极的品牌管理？主品牌是否扮演重要角色？它们的延伸范围有多大？子品牌是否扮演着重要角色？

—哪些背书品牌增加了品牌价值？哪些有可能削弱品牌价值？背书品牌是否被转移到 VBPM 中？

—描述符是否被积极应用？它们能发挥关键作用并获得品牌资产吗？它们应该得到积极的管理吗？描述符能否表现出特定产品品类的典型特征？包括自有品牌在内，它们对于所有产品是迫在眉睫的吗？

—如何运用品牌差异化元素？区分具有品牌效应的品牌特征、成分、服务和项目。它们占据主要角色吗？它们是公司所有还是由外部当事人所有？它们可以利用其他产品线品牌、产品或自有品牌吗？它们是否被积极管理？识别 VBPM 中潜在的品牌差异化元素。

—确定了哪些联合品牌？合作伙伴及其竞争力是否匹配，能够提升价值吗？合作伙伴关系是排他性的吗？或者它们是否可以应用于其他品牌和产品？应用之时的法律环境是什么？是否应该考虑其他或更多的合作伙伴？在 VBPM 识别潜在的合作品牌项目。

品牌范围

—品牌在产品线品牌、组合和市场中能达到什么范围？通过产品定义角色，可以延伸哪些品牌？

—处于主导地位的品牌获得了充分的延伸？

—哪些品牌可以进行垂直延伸？哪些品牌不能？能否通过子品牌或背书品牌进行品牌垂直延伸？

组合角色

—识别战略型品牌。哪些是当前强势品牌，哪些是未来强势品牌，以及关键品牌？这些组合角色的状态是否适合？

—区分公司所有品牌和外部的品牌化激发器。它们能够提升目标品牌吗？它们能被转移到其他品牌吗？依据品牌化激发器对目标品牌或其他品牌的影响进行分类。什么品牌化激发器应被视为银子弹品牌？银子弹品牌可以应用于更广范围的 VBPM 吗？哪些品牌可以在组合中扮演激发器角色？品牌化激发器是被妥善管理，它是被谁管理的？

146

—拥有合适的侧翼品牌吗？它们捍卫的是什么品牌？竞争态势是什么？一个组品牌能否扮演侧翼品牌角色？哪些现有品牌能转化为侧翼品牌，或者说是否还需要建立一些新品牌？

—什么品牌占据着现金牛角色位置？它们的贡献是什么，什么品牌正享有这些贡献？它们在品牌生命周期中的位置是什么？根据它们的位置，那个现金牛品牌是自有品牌的候选者？

—识别低端入门级品牌和高端声望型品牌。从侧翼品牌中区分出低端入门级品牌。自有品牌如何影响低端入门级品牌角色？自有品牌能给顾客带来品牌加盟吗？自有品牌是否扮演低端入门级品牌角色？

—在目前的组合中，这些品牌能积极增加零售商货架空间吗？零售商依赖什么品牌？它们目前在组合中的角色是什么？自有品牌是否会增加货架空间和零售商依赖性？

图 3-12　审计问题（续）

资料来源：作者自制，改编自 Aaker（2004，p.86）。

　　下一部分将把重点转向企业的具体能力，即关系到品牌管理和垂直营销的相关能力。本讨论将总结品牌制造商内部环境的资源—能力评估。

四、组织能力盘点和评估

如第三章第三节第一部分"基于 VBPM 检查清单的资源—能力"所述，组织内部审计还包括确定与 VBPM 战略实施相关的公司能力。首先，这一评估关注的是品牌管理领域的人事和管理能力。对该公司品牌架构的全面审计已经表明了组织资产与 VBPM 之间的相关性。在进行与资源相关的审计之后，必须明确公司管理这些品牌化资产的能力。这些功能的重要性也可以通过零售商与掌握诸多信息的品牌制造商开展 VBPM 合作的动机来加以凸显。这种动机可以通过竞争力以及通过对品牌制造商管理品牌和品牌组合进行追踪记录来得到加强。评估的另一个关键能力将是品牌制造商的垂直营销（VM）能力。垂直营销对于 VBPM 的适用性和重要意义在第二章第四节已做过论述。现在规划者必须在垂直营销领域（高效产品导入、高效分类以及其他品类管理实践）追踪公司的能力。这些能力对 VBPM 的成功实施具有同样的重要意义，将会显示出品牌制造商的合作能力。接下来的部分将首先讨论相关的品牌管理能力。

（一）品牌管理能力

Keller（2008，p. 38）将品牌管理定义为：用于建立、测量与管理品牌资产的营销项目与活动的设计与实施。成功的品牌管理应该成就强大的品牌——这类品牌拥有许多资产（Keller，2008，p.38）。因此，品牌管理所取得的成绩与品牌资产的数量多少有关。现有文献为衡量和确定品牌价值提供了许多方法和观点。[1] Keller（2008，p.315）在其战略品牌管理流程中的几个工具来衡量品牌表现，如"品牌价值链"（Brand Value Chain）、品牌审计（brand audits）以及持续的品牌追踪（continuous brand tracking）。另一种常见做法是为品牌赋予货币价值，例如，当它在资产负债表中被列为出售或作为无形资产增加其价值（Feldwick，1996）。根据 Aaker（2002，p.316）的观点，将品牌估值限定于财务指标说明其短期思维，并应该用"品牌资产指标"（brand asset measures）来进行补充。Aaker 的"品牌资产十要素模型"（Brand Equity Ten）被分为以下几类：如消费者忠诚度、品牌形象和品牌知晓（Aaker，2002，p.344）。最后，众多的商业机构

---

① "品牌资产"（brand equity）、"品牌价值"（brand value）和"品牌表现"（brand performance）是具有相同含义的术语。

提供品牌优势和价值评估方面的服务。其中，通常被认为是 Milward Brown 的"BrandZ"（世界最大的品牌资产数据库——译者注）或国际品牌集团（Interbrand）的"年度最佳品牌榜单"（Kapferer，2012，p.460）。

以上述任何一种方法测量品牌资产都可能是得出关于一个组织的品牌管理能力结论的一个合适方法。特别是从零售商的视角来看，在一个 VBPM 合作中，经过测量的品牌价值可以作为判断品牌制造商的管理能力的一个决定性因素。

即使强大的品牌可能向外部当事人发出关于公司品牌管理声誉的信号，因此品牌及品牌资产是与人力资源和组织技能类似的公司最重要的无形资产（Barney，1991；Srivastava et al.，2001）。重点应该放在公司的高层管理人员以及品牌管理的职能层次（Meffert and Burmann，2002，p.83）。为了维护公司的等级管理秩序，应该首先讨论让品牌融入组织和品牌及其管理的相应结果。

1. 组织层次的任务和责任

营销战略应该支持并有利于企业战略（Baines et al.，2011，p.163）。因此，品牌会直接受到企业战略、业务战略，自然也包括营销战略的影响。在决定公司商业策略和品牌策略时，公司高级管理者对于品牌的管理任务首先应该是确定公司的业务战略以及业务战略中的有效品牌战略（Meffert and Burmann，2002，p.84）。无论品牌是否直接受到企业战略的影响，它都是公司品牌化战略的结果。如前文所述，公司可以遵循一项品牌家族化战略（a branded house strategy），其中企业品牌（或保护伞品牌）在公司的所有或许多产品中都扮演着重要角色。在这种情况下，产品层次的决策能力直接受到处于更高级别的企业层次的影响。在 VBPM 审计中，应该考虑到这种情况和企业战略对品牌的总体影响。

企业战略在品牌层次的影响力和高层管理者的支持也可以通过公司的组织文化而形成。Aaker（2002，p. 342）曾指出："擅长发展强大品牌的公司通常有着很强的品牌建设文化，其中包括明确的价值观、行为规范和组织象征物。高层管理人员也明显会支持品牌，将品牌置于风险处境的行为当然会受到质疑。"这首先强调的是对品牌进行管理支持的重要性。它也明确表示强大的品牌不仅是专业化管理的结果。品牌对组织行为规范和价值观的影响也不言而喻，比如雷克萨斯（Lexus）、戴尔公司（Dell）和哈雷—戴维森（Harley-Davidson），员工对他们的产品和品牌已经产生了强烈的自豪感（Kotler et al.，2011，p. 626）。

对高层管理者的依赖也与品牌组合的性质和管理有关（Meffert and Burmann，

2002，p. 84）。组合品牌的目标和愿景应该与公司的企业形象、公司愿景和企业
社会责任活动相一致（Meffert and Burmann，2002，p.84）。无论是由一个人还是
由一个团队来管理，品牌组合应受到该组织领导层的支持（Aaker，2004，p.
88）。这涉及对个别组合品牌的资金分配和监督以及组合对企业战略整体贡献的 149
测量（Kapferer，2012，p.364）。Aaker（2004，p. 89）把品牌组合管理作为组织
事务中的一个优先考虑事项，如果领导层没有兴趣也不参与，组合管理将很难达
成目标。对于 VBPM，确定公司的组合管理能力的相关信号因素是十分必要的。
以下将讨论几个相关因素。

　　当组合由在共同品牌规划和监督系统之下所遵循共同品牌建设方法的品牌而
组成时，从品牌管理向管理多个品牌的过渡会比较平稳（Aaker，2004，p.88）。
一个品牌规划模板就是为每个品牌设置恰当的品牌形象，这种形象将有助于引导
策略性品牌项目的开发与协调（Aaker，2002，p.340）。即使在品牌层次实施共同
规划系统，"协调"（coordination）也是管理品牌组合的关键问题之一（Hill and
Lederer，2001，p.155；Aaker，2002，p.342；Kapferer，2012，p.359）。Aaker
（2004，p.88）提出，一位需要必要权威和高层管理支持的组合管理者能够要有
效地管理一个组合。Hill 和 Lederer（2001，p.155）也提出，组合管理者的角色
包括设定组合愿景与目标、监督使用一系列品牌工具的品牌经理。作者还强调了
高层管理人员在品牌组合管理的必要参与作用。例如，在 3M 公司，该公司的首
席执行官是"企业品牌管理委员会"（Corporate Brand Management Committee）的
主办者（Hill and Lederer，2001，p.163）。Kapferer（2012，p.359）通过品牌协调
员或品牌委员会呼吁强有力的协调。在其他任务中，这样的治理机构能够确保品
牌在组合中所希望扮演的角色受到监督，能够确保资金和创新是根据组合战略来
进行分配，能够避免品牌被复制模仿。Aaker（2002，p.347）提出，"品类经理"
（category manager，传统上从分销和物流角度来看）的角色与多品牌之间的协调
有关。品类视角可能也有助于防止在同类品牌中出现抢食问题（Aaker，2002，p.
347）。

　　总之，下列因素可能与处于企业层次的品牌（组合）管理能力相关，并适合
作为 VBPM 规划者的参照指标：

　　—所有组合品牌拥有共同的品牌建设方法 150

　　—高层管理人员的支持

—组织品牌建设文化

—品牌组合协调系统

—品牌组合管理者

由此可以得出结论，品牌和品牌组合与企业战略密切相关，并需要组织的高层管理人员的参与。审计者的任务是识别和评估任何在开始阶段可能影响 VBPM 实施的直接管理责任。例如，这可能涉及品牌家族化架构（a branded house brand architecture）中的具体审批程序。

2. 功能层次的品牌管理任务

当公司领导层在组织层次确立了品牌管理的职责之后，讨论将转向职能层次的品牌管理。讨论将针对可以促进 VBPM 成功实施的人力资源的能力。品牌管理工作通常是由与公司一群人共同开展工作的品牌经理来执行（Low and Fullerton，1994）。品牌经理是他们所负责品牌的整个营销活动的协调者（Hehman，1984）。"品牌经理"的工作职责描述在快速消费品行业尤为普遍，这一概念在 20 世纪 30 年代由宝洁公司提出（Hehman，1984；Aaker，1996，p.344）。品牌经理在与外部利益相关者相关的公司内部环境中扮演着重要的角色（Lysonski，1985）。在一个品牌经理体系内，品牌经理负责与外部当事人打交道，如顾客、零售商、广告代理结构和竞争对手，并做好与内部部门之间的沟通工作如会计部门、研发和生产部门（Lysonski，1985）。品牌经理的日常工作首先是要协调好各部门之间的关系并维护好品牌形象（Meffert and Burmann，2002，p.91）。另外，品牌经理与外部机构和供货链成员一同协作以保持一个积极的品牌形象，并且品牌承诺以最佳的方式交付最终消费者。除此之外，他们还需要从消费者和竞争对手处收集外151部信息，然后再在内部共享这些信息（Lysonski and Woodside，1989）。Low 和 Fullerton（1994）强调，一个有效的品牌管理系统将使企业更加具有创新性的灵活度、创造力和关系构建能力。这类似于 Meffert 和 Burmann（2002，p.85）提出的"字体系企业家"（font-line-entrepreneurs），目的是为了加强品牌文化的灵活性进而使其更接近市场需求。

在成功管理品牌的文献中，另一个发挥关键作用的因素就是团队合作能力（Macrae，1996，p.140；Low and Fullerton，1994）。上述的品牌经理任务和技能主要是 Cui 等（2012）所说的"无形资本"（intangible capital），即信息、关系和人力资本。[①] 作者认为，这些处于企业层次的无形资本特别适合个别市场，也是一个成功的品牌经理的必备能力（Griffith and Lusch，2007；Nathand Mahajan，2011）。最终，品牌经理的能力将会决定品牌的表现。

上述讨论在职能和品牌经理层次对品牌管理能力进行了说明。评估这样的"软"因素对 VBPM 规划者来说是一种挑战。首先需要质疑的是对类似能力的细节性评价是否可行。对人力资源相关技能的评估超越了 VBPM 规划阶段的必要工作范围。

如品牌价值、组织能力、公司在本领域的声誉应能够让审计者和零售商对企业的品牌管理能力做出判断。[②] 因此，在整个战略实施过程中就可以发现是否在职能层次缺乏特定的品牌管理能力。合作，这些领域中存在的不足通过贯穿整个合作过程中的培训计划来积极地克服。

表 3-8 总结了在品牌管理领域所选出的 VBPM 规划者能够注意到并予以评估的能力。

表 3-8　品牌管理能力检查清单

品牌架构项目	评级（优势/劣势）	评论
组织品牌建设文化		
高层管理人员的支持		
所有品牌所拥有的共同品牌建设方法		
品牌组合协调系统/品牌组合经理		
品牌价值		

资料来源：作者自制。

VBPM 审计中能力评估的最后一个关键领域是品牌制造商在实践垂直营销（VM）方面的经验和能力。由于在 VBPM 和垂直营销之间具有一致性，规划者须判断公司之前是否具有足够的支持起成功实践垂直营销的相关经验。接下来的部分将确定在垂直营销合作领域已知的关键性成功因素，并在垂直营销能力的审计中对它们进行实践。 152

[①] 在他们的实证研究中 Cui 等（2012）测试了无形资本中的第四个变量，即组织资本，但是发现其对品牌管理能力的贡献有限。

[②] 本章第七节第九部分"品牌制造商解决隐藏特征的信号措施"将再次讨论制造商和零售商之间可能的代理关系之下的竞争力发送信号事项。

（二）评估垂直营销能力

在第二章第三节中，ECR 的垂直营销实践，特别是品类管理实践被看作类似于 VBPM 战略的战略管理概念。因此，对于长期实施 ECR 起到关键作用的战略性成功因素也将适用于 VBPM 概念。特别是针对内部审计，本部分将讨论 ECR 合作战略和 VBPM 合作中可以被分解到品牌制造商公司和人事层次的战略性成功因素。

参与 VBPM 以及 ECR 实践经验被认为是一项先决条件。为了便于讨论，假定品牌制造商将拥有 ECR 经验或者会定期进行 ECR 实践。拥有必要 ECR 竞争力的企业（与组织和人力资源相关）更可能成功地运营 VBPM 合作关系。此外，如果在品牌制造商和零售商之间能够达成一项 VBPM 合作，很可能来自于之前已经具有品类管理合作伙伴关系的双方当事人。

有些学者已经确立了成功实施 ECR 的关键因素。Corsten（2004）认为，以团队形式开展工作、制定激励制度、开展员工培训和对 ECR 关系的投入都是促使 ECR 成功的关键因素。Von der Heydt（1999）区分了 ECR 中所谓的"硬"成功因素和"软"成功因素。"硬"因素以主要 ECR 战略的实施为代表，如高效促销（Efficient Promotion）、高效产品导入（Efficient Product Introduction）等。Von der Heydt 提出的"软"因素能对 ECR 发挥主要作用，因为它们对于 ECR 人员来说具有态度、行为和激励性质。知名 ECR 专家和学者 Dirk Seifert[1] 的一项综合性研究主要探究了 ECR 的关键性成功因素。这项研究于 1999~2000 年在德国完成，其中包括来自主导型德国零售商（例如 REWE，Tengelmann and Edeka）的一个专家评议小组、经验丰富的品类管理公司（如可口可乐、高露洁棕榄和宝洁）、商业咨询公司［例如理特咨询顾问公司（Arthur D. Little）、波士顿咨询集团和麦肯锡公司］、知名的 ECR 研究人员和营销学者（Seifert，2001）。上述评议小组成员选取了打算参与 VBPM 的公司样本（即快速消费品生产商和大型零售商）。从研究中选出了一些 ECR 战略性成功因素并被确定为 VBPM 审计的重要因素。它们对于 VBPM 的重要性主要是因为这一事实，成功实践 ECR 可以被解释为一个支持合作的论据。具有特殊技能的员工和拥有合适的特定 ECR 系统也将为规划者传递出组织的承诺信号，这种承诺是类似 VBPM 这样的复杂型合作所要求的。

---

① Dirk Seifert 在 ECR 领域研究成果颇丰。

当然，具有垂直营销能力并不一定能保证 VBPM 的成功。一个关于成功因素的简短讨论和它们与 VBPM 的相关性将做如下讨论：

1. 关键性成功因素：高层管理者的参与

类似于 ECR 这样的重要战略管理概念应该获得认可并由公司进行有效监督。经验表明，被认为是 ECR 领导者的公司都代表着它们对 ECR 活动的强有力支持（Kurt Salmon Associates，1997）。这是很有必要的，因为 ECR 活动是跨越内、外 154 部的职能部门。高层管理人员的支持是必要的，以使这种合作取得成功。此外，ECR 实践经常要求对外发布机密数据，这种情况通常要求经过最高管理者授权。例如，在 ECR 合作关系中，品牌制造商与零售商之间定期交换消费数据，零售商反过来为其提供终端销售数据（Apéria and Back，2004，p. 202）。

2. 关键性成功因素：ECR 测评

下一个促进 ECR 持续实施的战略性成功因素是对 ECR 项目的成本和效益进行不间断的测评。Seifert（2006a，p.283）认为，测评是必要的，因此合作产生的利润可以在合作者之间公平分配。问题区域的识别也将促使组织采取适当的行动。测评 ECR 项目可能用到的一个工具是"全球计分卡"（Global Scorecard），它是由 ECR 治理机构"ECR—欧洲"（ECR Europe）所开发的。

对于 VBPM 审计，首先应该明确该组织是否在评估其 ECR 项目。这将使审计者知晓组织对于 ECR 的认真态度如何，采用标准化的全球计分系统是否会对结果的普适性产生影响。在理想的情况下，使用全球计分系统之后，企业通过自身的 ECR 努力为 VBPM 中的零售商树立起标杆。

3. 关键性成功因素：品类管理能力

第二章第三节第二部分主要介绍了品类管理（CM）的三个主要应用，包括高效促销（Efficient Promotion，EP）、高效分类（Efficient Assortment，EA）和高效产品导入（Efficient Product Introduction，EPI）。这些实践中的经验会明确地向 VBPM 审计者传递出关于 ECR 能力（特别与营销相关）的信息。

在这三种应用中，ECR 采用者很可能首先使用高效分类，因为该战略很容易被监测，并且相关的利益点也很容易被量化（Brockmann and Morgan，1999）。高效促销和高效产品导入中的具体经验可以为 VBPM 的组织做出最充分的准备。例如，高效产品导入可以被认为是最复杂的品类管理战略。

这涉及在合作者之间共享敏感数据，并要求紧密的活动协调（Borchert，

155　2001）。这些特点与 VBPM 的特点相类似。[①]上述战略中提到的任何品牌管理经验都是一个明显的优势，也是对垂直营销能力的评估。其与 VBPM 的相似性使得高效产品导入成为一个赋能战略和关键能力。

4. 关键性成功因素：信息技术能力

ECR 的成功实施要求交易伙伴之间快速准确地进行数据交换（Seifert，2006a，p.79）。供应链中信息与沟通技术的使用是 ECR 的主要推动力（Seifert，2006a，p.79）。如前文所述，零售商可以把它们的终端销售数据提供给制造商。接下来就是这些数据在供应链中的应用，制造商可以利用这些数据来分析与消费者行为相关的主题。该数据的可获得性和使用是另一类与信息技术相关的垂直营销能力，运用这种技术可以对数据进行记录和审计。在 VBPM 中，当类似销售终端数据与品类相关的数据须进行交换以评测 VBPM 对战略的影响之时，则需要信息技术合作。

5. 关键性成功因素：组织变革

组织变革与组织战略密切相关（Rieley and Clarkson，2001）。因此，ECR 的实施作为一种管理战略可能会带来组织的变化（Seifert，2006，p.311）。例如，在供应链管理中需要参与者（如制造商、分销商和渠道等供应链成员）展开协同性活动（Burnes and New，1997）。作为采用 ECR 的结果，一个组织可能会面临来自不同部门人员的内部阻力（Seifert，2006，p.312）。

对于 VBPM 审计，与品类管理实施相关的组织变革将是焦点所在。供应商—零售商关系传统上通过供应商方面的销售经理与零售商方面的采购者进行管理（Corsten and Kumar，2005）。显而易见，诸如高效促销和高效产品导入这样的复杂品类管理战略，不可能在销售和生产部门中间有效实施。相反，由供应商和需求方组成的交叉混合团队须协调它们的活动（Corsten and Kumar，2005）。这样

156　的团队具备多种职能，其成员一般包括营销、研发、物流和 IT 部门（Wiezorek，1998，p.401；Olbrich and Braun，2001，p.421）。例如，在联合利华公司，通过采用 ECR，多层级团队有效地取代了传统的供应商和零售商对接方式（特点为：

---

①　随着时间的推移，高效产品导入（EPI）已经发展成为三个在合作范围与合作强度层面均存在差异的独立战略：一是新产品导入活动；二是产品开发；三是自有品牌的开发与生产（Borchert，2001）。特别是在一项 ECR 关系中的自有品牌开发与生产，要求在合作者之间具有高度的信任与协调（Hanser，1999，p. 98）。

销售代表拜访购买者，重点强调价格、数量和成交协议）（Corsten and Kumar，2005）。供应商和零售商的关系文化通过这样的组织变革能够得到显著的改善（Seifert，2006，p.338）。

对于 VBPM 审计中的组织变革审计，首先建议企业对那些积极参与垂直营销项目的内部利益相关者进行盘点。这项盘点将揭示部门层次实施垂直营销能力的普遍性。有多少部门（如市场营销、财务、销售、物流和信息技术）需要参与垂直营销项目将表明 ECR 实践在公司内部的渗透能力。总之，实施 VBPM 最终将导致组织变革。交叉混合团队很有可能取代传统的合作形式。

表 3-9 概述了 VBPM 审计者可能要评估的主要 ECR 能力，这些能力基于之前提到的 ECR 关键性成功因素。是否有必要对全部的能力进行评测须根据具体情况区别对待。对其中的一些能力项目，它们在组织中的固有存在将显示出 ECR 承诺和垂直营销专业性。必须提到的是，垂直营销能力评估不应该超越固有的管理范围。最后，表 3-9 中对于所提出的 ECR 能力领域进行全面而简要的述评将使审计者充分了解该公司的 ECR 能力，并说明哪个能力评估项目属于优势项目或哪个属于劣势项目。如"基于 VBPM 检查清单的资源—能力"所述，对能力做出评价不单要依赖数据，更重要的是洞见和认识（Grant，2005，p.157）。

表 3-9　ECR 能力检查清单

ECR 能力	重要性 高/中/低	表现 优势/劣势	评论
高层管理者的参与	高		
ECR 测评	中		
品类管理能力	高		
信息技术能力	中		
组织变革	高		

资料来源：改编自 Seifert（2001）。

ECR 能力检查清单也将帮助审计者确定哪些能力应该优先于其他能力被考虑。所提出的重要性评级来源于 Seifert 关于关键性成功因素的实证研究，并使用了研究中所涉及品牌制造商成功因素的平均重要性排名（Seifert，2001）。 157

五、组织内部审计的结论总结

基于公司的企业战略与业务战略，规划过程应该始于清晰确定 VBPM 战略的目标。这些目标的评判标准包括目标范围、任务分配决策、合作的实际内容以及目标的特殊性。一旦确定了目标，规划过程就要继续对公司的资源和能力进行内部审计。对于这一问题，资源—能力视角被放置到"战略"（strategy）相关背景之下。这种讨论产生了基于资源—能力的检查清单，以便为公司提供一个评价其与 VBPM 相关的资源和能力的一种可操作工具。检查清单使用的是战略营销评估工具——S.W.O.T.分析方法。

内部评估应首先关注品牌化资产及其管理，以及组织的垂直营销能力。评估之处，应对品牌架构及其 VBPM 相关性做出详细讨论。Aaker 和 Joachimsthaler（2000，p. 102）关于品牌架构的定义为规划者提供了明确的认识："品牌架构通过规定品牌角色、不同品牌之间以及不同产品市场环境之间的关系来组织和构建品牌组合。"从这里开始，公司将逐步对品牌架构进行审计，并首先确定公司的品牌等级。这一讨论为品牌等级赋予了相应的战略类型，也确定了公司内部的相对责任水平。Kapferer 品牌架构分类方法将作为一个让规划者能够确定相关品牌架构的参考点。必须指出的是，品牌架构往往是混合的，它们经常会呈现出比给出的类型更为复杂的形式。借助品牌架构，规划者须特别注意企业品牌所扮演的角色。无论企业品牌是否在公司品牌化战略中扮演重要角色，都将对 VBPM 产生重要影响。负面溢出效应一直是讨论的一个关键问题。

一旦明确了品牌架构类型，规划者就要对公司的品牌进行盘点。这一述评可以由 Keller 所提出的品牌—产品矩阵（Brand-Product-Matrix，一个明确分析品牌—产品关系的工具）来指引。很明确，公司品牌的盘点必须包含在消费者购买决策过程中扮演角色的所有品牌。尽管在这一步中要涉及所有品牌，分析应该包括对每个产品品牌形象的明确评价，尤其当品牌元素和品牌价值可能需要转移到组合中的新加入者之时，这应该在 VBPM 战略的后期阶段给规划者以指导。品牌—产品关系也表明了品牌延伸战略，在 VBPM 中它被特别强调为一个重要的"运动场"（playing field）。

除了个体品牌的视角外，确定产品定义角色将为规划者提供一个调查消费者对品牌组合所持看法的工具，特别是实施 VBPM 之时，"品牌差异化元素"（branded differentiator）和"品牌联盟"（brand alliance）角色将为 VBPM 战略管理者提供操作工具。

最后，对于识别品牌为公司承担的角色与品牌在组合中所扮演的角色，确定组合角色非常关键，尤其是"侧翼品牌"（flanker brands）和"低端入门级品牌"（low-end entry level brand）以及"增加零售商货架空间和零售商依赖性"（increase shelf presence and retailer dependence）的组合角色，被确定为 VBPM 的关键角色。附带详细审计问题的一份品牌架构检查清单能让规划者用一种实际的方式彻底评估公司的品牌化资源。明确品牌架构将带来评价标准的产生，其是自有品牌所需要的关于品牌架构组成要素方面的评价标准。这是 VBPM 战略制定的第一个步骤。自有品牌的指导原则指出了品牌架构的所有领域，它们与整合相关并为决策提供可选方案。

一旦评估了公司的品牌架构，规划者应对与公司战略相关的能力进行审计。首先，继续将评估推进到公司的品牌管理能力评估层面。在企业层次，类似于高层管理人员的支持、品牌组合协调系统、共同的品牌建设方法等组织资源共同组成了决定品牌表现的品牌（组合）管理能力。评估所有项目将给规划者提供一个关于组织品牌管理能力的综合观点，这也是 VBPM 战略的基石。

内部组织审计中的最后一个评估项目是评估公司实践垂直营销的能力。第二章第四节将垂直营销概念看作 VBPM 的指导理论，其类似于品牌架构和品牌管理能力，在成功实施 VBPM 过程中具有重要作用。当评估适当的营销市场项目时，确立了五种垂直营销关键性成功因素，作为垂直营销能力评估项目。与品牌管理能力相关，垂直营销技能来源于一个组织层次和高级管理者层次，并分解到了个人管理层次。

上述所有的能力都是检查清单中审计者要处置的审计对象。可以利用类似于 S.W.O.T 中的优势、劣势表现评级来评估技能和资源。这将强调组织表现较好的领域以及可能存在改进空间的项目。总体而言，内部组织审计的方法应采取开放性态度。对资源和能力的评价涉及较少的数据，更多的是需要洞见和理解（Grant，2005，p. 157）。对于 VBPM 来说，这意味着全面了解公司的品牌架构和提炼对垂直营销能力的独到见解远比对其进行排名重要得多。审计的结果可能一方面呈现出各种事实，另一方面是对公司 VBPM 实践能力的一种主观理解。

下一步骤的目的是通过评估相关的市场特征，先对外部环境进行审视。这就是 VBPM 规划过程中的第二步。

第四节　步骤二：理解市场特征

　　VBPM 规划过程的第一步是使规划者能够获得全面的品牌审计信息，并理解公司的品牌组合。在其他的众多因素中，建立从顾客和组织环境内部角度出发的有关品牌角色的知识。已经讨论了影响品牌组合的内部环境各构成要素的评估过程，影响品牌组合外部环境同样需要进行评估。从更广义的市场角度来讲，需要建立公司在市场环境中的竞争情境，才能在公司的 VBPM 中制定以市场为导向的决策。通过这种评估过程，首先可以阐明外部市场及产品品类的特征，这些特征有可能影响 VBPM 战略。在接下来的部分，首先会阐明一些术语，然后定义市场评估的范围。

　　进行外部分析时，采用的指标与品牌制造商决定生产自有品牌时所关注的指标相似。这一话题仅受到了有限的关注，主要原因是由于自有品牌制造商的身份不是公开的，尤其当它们同时生产一些全国性品牌（ter Braak，2012，p.4）。然而，这些决策需要详细分析市场及产品品类的特征。例如，分析公司想要进入产品品类的构成是十分重要的。典型的问题包括：哪些品牌属于这一品类，它们的市场份额有多少，它们的定位如何，自有品牌的市场份额是多少；等等。另外，有些产品品类具有较低的自有品牌渗透率，这时品牌制造商需要考虑在这样的一个市场生产自有品牌是否有意义。同时，市场特征同样可能会影响到公司是否在此市场生产自有品牌及采用 VBPM 战略的决定。在一些特定的国际市场，由于饱和的市场已被现有几个强大的"成员"所垄断，所以供应自有品牌可能是进入市场的一种成功途径。例如，爱克发（Agfa）与柯达、富士在加拿大家用胶卷市场中的成功竞争（Dunne and Narasimhan，1999）。因此，需要研究公司自身在竞争环境中的市场定位。以上指标及其他的一些指标会在接下来的部分进行介绍。它们与外部环境分析的关联性和它们对 VBPM 的影响将是讨论的重点。

一、市场份额和市场控制力

　　"市场"这个词汇在本书中是指针对特定产品或产品品类而进行交易的买方

和卖方（Kotler and Keller，2006，p.10）。这一部分的重点主要是产品的卖方——在这一案例中是指品牌制造商的竞争对手——和买方，这里分为品牌制造商的渠道顾客和制造商品牌的消费者。在快速变化的消费品市场——以 VBPM 的视角来看——制造商面对着两种类型的竞争：第一，由来自其他制造商品牌商品所引发的水平方向战略性竞争；第二，制造商要应对提供自有品牌零售商所引发的垂直方向战略性竞争（Draganska and Klapper，2006）。

审视特定产品品类的竞争环境时，品牌制造商在竞争环境中所处的位置可以由它所占的市场份额进行识别（ter Braak，2012，p.17）。当它所占的市场份额高时，则处于具有控制力的位置。经验研究表明，当公司拥有高的市场份额时，即它们在市场中居于控制力强的位置，它们可以对销售渠道成员的行为产生更大的影响力（Rao and McLaughlin，1989；Shervani et al.，2007）。在制造商—零售商关系的背景之下，这种影响力可以体现在制造商可以获得更多的零售商货架空间的权力（ter Braak，2012，p.17）。一个制造商因其为知名品牌而获得的市场份额越多，零售商就越愿意提供更多的货架给它们。因此，一个拥有较高市场份额的制造商可以更好地控制与渠道伙伴之间的相关事项。虽然传统的超市也许是这样的情况，但制造商有时需要根据与它们合作的零售伙伴类型去改变它们的措施，尤其是当它们和深度折扣商店（hard discounters）打交道之时（Deleersnyder et al.，2007）。深度折扣商店，比如阿尔迪（Aldi），就主要依赖供应的自有品牌，因此它们很少和全国性品牌打交道，并且它们不易被其所影响（ter Braak，2012，p. 162 36）。在采用 VBPM 战略时，透彻理解自己相对于零售商伙伴的地位是十分重要的。具有更强的控制力意味着在与零售商合作过程中可以对合作条款具有更多决定权。当清晰地认识到自己控制力的高低之时，制造商就可以利用其控制力来协商条款的具体内容。另外，那些没有很强市场影响力的制造商会发现它们处于很不利的地位。但这些情况同样与制造商所面对的零售形式有关。虽然市场控制力可能在制造商与传统的百货市场打交道之时有关，但深度折扣商店在协商 VBPM（垂直品牌组合管理）中相关条款时受其影响程度较低。总的来说，审计者要明确公司及主要竞争对手的市场份额。首先，这一点可以使规划者在与个别零售商打交道之时了解公司所具有的市场控制力及其可能具有的积极影响。其次，了解竞争对手的市场份额可以凸显它们所相应的市场控制力。这些信息在战略协商过程中是很有用的。

有一种特殊的情境，制造商的市场控制力能够促成自有品牌的推出，并有利于提升整个产品品类的绩效。在 Soberman 和 Parker（2006）提出的模型中，当制造商和零售商都拥有一定的市场控制力，推出一个品质相当的自有品牌会提高品类的平均价格。因此，即使是在市场地位及市场占有率方面占据主导地位的全国性品牌制造商也有理由同意零售商提供品质相当的自有品牌。整个品类价格和利润提升的结果使得彼此都会受益。[①]

163

VBPM 启示：

——对于每个产品品类，市场控制力可以通过制造商的市场份额来衡量

——具有领先的市场份额能对销售渠道成员产生更多的影响力

——拥有市场控制力可以在 VBPM 条款协商时具有积极的影响

——相比其他零售商，深度折扣商店会较少地受到市场控制力的影响

——彼此的市场控制力可以激发具有相当品质的自有品牌的生产，以为它能够使整个品类的价格和价值升高

二、竞争环境

以市场份额形式出现的首个市场特征，强调了制造商处理与零售商之间的事宜，所采用的视角将首先转向水平方向的互动。关于这些问题的讨论首先解决了制造商在竞争中的地位以及这如何影响自有品牌的生产。在以下部分，将讨论更多来自垂直方向的互动。

在现存的文献中，提到了生产自有品牌的一个原因是将"竞争对手拒之门外"（Kumar and Steenkamp，2007，p.137）。其主要的观点是，如果一家公司可以生产自有品牌，为何要留给竞争对手？另外，自有品牌有利于提高总体市场份额，进而可以提升公司在市场中的竞争力（Dunne and Narasimhan，1999）。在这一背景下，之前提到的市场份额这一决定因素是公司衡量在市场竞争中所处地位的第一个指标。当一家公司具有较低的市场份额之时，提供自有品牌是与市场中的领导品牌竞争并获得市场份额的一个非常明智的战略。一家公司相比竞争对手

---

① Soberman 和 Parker 的发现是基于一个模型，但是他们大多数的结论和建议多是对之前经验研究的肯定。

具有优势之时，就将为其提供关于竞争环境的更多洞见。控制力较弱的公司自然具有较低的市场份额，其更倾向生产自有品牌，这通常符合上文中提到的观点。另外如 Dunne 和 Narasimhan（1999）所提出的观点，"低进入壁垒"（low entry barriers）进一步说明了该品类其他品牌所处的竞争环境。作者提出，如果新的竞争对手生产一个和公司品牌非常相近的产品来试图进入这个产品品类的竞争中，制造商最好通过生产一个自有品牌来打败它。另外，如果自己的品牌很强大，甚至还受到专利保护，或者它比竞争对手具备更显著的成本优势，提供自有品牌就可能具有很小的益处或几乎没有益处。进入壁垒可以通过品牌价值和在某一特定品类中的创新程度来衡量。那些致力于创新，在技术上领先的品牌相对于其他日用品类的商品来说会更难模仿。公司自身产品的成本结构及关于这一领域的市场知识应该可以为 VBPM 审计者提供此方面的相关决策标准。

在竞争环境和 VBPM 框架之下，另一个因素是关于特定产品品类中现有自有品牌生产商的相关知识。已有观点认为，采用 VBPM 战略可以提升制造商相对于其竞争对手的地位。如果一家公司被一个零售商选中来生产自有品牌，之前的自有品牌和它的供应商就会被排除在外。[1] 如果自有品牌的供应商恰好是公司的竞争对手，那么公司就可以通过这样的竞争而获取有利的地位。从制造商角度来看，其他竞争者的市场份额将会有所增长和减少。当考虑公司的竞争环境之时，采用 VBPM 战略是否提高自身竞争地位的决定性因素，就像上文中提到的，将竞争对手"拒之门外"是生产自有品牌的主要动机。

因此，关于现有自有品牌生产商的知识就可以用于支持 VBPM 的应用。通过简单地询问零售商就可以知道正在为零售商提供自有品牌的公司。供应商要么是一个专门的自有品牌生产商，要么是一个双重品牌制造商（dual brander）。[2] 在后一种情况下，对于 VBPM 审计者来说，公司的竞争相关性主要由双重品牌制造商的全国性品牌及其市场份额所决定。

---

[1] 先决条件是，零售商已经在相关品类中拥有一个自有品牌。
[2] "双重品牌制造商"（a dual brander）一词来源于 Kumar 和 Steenkamp（2007，p. 131）著作中的"双重战略"（dual strategy）用语，指那些同时给制造商品牌和零售商自有品牌提供生产服务的公司。

> **VBMP 启示：**
>
> ——当竞争者的进入壁垒较高之时，采用 VBPM 战略可能并不是明智的选择
>
> ——较低的市场份额可以通过自有品牌的生产来改善竞争环境
>
> ——相对于现有自有品牌生产商的竞争位置可以影响到 VBPM 战略的采用

三、零售商在渠道关系中的特征和市场控制力

正如前文所述，当它们销售自有品牌之时，品牌制造商的顾客，即零售商，同样也是他们的竞争对手。这一领域的相关行为可以被归入"垂直战略互动"（vertical strategic interaction）的范畴。这被 Lee 和 Staelin（1997）定义为"在给定的需求结构中，一个渠道成员对其他渠道伙伴行为的反应"。关于这一观点的经验研究一直集中在制造商和零售商的定价战略及加价（mark-up）行为（Choi，1991；Raju et al.，1995）。这一部分的内容将继续停留在更一般的层面，并且建立在之前研究结果的基础上，即零售商日益增长的重要性及它们从供应商手中获取了更多的市场控制力。Grant（1987）指出，在英国市场，大型零售连锁店可以从它们的供应商那里获得大的折扣。作为涉足这一领域的最初研究，识别以下要素十分重要：用来描述作为零售商市场控制力决定性因素的零售商网点及其主要特征的诸多要素（Draganska and Klapper，2006）。这些要素可以使 VBPM 审计者更好地理解与公司打交道的零售商类型，以及采用 VBPM 战略对零售商市场控制力的影响。

Draganska 和 Klapper（2006）根据已有文献，建立了用来描述个体零售连锁商的要素概念。在他们的研究中，作者运用这个概念理解这些要素对制造商之间价格竞争强度所产生的影响。对于 VBPM 审计者而言，这个概念将非常适用于对零售商分类，并能显示它们对其他渠道成员发挥其市场控制力的相关可能性。这一市场控制力向零售商转移的现象在过去的文献中被广泛地讨论，并且是自有品牌不断出现的原因（Kumar and Steenkamp，2006，p.2）。表 3-10 总结了具体的零售商特征和评测因素。

表 3–10　零售商特征和措施

零售商特征	措施
规模经济	市场份额，零售商拥有的店铺数量
自有品牌	质量保障，自有品牌分类广度，自有品牌推广战略中零售商的命名规则，溢价自有品牌的数量，自有品牌的销售份额
分类广度	单品（SKU）的平均数量和占商店总面积的规模
品类专业知识	品类发展指数
零售商定价	零售商折扣定价政策

资料来源：改编自 Dhar 和 Hoch（1997），以及 Draganska 和 Klapper（2006）。

规模经济（economies of scale）：在零售商集中程度高的国家，零售商拥有的市场控制力要比供应商高出很多（Nenycz-Thiel，2011）。零售商的高集中程度是指，少数零售商共同占有的市场份额比其他零售商要多。更大的零售商会通过获得规模经济和与供应商协商出更有利的价格条款来获利（Grant，1987；Dhar and Hoch，1997）。这对品牌供应商的影响是导致其更加依赖拥有强大购买能力的零售商。总的销售额用来作为对规模经济和零售商规模的评测，并反映了每个零售商的市场份额和其所拥有的店铺数量。

自有品牌（private labels）：自有品牌的推出对供应商—零售商之间的交互作用有着强烈的影响（Banerji and Hoch，1993；Raju et al.，1995）。自有品牌为零售商提供了一种与竞争对手区别并在顾客群体中建立店铺忠诚的方法（Narasimhan and Wilcox，1998，Sudhir and Debabrata Talukdar，2004）。自有品牌也为零售商提供了更多与制造商议价的能力（Salmon and Cmar，1987，Scott Morton and Zettelmeyer，2004）。特定零售商的自有品牌活动可以通过以下几个方面来确定，包括质量保证、自有品牌的分类广度、零售商在自有品牌的品牌化战略中的命名规则、溢价自有品牌的数量以及自有品牌的销售份额（Dhar and Hoch，1997）。自有品牌在总体销售额中所占的份额因商店类型不同而存在很大差异。一些折扣商店，如阿尔迪（Aldi），在一个店铺品牌名下供应着超过 90%的商品（Fassnacht and Königsfeld，2012）。自有品牌的渗透同样与零售商集中度之间有着正向关系。在自有品牌份额排名的前 10 个国家，其中有 9 个国家拥有超过平均水平的零售集中度（Nishikawa and Perrin，2005a，p.6）。自有品牌的分类广度同样是一个有趣的考虑因素。就像在第二章第二节第二部分"雷弗集团案例"中所提到的，德国的雷弗集团（REWE）销售五种涵盖不同品类、定位不同

166

价格和质量区间的自有品牌。专注于品质的做法可以在类似于雷弗的"Feine Welt"店铺品牌中看到，它们提供最顶尖的系列美食产品。

分类广度（assortment depth）：一致的分类有利于服务质量的提升，这也成为区分不同零售商的一个重要因素（Krishnan et al.，2002）。不论是从规模还是从深度来看，分类维度都可以加剧制造商之间的竞争（Dhar and Hoch，1997；Draganska and Klapper，2006）。由于货架空间有限，并且更大的分类让更多的顾客光顾零售商，这增加了制造商获得稀缺货架空间的压力。VBPM 可以通过不同单品（Stock Keeping Units，SKU）的平均数量（Shankar and Bolton，2004）和占店铺总面积的规模（Draganska and Klapper，2006）来衡量一个零售商的分类广度。

品类专业知识（category expertise）：零售商在某一产品品类的专业知识可以允许零售商从品牌制造商那里获得更大的独立性（Dhar and Hoch，1997）。在某些品类中，零售商可以开发一些专业知识，比如把精力放在生鲜产品或者服务少数特殊人群的需求之上（Draganska and Klapper，2006）。制造商可能要被动地通过降低价格来弥补相关知识的不足（Draganska and Klapper，2006）。品类专业知识可以通过 Dhar 和 Hoch（1997）提出的"品类发展指数"（Category Development Index，CDI）来衡量，它可以用来衡量一个零售连锁商在某一品类中的相对表现。品种发展指数可以被定义为：

167

$$"品类发展指数" = \frac{品类账户等价单位量}{品类市场等价单位量} \times \frac{市场所有货物量（\$）}{账户所有货物量（\$）}$$

这一测度指标可以告诉零售商，在所有的品类中，哪一品类的表现要强于其他品类。拥有高"品类发展指数"的品类对零售商来说更加重要，并可以给 VBPM 规划者提供明确的品类专业知识。对于总体战略来讲，这也可能是重要的，因此拥有程度较高品类专业知识的零售商可能不需要制造商在此品类的专有知识。换句话说，在制造商比零售商具有更高专业知识的产品品类中，VBPM 的应用会更有吸引力。

零售商定价（retailer pricing）：零售商市场控制力高于制造商的最后一项是它们对于制造商品牌的折扣定价政策。在渠道关系中，制造商通常只可以建议零售价，而最终价格完全取决于零售商自己。对一个制造商品牌而言，问题在于零售商对商品打折的力度很大之时，这会对品牌资产产生消极的影响。零售商会因为打折吸引顾客来店购物，增加商店的客流量——有时甚至低于批发价。VBPM 规划者可以通过观察特定零售商的打折行为并与其他顾客的行为进行比较，来衡量零售商的定价行为。某一品类的制造商品牌频繁或者大力度的打折行为可以被看作零售商拥有较强的市场控制力。

168

> **VBPM 启示：**
>
> ——几个零售商特征可以影响渠道关系
>
> ——零售商的市场控制力大小可以在 VBPM 的审计过程中通过衡量几个特定的零售商特征来确定
>
> ——关于零售商市场控制力大小的知识，对评估合作中项目条款的控制程度是十分必要的
>
> ——较高的零售商控制力可以削弱制造商在议价过程中的地位

消费者的自有品牌购买行为视角是另一个可以影响制造商是否决定生产自有品牌的市场变量。例如，制造商应该避免在价格敏感型购物者占比较高的细分市场中推出自有品牌。这些及其他在审计中与 VBPM 相关的其他因素将是接下来几个部分要讨论的主要内容。

四、顾客特征

理解那些倾向于购买自有品牌的顾客的特征是自有品牌文献中讨论最多的主题之一（Dawes and Nenycz-Thiel，2011）。一般的观点是，自有品牌通过打折销售来获得价格敏感型消费者的青睐。实际上，从世界范围内的平均值来看，自有品牌通常的定价要比制造商品牌低 30%（Lincoln and Thomassen，2008，p. 19）。同样，在本领域的大部分研究表明，那些购买自有品牌的消费者表现出价格敏感性（Ailawadi et al.，2001）。有观点预期，低收入的消费者由于他们较低的购买力因而对价格最为敏感，并最具有购买自有品牌的倾向。但是实际上，相比低收入和高收入的消费者，中等收入的消费者最少考虑品牌形象，因此愿意花最低的价格购买全国性品牌（Sethuraman，2003）。因此，中等收入人群最容易被自有品牌产品吸引。人口特征因素的影响，如收入，还有其他心理和品类行为因素会在这一部分中予以关注。也将在此强调它们与 VBPM（垂直品牌组合管理）的相

169

关性。

正如以上提及的收入与价格敏感之间关系的例子，人口特征因素对自有品牌及品牌产品购买行为的心理特征也会产生影响。几项研究试图理解消费者购买制造商品牌和自有品牌的行为倾向。虽然这些研究的背景和概念框架可能有所不同，但它们都定义了几个消费者特征——在每个消费者细分市场上影响特定购买行为的消费者特征。例如，Hoch（1996）肯定了收入和价格敏感度之间的正相关关系。然而，在他和其他人的研究中，拥有高收入和高学历的家庭会选择更多的自有品牌产品。原因可能是拥有更高教育水平的消费者相比拥有较低教育水平的消费者更加看重自有品牌的质量。研究中的其他人口特征因素还包括年龄、性别和家庭规模。为了证实其他人口特征因素的影响，Hoch（1996）的研究结果在人口特征因素和购买行为上给出了更多的解释：

"在由更多的老年群体、人口更多的家庭、更多在外劳作的妇女以及更多比例的黑人和西班牙裔消费者所组成的商业领域，人们往往对价格更敏感并且更倾向于购买自有品牌。相反，当家庭收入和房屋价值更高以及竞争没有那么激烈的时候，顾客①对价格也不那么敏感，自有品牌的销量也就不如以前了。"

可以看出，这个研究的结果又一次说明，价格敏感度和购买行为相关。总的来说，尽管这种情况下没有理论性的方法论来选择人口特征变量，Sethuraman（2002）做了此领域的20余项研究，找到了以下最常用的一些变量：性别、年龄、收入、教育和家庭规模。这些人口特征因素同样适用于 VBPM 审计。

除了价格敏感度和自有品牌的倾向程度与人口特征因素有关之外，还有其他一些心理方面的因素在自有品牌和制造商品牌的相关文献中也被讨论过。Sethuraman 和 Cole（1999）研究了与购买自有品牌相比，消费者更愿意支付溢价来购买制造商品牌。这一研究表明，消费者愿意支付溢价来购买制造商品牌取决于购买自有品牌的认知风险。Dunn 等（1986）确定了与购买自有品牌或制造商品牌最具相关性的两种风险：产品表现和财务风险。除了相关风险外，一些认知变量也成为研究的对象。其中，最为广泛接受的变量是在自有品牌和制造商品牌之间的"感知质量差距/感知质量差别"（perceived quality gap/perceived quality differ-

170

---

① 顾客指那些在某一特定店铺购物的常客。例如，这些顾客依赖于某个商店坐落的某一地区或者周围区域。

ential）（Sethuraman and Cole，1999；Davis and Brito，2004；Kumar and Steenkamp，2007）。如 Kumar 和 Steenkamp（2007，p. 93）发现，当消费者认为它们具有更高的质量之时，感知质量差距在更成功的制造商品牌所处的不同品类中表现不一。然而，在美国一项涉及 66 个品类的研究中，仅有 45% 的品类有显著的感知质量差距（Kumar and Steenkamp，2007，p. 97）。对于品牌制造商来说，这些研究结果尤其与自有品牌通过不断提供更好质量产品而获得领先地位相关。VBPM 审计应该揭示所涉及品类的质量差异。这就使 VBPM 战略管理者在以后的规划过程中，从质量层面与全国性品牌进行对比进而更好地定位自有品牌。同样，Sethuraman 和 Cole（1999）建议，如果消费者认为制造商品牌和自有品牌存在很大质量差异，那么应该维持较有利的高质量认知。

　　另一个关于消费者意愿支付溢价的重要测度指标是品牌资产（Sethuraman，2003）。Keller（2011，p. 42）将品牌资产定义为某一品牌所具有的独特营销效应。制造商品牌提供了尤其是自有品牌无法提供的无形价值（Kumar and Steenkamp，2007，p. 99）。长期以来，研究者提议建立强势品牌来应对自有品牌竞争（Hoch，1996；Verhoef et al.，2002）。Sethuraman（2003）指出，相对于自有品牌，消费者愿意为制造商品牌支付 37% 的溢价。其中品牌资产做出了 30% 的贡献。Kumar 和 Steenkamp（2007，p.99）将此种研究的方向转到了品牌形象。作者将品牌形象被定义为消费者对一个品牌所产生的个性化的社会情感纽带。在他们的研究中，在具有良好品牌形象的产品品类中，制造商品牌会受到积极的影响。例如，像除臭剂和染发剂这些具有良好品牌形象的品类，平均溢价达到 61%。例如罐装绿豆或者厨房用纸这种品牌形象较低的品类，制造商品牌的价格只比自有品牌高 38%（Kumar and Steenkamp，2007，p.99）。在 VBPM 审计中，很容易识别出一家公司自身品牌的品牌优势和品牌形象的相关信号。品牌经理应该掌握着这方面的信息。在 VBPM 战略中，这个领域的知识可以再一次从产品品类角度为所有品类的品牌定位做出贡献。

　　最后，因为行为变量可能会影响消费者支付溢价购买品牌产品的意愿，因此它们可能也是要研究的主题。Sethuraman 和 Cole（1999）发现，相对于购买频率比较低的品类，消费者在购买频率较高的品类中支付溢价的意愿更低。作者建议，与自有品牌的竞争中，而品牌制造商应该降低那些经常购买的功能性产品的价格，而休闲娱乐类产品的价格—质量相关性（price-quality inference）较弱。

> **VBPM 启示：**
>
> ——特定的人口因素特征对自有品牌的购买行为有着不同的影响，这些影响应该在每次消费者细分之时进行单独研究（如对价格敏感不一定是低收入群体的特征）
>
> ——制造商品牌和自有品牌之间的感知质量差异是消费者购买的关键因素。确定这些因素可以让规划者在产品品类中更好地定位包括自有品牌在内的品牌
>
> ——溢价是品牌市场控制力和品牌形象带来的结果，与这两点相关的知识对品牌的品类管理是十分必要的
>
> ——消费者为品牌产品支付溢价的意愿取决于所涉及产品品类的购买频率

表 3-11 总结了 VBPM 审计中要考虑的主要消费者因素。大多数的衡量标准都与自有品牌购买倾向或是对全国性品牌的溢价支付意愿有关。同时，战略管理者能够理解与整个制造商品牌和自有品牌关系相关的消费者特征。在 VBPM 战略制定过程中会再次用到这些相关内容。

表 3-11　消费者因素和衡量因素

消费者因素	衡量因素
人口社会因素	性别、年龄、收入、教育、家庭规模
心理因素	价格敏感度 溢价支付意愿 产品表现和财务认知风险 质量感知差距/差别 品牌形象
行为因素	购买频率

资料来源：作者自制。

172　五、产品品类特征

自有品牌的市场份额会因产品品类的不同而有所差异，而且差异还会十分显著。2015 年，在全球范围，冷冻食品自有品牌的累计市场份额占总销售价值的 32%，因此也是自有品牌销量最好的市场领域（Nishikawa and Perrin，2005a，p. 4）。在这个产品领域，"熟食"产品品类占比更高，达到 47%。在同一年，自有品牌在婴儿食品品类中仅占 2%的份额（Nishikawa and Perrin，2005a，p. 4）。在 2005 年尼尔森公司所调查的 80 个产品类别中，口香糖自有品牌的全球市场份

额最低，仅为 1%（Nishikawa and Perrin，2005，p.14）。本部分将研究品类中自有品牌份额不同的原因，并试图解释对 VBPM 审计和战略的影响。首先，VBPM 的审计者须理解哪些因素构成了产品品类，以及在品类管理方法层面最好是从消费者角度出发。

"有效消费者反应—欧洲"（ECR Europe）将产品品类定义如下：

"在满足消费者需求之时，消费者认为相关和（或）可替代的一组独特的产品/服务"（ECR Europe，1997，p. 8）。

审视自有品牌份额的第一个视角应该是价格。按照传统观点，自有品牌是低价产品的代名词，与消费者视角相类似，有人会争辩说与全国性品牌存在巨大的价格差会给自有品牌带来较高的市场份额。图 3-13 显示了自有品牌市场份额与制造商品牌价差相比较所产生的混合结果。一方面，在一些产品类别中，较大的价差也能够具有较大的自有品牌份额，如宠物食品和保健产品。另一方面，在一些食品品类中，较小的价格差也能够具有较大的市场份额。

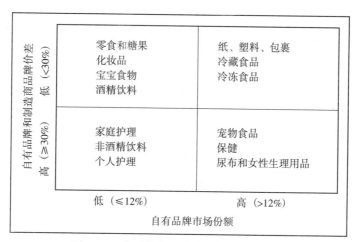

图 3-13　全球自有品牌市场份额和价格差

资料来源：Kumar 和 Steenkamp（2007，p. 92）。

在美国的一项关于自有品牌市场份额因素的研究中，此项研究涉及美国 106 个处于不同位置的店铺，涵盖 34 个食品品类，Dhar 和 Hoch（1997）的研究表明，有助于零售商获得较大自有品牌市场份额的与品类相关的主要因素是：

（1）相较制造商品牌，自有品牌具有较高的质量。自有品牌的产品质量越好，市场份额就越高。

（2）自有品牌具有较低的质量波动性。自有品牌的质量差异对自有品牌份额具有消极影响。

（3）品类中全国制造商品牌数量较少。全国性品牌的数量越少，自有品牌的市场份额就越大。一个品类中拥有较多数量的全国性品牌会造成排挤效应，包括对自有品牌的排挤效应（Srinivasan et al.，2004）。

（4）制造商品牌较低的全国性广告开支［推拉策略（push and pull-tactics）］。

174 从零售商的视角对 VBPM 进行审计是适宜的，因为会根据每一次的具体情况与零售商联合实施该战略。因此，需要对每一个零售商的特定品类情境进行评估。

其他研究也证实，质量对于自有品牌市场份额的影响也是一个非常重要的增强因子。Kumar 和 Steenkamp（2007，p. 93）通过研究荷兰超市得出了一个结论：当消费者认为市场份额占有率最高的自有品牌产品具有最高的质量，对于零售商来说自有品牌的表现是最好的。在这个特定例子中，这些自有品牌与全国性品牌的价格差最小。

另外，具有较低质量波动性的自有品牌将会获得更高的市场份额。[①] 自有品牌的质量波动性取决于实施可靠产品生产的能力（Banerji and Hoch，1993）。在那些制造方法简单、可以由很多供应商制造的产品品类中，自有品牌将会具有最小程度的质量波动。另外，对于那些生产过程要求精细且大部分专门的自有品牌供应商无法参与竞争的产品种类，自有品牌的质量波动性很有可能会比较高（Banerji and Hoch，1993）。对于 VBPM 审计来说，品类的质量是非常重要的因素。如上述讨论所示，无论是对于自有品牌还是对于制造商品牌，质量都会对市场份额产生影响。质量如何影响特定品类中的消费者决策也在前文进行了阐述。关于质量的知识会影响制造商组合品牌的定位和细分问题，同样也会影响到 VBPM 中所涉及的自有品牌。一个品类中的品牌数量会指明该品类的竞争特性。更多的品牌产生了更多的产品种类，并且新产品的开发活动反过来有可能会限制自有品牌的繁盛及其市场份额（Banerji and Hoch，1993）。在某些特定品类中，如即食谷类食品市场，可以通过产品的数量激增来让自有品牌的进入行为变得更不划算（Putsis Jr，1997；Cotterill，1999）。现有的谷类食物品牌数量非常多，并且拥有很多不同的品种，这就不会为自有品牌利润更低的新产品开发留出多少发

---

① 一项对质量的承诺通常与制造商品牌有关。

展空间。制造商品牌的数量激增可以用一定时期内特定零售商所提供的单品数量来衡量（Gielens，2012）。另外，自有品牌的单品数量将说明其与制造商品牌之间各自所占的比率。

175

研究已经表明，制造商品牌的广告支出与自有品牌的市场份额成反向相关关系（Banerji and Hoch，1993；Dhar and Hoch，1997；Scott Morton and Zettelmeyer，2004）。制造商促销努力的增加，如广告、店内展示以及促销活动，都减缓自有品牌的增长（Hoch et al.，2006）。另外，当零售商积极地在店内促销它们自己的品牌之时，自有品牌的份额就会增长（Hoch et al.，2006）。对 VBPM 审计来说，也与该品类的营销传播支出相关联。审计应该汇总该品类中所有相关品牌中每一个品牌的促销支出。在时间序列分析中，促销预算与品牌的市场份额相关。这个分析应该包含自有品牌的动向，并且将会让规划者知晓品类的促销动态及其对品类品牌与自有品牌市场份额的影响。当为组合品牌（在该案例中指的是增加的自有品牌）规划促销活动之时，这种知识在战略实施过程中也将是有用的。如果无法获得所有品牌和产品的实际广告支出金额，就要求助于通过测度消费者认知可以得出的广告强度（Steenkamp et al.，2010）。

除了上述提到的三个主要品类因素（质量、制造商品牌数量和广告支出）之外，VBPM 审计者还应该收集一些其他有价值的品类数据。例如，自有品牌在品类中达到多大规模的销售额就可认为其是成功的。自有品牌项目在具有高毛利率的大品类中的成功率最高（Banerji and Hoch，1993）。零售商的自有品牌在某一品类中的表现也需要进行评估。零售商如何管理自身在这个品类中的自有品牌项目？例如，它采用的是不是多层次自有品牌组合？当评估零售商时，这些问题将再次成为 VBPM 审计下一步骤的分析对象。这些问题与品类相关的性质，仍然与本阶段的主题是部分相关的。最后，作为品类销售量和零售商自有品牌销售量的年度变化率（yearly rate of change），品类和自有品牌的增长就可以得到控制（ter Braak，2012，p.93）。例如在全球范围内，2005 年，化妆品和宠物食品分别以23% 和 11% 的速度增长，而纸尿裤和女性保健用品实际上缩减了 1%（Nishikawa and Perrin，2005a，p.4）。就零售商来说，个别产品品类的增长率为 VBPM 审计提供了一个有趣的洞见。在最近的一项研究中，荷兰"Plus"连锁超市的标准型自有品牌在"咸饼干"（salty biscuits）品类中的销量实现了四倍的增长（增长率为 4.28%），然而该品类的增长率仅为 1.2%（ter Braak，2012，p. 93）。在 VBPM

176

架构之下，须判断一个品类可以持续地容纳多少个品牌。另外，当自有品牌无法迎合品类发展趋势之时，制造商的市场份额会出现增长。总的来说，产品品类的审计会为 VBPM 战略的计划阶段和之后的战略形成阶段提供一些有用的见解。

表 3-12 列出了包括品类有关因素的一些在 VBPM 审计过程中可能会相互关联的市场变量，并且给各个变量分配了测度项目。在第三列中，对变量及在 VBPM 中测度项目的相关性进行了对比。

177

表 3-12　VBPM 外部审计的市场变量

市场变量	测度	与 VBPM 的相关性
制造商控制力		
	市场份额	市场份额高时，全国性品牌制造商能更好地对条款项目进行谈判；市场份额低时，全国性品牌制造商可以通过生产自有品牌从竞争对手那里争夺份额
	品牌价值 产品创新 成本结构	当进入壁垒高时，生产自有品牌具有争议性 当进入壁垒低时，生产自有品牌是一种从市场进入壁垒的角度打败竞争对手的方式
零售商控制力		
规模经济	市场份额 店铺数量	总的来说，零售商控制力可以削弱全国性品牌制造商在垂直关系中的地位
自有品牌项目	质量保障 自有品牌的品类宽度 店铺品牌的角色 自有品牌溢价 自有品牌销售份额	精致的自有品牌项目可能增加零售商控制力 溢价自有品牌通常与制造商品牌直接比较
分类广度	单品数量	深度分类可以增加零售商控制力
品类专业知识	品类发展指数	全国性品牌制造商对 VBPM 进行调整的品类专业知识应该比零售商的高
定价政策	打折活动	频繁打折可以显示零售商的控制力，从而削弱制造商的品牌资产
消费者		
人口特征因素	性别、年龄、收入、教育、家庭规模	人口因素对自有品牌的购买行为的影响是多方面的，需要针对每个消费者细分单独地进行研究
心理因素	价格敏感度 为价格溢价的支付意愿 表现和财政的感知风险 能感知的质量差异和差距 品牌形象	价格的敏感度并不仅与收入相关 质量的认知差异和品牌形象可以指导品牌在 VBPM 中的定位
行为因素	购买频率	产品的购买频率会影响其价格战略
品类		
自有品牌质量	质量认知 自有品牌质量差异性	自有品牌的质量越好自有品牌质量越好，市场份额就越高自有品牌产品的质量差异对自有品牌份额有消极影响

178

续表

市场变量	测度	与 VBPM 的相关性
品牌数量	每个品类的单位库存量每个品类自有品牌的单位库存量	品牌数量激增可以导致自有品牌被挤出市场
广告花费	广告花销可感知的广告强度	制造商品牌的广告支出和自有品牌市场份额呈负相关关系
品类规模	品类中总产品项目的销售规模品类的毛利润率	在毛利率较高的大品类中，对自有品牌进行 VBMP 是成功的。在小的品类中应避免采用 VBPM
品类增长	品类销售量的年度变化率	根据品类的增长率，这个品类可以容纳多少产品
自有品牌增长	零售商的自有品牌销售量年度变化率	自有品牌可以与整个品类的市场趋势相反，实现逆增长。供货商的参与可以提高市场份额

资料来源：作者自制。

VBPM 审计的第二步已经构建了一个外部环境分析的视图，包括市场控制力、竞争对手、消费者和产品品类等市场变量。这部分审计工作主要从竞争视角来先行关注零售商。在 VBPM 审计的下一个步骤中，规划者要对零售商所处环境有一个清晰的认识。其目的是为了获取对零售商所处环境的总体认识，并且建立特定零售商资源和能力的衡量标准，这对 VBPM 战略都是十分重要的。

第五节　步骤三：评估零售商

VBPM 的战略本质要求对一家公司的内部环境进行分析，目的在于将特定的内部资源、能力和与战略相关的外部环境相联系。这个外部环境首先由前面部分已讨论过的相关市场特征组成。零售商所处环境是 VBPM 战略中值得规划者特别注意的最后一个外部环境。第一次关于零售商所处环境的详细阐述是在本章第四节第三部分，我们回顾了特定的零售商特征，比如零售商定价政策、分类广度或者自有品牌项目，用来解释那些能够让零售商发挥出对制造商市场控制力的因素。这些竞争交互的洞见既是零售商评价标准的一个分区，也是本部分要讨论的内容。

正如之前所强调的，Grant（2005，p.12）将战略视作"构建公司和外部环境之间的纽带"。更进一步讲，为使一个战略获得成功，公司的外部环境应该和内部特征相一致。Grant 把这种与外部环境成功的准确对应称作"战略契合"。在 VBPM 中，对于一家公司的战略契合，零售环境和所有外部环境因素之间有着最重要的关联。这种重要性的原因有以下几个：首先，零售商始终是战略的关注焦点与起始点。制造商和零售伙伴的当前或潜在关系将会影响战略的实施。同样，VBPM 的目标之一就是加强和零售商的业务关系。在实际的零售商环境中，比如它的自有品牌品牌化战略，同样会显著地影响该战略。最后，制造商要说服零售伙伴在 VBPM 中合作。能够说服的前提是要理解合作伙伴的特征。一次成功的合作最终会证明，在 VBPM 框架之下合作伙伴致力于协同合作而形成的战略契合。

VBPM 规划过程的第二步已经从水平方向的竞争视角评估了特定零售商特征。在本章第四节第三部分中，重点是关注那些能够在渠道关系中影响制造商竞争情境的零售商因素。这些因素对分析一个特定零售商是否适合 VBPM 也同样重要。接下来的部分将进一步阐述零售环境中的评估项目，这些项目都对 VBPM 的实施具有非常重要的作用。下一部分首先将介绍在普通商品和食品零售市场中，品牌供应商通常面对的主要零售商类型。随后，讨论将转向零售商的自有品牌品牌化战略以及它是如何影响 VBPM 规划的。

180　　　　　通过对"有效消费者反应"（ECR）能力和关系因素进行回顾，也将结束零售商审计的讨论。VBPM 被设计为一种高强度的合作形式，这种合作很有可能是由于公司之间先前有过合作，因此是建立在已有关系基础之上。这些过去的经历和关于零售商领域的普遍知识会自动地识别出适合 VBPM 战略的零售商。接下来的部分将会建立相关标准来作为规划过程的指导方针，用来进一步对强势零售商进行评估，进而使其适应特定的垂直品牌组合管理战略。

一、零售商类型与特性

在 VBPM 中品牌制造商须面对的零售商类型将会影响到战略的布局。例如，不同的商店类型所提供的分类深度也不同。分类深度（assortment depth）反过来影响一个零售商在货架上摆放的包括自有品牌在内的品牌数量。零售形式如何不同以及这些特定的零售商特征如何影响 VBPM 战略，将是我们接下来要讨论的主题。

品牌制造商已经了解了一些与它们打交道的渠道伙伴的特性。它们将从现行的渠道伙伴关系中获取一些经验，并可以在大体上对现有关系进行评估。从过去的关系中，它们可以判断如何与对方进行个人接洽、评价渠道伙伴的支付风格或者可以评估客户的营利性。当考虑和一个伙伴进行合作时，关于渠道伙伴的个人经验和知识是十分必要的。零售类型的实际差异以及它们对合作的影响，有助于VBPM 规划者更好地对将要进行合作的零售伙伴进行评判。尽管每个行业都有自己的特定特征，一个广义的零售机构分类方法可以作为评价外部零售环境的参考点。

在相关的文献中，普遍采用一种三向分类法（three-way classification method）对零售机构进行分类。有些作者通过所有权、零售战略类别和非传统零售来区分不同的零售商类别（参考 Ogden and Ogden，2005，p.89；Berman and Evans，2007，p.104）。根据零售商所有权，首先可以将其分为三种类型：①独立店铺（independents）；②连锁店铺（chains）；③特许经营店铺（franchises）（Ogden and Ogden，2005，p.90）。VBPM 的关注点主要集中在连锁类型的零售商，由于其规模和购买能力等因素，这种所有权形式在快速消费品部门变得十分重要（Apéria and Back，2004，p. 263）。然而，特许经营不应排除在讨论之外。几个大的零售商采用混合的零售商类型进入市场，包含公司自有的连锁店铺和由独立零售商或者被特许方所运营的店铺终端（Bunte et al.，2011）。德国的"艾德卡"（Edeka）食品杂货连锁店有很大一部分业务是通过独立商店和特许经营商店来运营的（Edeka，2013）。

如前文所述，零售店铺也可以通过在销售它们的商品和服务时所采用的战略类型来进行分类。Ogden 和 Ogden（2005，p.97）根据品类战略大体将零售商分成了两类："日用商品"（general merchandise）零售商和"食品"（food）零售商。两种品类都有不同的子类别。被选择的子类别会在接下来的部分进行说明。选择方法是基于这些零售类型所开发的营销工具及其对 VBPM 实施的影响。讨论将会包含相关的零售商自有品牌战略。

日用商品零售商的分类如下：

百货商店（department stores）经营的品类广泛，并且比大多数的日用商品零售商提供更多的消费者服务（Ogden and Ogden，2005，p.97）。产品包含从服装、床上用品到家用电器、消费电子产品等耐用品（Weitz and Whitfield，2010，p. 91）。发展百货商店消费者忠诚度的一个关键是店铺品牌名称的采用（Ogden and

Ogden，2005，p.98）。虽然百货商店在全球范围内失去了一些市场份额，但还有一些成功的例子，其中，美国的科尔士（Kohl's）百货公司就是其中之一，它的成功是基于其便利性以及包括全国性品牌和精心挑选的自有品牌产品（Weitz and Whitfield，2010，p.92）。例如，雅诗兰黛（Estee Lauder），一个非常有名的化妆品品牌制造商，为科尔士百货公司开发了三个专营的自有品牌化妆品产品线（Weitz and Whitfield，2010，p.92）。

全商品线折扣商店（full-line discount stores）被归类在百货商店类别中，但是比通常的百货商店提供更少的服务，而且商品的定价更低（Ogden and Ogden，2005，p.98）。全商品线折扣商店是由于受到美国沃尔玛成功的推动而发展起来的，仅在美国沃尔玛就占据了超过58%的全商品线折扣商店份额（Weitz and Whitfield，2010，p. 93）。沃尔玛提供的自有品牌包括优质产品品牌"山姆的选择"（Sam's Choice），也有相对便宜的产品品牌"惠宜"（Great Value），还包括非处方药品牌"伊奎特"（Equate）和狗粮产品中的"Ol'Roy"品牌等（Kumar and Steenkamp，2007，p. 23）。"塔吉特"（Target），美国的一个快速成长的折扣商店，在一个非常舒适的购物环境中，以非常便宜的价格向消费者提供很时尚的商品，其中包括很多著名设计师开发的独家自有品牌系列产品（Dunne and Lusch，2008，p. 108）。

品类专业店（category specialists）是在某一特殊的产品类别中提供深度分类产品的折扣商店，如书籍、玩具、自己动手制作的产品，或体育用品（Ogden and Ogden，2005，p.98）等品类。通过以低价形式提供某一品类，这些主要以连锁运营为主的专业店可以把其他零售商提供的品类产品都"干掉"，所以也被称作**"品类杀手"**（category killers）。由于只专注一个品类或产品领域，品类专业店可凭借自己的能力在产品设计方面进行创新。例如，法国运动零售商"迪卡侬"（Decathlon）已经成为世界上第五大运动产品制造商，其产品只在自己的商店中独家销售（Kapferer，2012，p.106）。自有品牌的品牌建设受到了如同制造商品牌一样的关注（Kapferer，2012，p.106）。迪卡侬在每一个产品细分市场都有专门的自有品牌（如网球、高尔夫、足球）。这些产品被作为自治业务单元（autonomous business unit）的"激情品牌"（passion brands）来进行管理，自治业务单元同时也进行投入进而将信任度转移到产品的成分品牌（ingredient brand）（Kapferer，2012，p.106）。总的来说，迪卡侬的自有品牌占公司55亿欧元年度营业额的 55%。

食品零售商有若干种形式，可以按照类似于日常商品零售商的产品线系列产品进行分类：

超级市场（supermarkets）是侧重于食品产品和部分非食品类产品的自助商店（Ahlert et al.，2010，p. 339）。超级市场大约经营有 4 万种产品，其中自有品牌占重要的部分（Ogden and Ogden，2005，p. 103）。例如，荷兰的超级市场领导品牌 "Albert Heijn" 把它将近 50% 的品类都转化为自有品牌商品，这些自有品牌采用多层次组合的方式，覆盖了全部的价格细分市场（Planet Retail，2013）。它开发了一个覆盖宽泛的 "Albert Heijn" 自有品牌，其中涵盖有机产品、优质产品和方便食品，并且强势地将其定位为消费者所选择的一线品牌。Albert Heijn 的模仿品牌 "AH" 在一些品类中也非常成功。例如，AH 占全国咖啡品类市场份额的 15%，而其与全国性品牌价格差仅为 12%（Kumar and Steenkamp，2007，p. 93）。

便利店（convenience stores）主要经营有限的产品线，这些产品多为需求量较大的日常必需品，主要集中于汽油、非酒精性饮料、香烟、日常用品和非食品类商品，它们的商品价格高于超级市场，但是营业时间更长（Ostrow，2009，p. 88）。便利店的单品数量通常为 1500~3000 件。一些运营连锁超市的大型零售商也将其业务转移到了便利店领域。例如，在英国，"乐购"（Tesco）拥有近 1200 家 "乐购" 便利店（"Tesco Express" convenience stores），供应约 2500 件产品，并且很多产品都是通过乐购这一店铺品牌来进行销售（Dawson，2010，p. 76；The Telegraph，2011）。

折扣商店（discount stores）在食品零售行业也十分普遍，它们通常有两种形式：深度折扣商店（hard discount）和浅度折扣商店（soft discount）。折扣商店的普遍特点是，由于采用有效的后台系统，进而可以使其以低于一般市场的价格来提供有限的品类（Ahlert, et al.，2010，p.338；Ostrow，2009，p.121）。为了提供较低价格的产品，折扣商店大多使用 "不提供不必要服务" 的商店模式（a "no-frills" store format），在该模式下自有品牌以 "直接出厂的供应方式" 在有限的产品品类中占据主导地位（Ogden and Ogden，2010，p.106）。深度折扣商店的形式由德国阿尔迪（Aldi）公司开创，典型的特点是零售店的面积在 1000~1500 平方米，供应有限的商品，单品数量为 700 个（Kumar and Steenkamp，2007，

183

p. 62）。自有品牌占阿尔迪大约 95% 的销售额（Nishikawa and Perrin，2005a）。所有的产品在品牌系列化战略之下进行品牌化运营（a house of brands strategy）（Kumar and Steenkamp，2007，p.63）。另外，浅度折扣商店提供近 4000 个单品，购物环境略好，但是同样以自有品牌为主，制造商品牌所占比重较低（ter Braak，2012，p. 12；IGD，2012）。

大型超市（superstores）是一种自助式的食品零售商，具有比超级市场更大的面积，2500~5000 平方米（Ahlert et al.，2010，p. 339）。大型超市有近 4 万种产品，还提供额外的熟食、烘焙、海鲜和非食物等服务，这些服务大约占 25% 的销售额（Ogden and Ogden，2005，p.103；Berman and Evans，2007，p.140）。大型超市在美国最为普遍，它们与超级大卖场（hypermarkets）共同占据了 76% 的销售额（Ahlert et al.，2010，p. 347）。大型超市和超级市场相似，通过多层级和多重分类的组合方式来进行自有品牌的供应。

超级大卖场（hypermarkets）是折扣商店和大型超市的结合体，拥有非常大的设施，面积达两万平方米（Ostrow，2009，p. 196）。原则上讲，超级大卖场除了提供完整的食品品类之外，还提供大量的非食品类商品，提供的服务超越了一般食品商店的预期，其中包含保险、旅游中介和餐馆等服务。超级大卖场的概念由法国零售业巨头"家乐福"所创造，家乐福在它的超级大卖场中拥有近 20 万个单品（Seth and Randall，1999，p.169；Dunne and Lusch，2008，p.445）。家乐福通过采用精细的自有品牌组合来销售大约 50% 的商品，其中包括价值型普通品牌"No.1"和一些以利益点定位的自有品牌系列产品，比如电视产品的"Blue Sky"，以及国际食品产品中的"Destination Saveurs"品牌（Kumar and Steenkamp，2007，p.79；Kapferer，2012，p.96）。家乐福的自有品牌范围正在急速扩张，并且成功地将其品牌特许经营拓展到了国外（Seth and Randall，1999，p.169）。

品牌制造商在当今渠道中所要面临的情况，可以从零售商成功因素的视角进行审视。Seth 和 Randall（1999，p.300）预测，在采购、IT 投资、店铺投资、自有品牌投资和品牌开发方面能够形成规模经济的大体量零售商会取得成功。根据作者的观点，灵活且强势的分销商同样也将运营一系列不同的商店类型，从超级大卖场到便利店，并且在全球各地扩展它们的业务。

在零售业的一个非常好的例子就是英国的零售商"乐购"，因为这家公司的战略集合了上文提到的绝大多数成功因素。在英国，它运营着四种不同的商店形式：乐购大百货（Tesco Extra），超级大卖场形式；人们每周可以去购物的乐购大型超市（Tesco Superstore），并有两个针对较小社区的子品牌乐购超级市场（Tesco Supermarket）和乐购小商店（Tesco Compact）；乐购城中店（Tesco Metro），位于城市中心面向散客的超级市场；以及乐购便利店（Tesco Express），这是一种便利商店形式（Dawson，2010，p.76）。乐购成功的关键是它的 1.2 万个自有品牌系列产品，公司 60% 的收益来源于此（Kumar and Steenkamp，2007，p.83；Kapferer，2012，p.101）。自有品牌组合定位于所有的细分市场。[①] 基于价格细分的自有品牌有三个层级："乐购超值"（Tesco Value），"乐购标准"（Tesco Standard）和"乐购优质"（Tesco Finest）；同时还有基于利益点细分的自有品牌拥有七个子品牌，如"乐购低碳"（Tesco Carb Control）、"乐购无添加"（Tesco Free From）和"乐购有机"（Tesco Organic）；四个基于品类细分的品牌面向不同的服装细分市场，比如"佛罗伦萨弗莱德"（Florence and Fred）商务装，以及"巧乐奇"（Cherokee）低价男女休闲装（Kumar and Steenkamp，2007，p.84；Finne and Sivonen，2009，p.182）。根据 Kumar 和 Steenkamp（2007，p.86）的研究，乐购之所以能够保持其在英国市场的"领头羊"地位，甚至在其乐购优质（Tesco Finest）某些品类中向市场索取相比品牌制造商更高的溢价，自有品牌组合战略的应用具有十分关键的作用。这也要归功于乐购对其自有品牌产品的独特质量所进行的精准广告宣传（Kapferer，2012，p.115）。同样，乐购在"有效消费者反应"实践方面也位于领跑者的位置（Finne and Sivonen，2009）。根据"2012 年 Interbrand 零售品牌榜"（Interbrand Retail Brands，2012）的排名，乐购是英国排名第一位的零售品牌，品牌价值超出第二名近一倍（Interbrand，2012，p.34）。

随着愈演愈烈的零售商集中化趋势，品牌制造商将会面对更具有市场控制力和更强势的零售商，例如像乐购一样成功地运营自有品牌项目的零售商。对于上文讨论的 VBPM 审计，意味着评估应该从超出现有知识的零售商类型的因素开始。分类应该围绕零售商的营销战略，其他与 VBPM 有关的因素也应该添加到审计中。这些因素包括分类深度（assortment depth）、所采用商店形式的数量、非食品类商品和日用商品的比例以及国际化程度。表 3-13 展示了零售商分类以及 VBPM 审计的一些典型方向。

185

---

① 自有品牌不同的细分战略参考第二章第二节第一部分"自有品牌细分"。

186

表 3-13　零售商分类

零售商类型	商品	价格	自有品牌战略
日用商品			
百货商店	较大的品类宽度以及较深的品类深度；质量从普通到良好	高于平均水平	店铺品牌名称很重要；中度使用自有品牌；频繁使用独家品牌
全商品线折扣商店	狭窄的品类宽度和很广的分类；质量从普通到良好	有竞争性；低于百货商店	宽泛的自有品牌供应；多重细分
品类专业店	很窄的品类宽度和非常深的品类深度	有竞争性；低于平均水平	公司专属；从中度到较大的自有品牌供应
食品导向			
超级市场	较大的品类宽度以及较深的品类深度	具有竞争性	专注于制造商品牌；多层级的自有品牌品牌组合；多重细分
便利店	中度品类宽度以及较浅的品类深度	高于平均水平	当采用多类型运营的零售商中，中度使用自有品牌（例如：乐购）
深度折扣商店	窄并浅的品类；较少的易腐物品；较少的全国性品牌	很低	多层级和多重细分的自有品牌组合。自有品牌占比高达95%
浅度折扣商店	适中的品类宽度和深度	价格从中等到很低	多层级和多重细分的自有品牌组合。注重自有品牌
大型超市	全部的超级市场品类；选定的日常用品类	具有竞争性	多层级和多重细分的自有品牌组合
超级大卖场	全部的超级市场品类；与日常用品零售商的产品数量相同	具有竞争性	多层级和多重细分的自有品牌组合。自有品牌市场份额达95%

资料来源：笔者自制，改编自 Berman 和 Evans（2007，p.137）。

　　下一部分将重点关注与 VBPM 有关的两个零售商关键特征因素：零售商自有品牌战略和有效消费者反应（ECR）能力。这两个因素对 VBPM 都十分重要。首先，它们与 VBPM 审计中第一步评估的主要项目相类似，将制造商品牌架构和有效消费者反应能力作为主要关注点。当将合作者双方的品牌战略进行比对之时，上文提到的"战略契合"可能在评估过程中会得以显现。上文关于自有品牌战略的讨论将作为零售商自有品牌战略评价的起点。另外，已经确定的零售商有效消费者反应能力会证实或推翻其是不是 VBPM 的重要成功因素，并且可以表明零售商的关系能力。这两个主要零售商特征的评估可以通过修订资源—能力检查清单进行辅助，该资源—能力检查清单在本章第三节第一部分"基于 VBPM 检查清单的资源—能力"用于制造商内部环境的审计。

187

二、零售商自有品牌战略

基于以下两个主要原因，须对 VBPM 潜在零售商合作伙伴的自有品牌品牌化战略进行彻底的评估：①了解零售商在其自有品牌产品分类中的营销战略；②了解在一项 VBPM 战略中由零售商的自有品牌组合所导致的品牌化结果。

在 VBPM 战略的初始阶段，理解零售商的自有品牌营销战略是十分重要的。例如，战略层面上的自有品牌的"定位"和"细分"维度表明了特定零售商的营销战略，这都会为 VBPM 规划者提供深刻洞见。此外，连锁超市的普通品牌型自有品牌（generic PL）通常被定位为与深度折扣商店提供类似的具有竞争力价格的商品（Kumar and Steenkamp，2007，p.30）。另外，零售商采用模仿型自有品牌（copycat PL）来模仿居于领导地位的制造商品牌，目的是使消费者相信自有品牌与行业中居于领导地位的品牌是一样的（Kapferer，2008，p. 78）。知名的制造商会采取法律手段来抵制零售商的这种行为，这种情况充分说明了它和零售商之间的关系状态（Marriner，2011）。下一部分将识别出零售商自有品牌营销战略中所有的评估项目。在这一阶段须提及的是，一家公司的公开运营活动并不一定能说明或者表露出公司的真实战略意图。然而，正如 VBPM 所建议的那样，对于外部环境的分析要依赖多种外部因素。把它们放在共同的背景下讨论，是获得想要信息的最好途径。

一项所遇到的自有品牌战略，例如零售商的自有品牌架构，会直接影响 VBPM 的战术实施。审计的目的是理解零售商自有品牌架构及其对 VBPM 的影响。审计者将密切关注店铺品牌在零售商产品战略中所扮演的角色。

作为零售商自有品牌品牌化战略审计的第一步，在第二章第二节第一部分中所设计的自有品牌组合的品牌化框架将被再次使用。自有品牌品牌化战略的框架由自有品牌的四个战略维度组成：①品牌广度（brand breadth）；②定位（positioning）；③细分（segmentation）；④与店铺品牌的关系（relationship with the store brand）。[①]

为了阐述这个框架在审计中的应用，德国的雷弗集团（REWE）连锁超市的自有品牌"Ja!"系列产品将被再次讨论。[②]"Ja!"是德国最具认可度的自有品牌，

188

[①] 这些战略维度的定义和详细论述，参见第二章第二节第一部分。
[②] 完整的雷弗品牌组合见第二章第二节第二部分"雷弗集团案例"的讨论。

品牌知晓度达到 92% (Mulch，2009)。审查**品牌广度** (brand breadth) ——第一个战略维度——会阐明一个自有品牌旗下所属的产品数量。零售商可以从四种品牌类型中进行选择：个体品牌 (individual brand)、家族品牌 (family brand)、普通品牌 (generic) 和店铺品牌 (store brand)。雷弗集团的品牌"Ja!"可以被归类为普通品牌，这意味着有很多产品在这一品牌下进行销售。在雷弗的"Ja!"案例中，超过 17 个不同产品品类的 750 个产品采用这个普通品牌名称。

除了一个自有品牌旗下所属的产品数量之外，还需要考虑自有品牌所涵盖的品类。像"Ja!"这样的自有品牌须覆盖各种品类的不同产品，覆盖产品从纸质产品（如卫生纸）到食品（如熏火腿）。将品牌延伸到这种程度的做法通常是不明智的，但是对一个普通型自有品牌 (a generic PL) 来说却是有意义的，因为价格低廉是这类产品的主要优势。对于 VBPM 来说，品牌广度暗含着这样一种推论：自有品牌涵盖的范围越宽，它就越不适合以现有形式实施垂直品牌组合战略。这种推论须置入制造商所处环境和专业知识的视角来看待。首先，通常没有品牌制造商会提供被大多数普通品牌所覆盖的宽泛产品组合。品牌制造商通常在一个或几个产品品类中具有专业知识，但也很难做到像"Ja!"这种普通型自有品牌一样，能够同时适用于 17 个不同的产品品类。其次，由于缺少特定产品品类的专业知识，品牌制造商不具有管理一个品牌广度很广的自有品牌的资质。

然而，对于品牌制造商来说，管理一个涵盖范围较广的自有品牌中的单一产品品类，应该仍是其 VBPM 战略中的可行选择。在这个背景下，最重要的一点是所涉及的产品品类类型。特定的产品品类可能拥有一些特定的特性，这些特征决定了品牌制造商对其管理是否具有可行性和吸引力。例如，荷兰连锁超市品牌 189 Albert Heijn，将涵盖 19 个消费包装产品 (consumer packaged goods) 模仿型店铺品牌 (copycat store brand)"AH"引入市场。正如早先所提及的，自有品牌在一些品类中都十分成功，例如咖啡品类，其占全国市场份额的 15%。从市场数据来看，咖啡品牌制造商很可能至少愿意为 Albert Heijn 生产自有品牌。[1] 虽然自有品牌中含有零售商的店铺品牌名称，但"咖啡"品类证明 VBPM 合作中特定品牌制造商对于品牌管理的关注。例如，类似咖啡的产品品类在创新和包装上拥有品牌化的潜质，全国性品牌供应商在这两个方面进行管理可以为其带来利益。这一点

---

[1] 对于公司特定因素的考虑，例如生产能力，不在这一阶段的讨论之中。

首先与大多数不需要太多管理普通型自有品牌形成对比，更不用说在为了保持声誉情况之下其缺少与任何知名品牌的关联。对一个涵盖范围较广的自有品牌中的单一产品品类进行管理，逻辑上并不包括对一些品牌识别因素的管理。例如，产品名称不会改变。管理一个涵盖范围较广的自有品牌中的单一产品品类的另一个方法，就是从自有品牌中将这一品类进行隔离，并采用不同的品牌化战略。①

　　定位战略——审视自有品牌的第二个维度——"Ja!"属于普通品牌定位类型。普通品牌定位（generic positioning）引出了一个简单的产品概念，这些产品的定价低于居于领导地位的全国性品牌。通常情况下，零售商采用一种普通品牌定位与深度折扣商店所提供的价格具有竞争力的产品来展开竞争。在雷弗案例中，在其官方网站上，"Ja!"以"聪明的选择"为卖点进行广告宣传，它不仅节省了前往打折超市的额外路程花费，还减少了选择麻烦（Rewe，2013）。直接指向竞争环境和价格的做法说明了"Ja!"在雷弗自有品牌组合中的细分战略。"Ja!"是采用多层级价格**细分战略**的雷弗自有品牌组合的一部分。它代表了定位于价格敏感型消费者的入门级产品。最终，最后一个维度**"与店铺品牌的关系"**（relationship with the store brand）则不能在其案例中得到证实。因为不像雷弗自有品牌组合中的其他几个自有品牌，"Ja!"被设计成一个实际上和雷弗店铺品牌没有直接联系的个体品牌。零售商通常选择这个战略的原因是，这个自有品牌的附加值太小，以至于会对店铺品牌的声誉产生负面影响（Kapferer，2012，p. 98）。

　　当评估一个零售商的自有品牌组合之时，全部的自有品牌产品须依照自有品牌的四个战略维度进行审计。这将使规划者在既定框架之下获得对零售商自有品牌范畴的理解。这将量化零售商的产品宽度，并揭示每一个品牌的定位战略及其所针对的细分市场。它同样会揭示每个自有品牌对零售商整体自有品牌的贡献，并且对零售商的总体自有品牌组合战略进行总结。在雷弗案例中，与其他几个定位于中等和优质细分市场的自有品牌相比，"Ja!"品牌代表着价值型、入门级消费选择。基于第四个维度"与店铺品牌的关系"的重要性，在本章第七节第二部分将会再次讨论。

　　总的来说，依照四个战略维度对零售商的自有品牌组合进行评估，是能够让

---

　　① 针对这一点的讨论超出了本部分的讨论范畴，因为它包含了 VBPM 战略的因素。然而，在这一阶段进行简单的论述对于理解上文所讨论的评估因素重要性和含义是十分必要的。

规划者迈向 VBPM 战略制定至关重要的一步。到达规划过程的这一阶段，两种品牌化战略都被评估和确定。自有品牌定位战略和细分战略可以进行对比，并与制造商的品牌组合情况形成匹配。这样就可能确定是否还有消费者细分市场没有被自己的品牌组合所覆盖，以及现有的自有品牌是否仍然能够履行组合角色。[①]

评估的最后一个领域——零售商的合作性——在这个审计节点尚未解决。这将成为下一部分的讨论对象。

三、评估零售商有效消费者反应（ECR）能力和合作性

本书前文已经提出，有效消费者反应（ECR）商业实践被看作一个关键的战略管理概念，它是 VBPM 所遵循的基本原则。有效消费者反应作为制造商和零售商之间的一项合作战略，影响其成功的因素同样对 VBPM 的实施及长期成功也是十分重要的。[②] 在品牌制造商内部环境审计过程中，识别出了有效消费者反应（ECR）能力，并将其作为制造商实施 VBPM 合作的重要因素进行评估。另外，掌握与品牌制造商相似的有效消费者反应（ECR）能力，对零售商也同样重要。这归因于 VBPM 要求零售商和制造商之间进行跨部门高强度合作的本质。因此，可以假定，当双方合作是基于一个业已存在并且可信赖的有效消费者反应关系之时，零售商更有可能参与到 VBPM 战略中。[③] 需要在 VBPM 战略开始之前对品牌制造商作为战略发起人这一关系进行评估。首先，这一评估要考虑作为工作关系基石的零售商有效消费者反应能力。

评估一个零售商的有效消费者反应能力可以借助有效消费者反应能力清单，这个清单是为了审计制造商有效消费者反应技能而设计的。[④] 同样的因素也可以用于在零售商有效消费者反应技能的解释上，因此这个清单也适用于这个渠道伙伴。[⑤] 五种有效消费者反应能力被认为是有效消费者反应成功的关键因素。在此阶段，另外两个因素会被添加到零售商有效消费者反应的清单中。不像制造商的审计受资源 / 能力视角的影响，"软"成功因素需要被添加到零售商审计中。这

---

① 自有品牌组合角色的分配是 VBPM 规划过程中第四步的部分内容。
② 详见本章第三节第四部分"评估垂直营销能力"。
③ 当然，这个指针对将要从事并将要对已存在的工作关系进行投资的品牌制造来说也同样十分重要。
④ 详见表 3-9。
⑤ 有效消费者反应的战略性成功因素是源于 Seifert（2001）的研究，他从食品杂货店消费商品制造商和食品杂货店零售商的观点中提出其影响因素。另外对这一研究的补充源于特定的营销学者和咨询公司。

些因素为合作者之间关系以及有效消费者反应（ECR）项目中所获成就提供了更广阔的视角。第一个成功因素是"相互信任"。多个研究和有效消费者反应专家已经证实，有效消费者反应合作者之间的相互信任对有效消费者反应合作的成功具有巨大且越发重要的影响（Seifert，2006，p.281）。因此，找到一个已经建立积极合作关系的合作伙伴，这对有效的有效消费者反应（ECR）合作是十分重要的（Schröder et al.，2000b）。诸如"信任"和"关系质量"等"软"因素的测度是很困难的。然而，它们对有效消费者反应的实施是同等重要的，因此对 VBPM 也是十分重要的。VBPM 审计者可以通过制造商有效消费者反应（ECR）员工那里获取的定性材料来衡量信任和关系质量。第二个零售商审计的因素与"过往有效消费者反应项目的成功"（success of past ECR projects）有关。如上所述，VBPM 很可能基于有效消费者反应合作者之间的现有关系。此类项目之前是否成功，同样被作为有效消费者反应在实践过程中的战略性成功因素（Seifert，2001）。因此，评估过去与零售商有效消费者反应的已有项目记录与 VBPM 审计是相关的。这些过去的项目可以通过经济结果来衡量，并且作为与零售商关系的参考依据。总的来说，零售商审计将涵盖以下七种有效消费者反应因素和能力：

（1）高层管理者参与管理；

（2）有效消费者反应评测；

（3）品类管理能力；

（4）信息技术能力；

（5）组织变化；

（6）信任；

（7）过往有效消费者反应项目的成功。

这个审计相比制造商的审计要简洁，并且深度较浅。没有必要评测所有的项目。相反，VBPM 规划者应该首先关注信任和关系质量因素，这些因素对于 VBPM 所要求的合作来说是非常重要的必要条件。然而，不应该低估零售商有效消费者反应的实质性或者"硬"能力的重要性。例如，VBPM 同样需要获得零售商高层管理者的支持。而且，品类管理及其实践由于其与营销相关，因而是重要的成功因素。有效消费者反应审计的评估项目和零售商自有品牌品牌化战略将被融入下一部分的检查清单中进行讨论。

四、使用 VBPM 资源—能力检查清单评估零售商

资源—能力检查清单（resource-capability check-list）是用来进行 VBPM 审计的模板。它首先作为制造商内部环境的一个检查清单。切入点是 VBPM 实施中最重要的资源和能力。就像 S.W.O.T.分析一样，每一项都应该被评估为优势还是劣势，它对 VBPM 的重要性分为三个等级。零售商审计评估项目将包括零售商自有品牌的品牌化战略，这些项目由自有品牌的四个战略维度表示。重要的关系项目则主要依据与各个零售商正在进行的有效消费者反应合作情况。为了达到这一目的，相似的有效消费者反应能力这个指标也用于对制造商行为的评估，将会使得零售商的评估完整起来。表 3-14 列出了可审计的零售商项目。是否可以扩展这个清单取决于特定情况和其所带来的关系变化。

表 3-14　零售商资源—能力检查清单

评估项目	重要性 高/中/低	表现 优势/劣势	评价
自有品牌组合			
—品牌广度	高		
—定位	高		
—细分	高		
—与店铺品牌的关系	高		
有效消费者反应能力			
—高层管理者参与	高		
—有效消费者反应评测	中		
—品类管理能力	高		
—信息技术能力	中		
—组织变化	中		
—信任	高		
—过往有效消费者反应项目的成功	高		

资料来源：改编自 Seifert（2001）。

在 VBPM 规划过程的这一节点，规划者对影响 VBPM 的内、外部环境因素都有了一个详尽的理解。也获得了将战略付诸实施的决策标准。首先，规划者应该完全理解组织的资源和能力，并且可以把它们与相关的市场和零售商特征联系起来。从内部视角来看，采用 VBPM 的需求和必要性已经一目了然。了解市场变量可以帮助缩小产品品类视角，使其介入 VBPM 更具合理性。其次，零售商审计

的目的是为了消除公司内、外部环境的差距。所有评估项目现在应该达到前文提 194
到的"战略契合"。

　　针对 VBPM 的必要评估，共四个步骤的规划过程现已完成了第三步。在实际
设计 VBPM 战略之前，可以从之前三步中所获得的可用于 S.W.O.T.分析的有关数
据着手，来阐明和反映公司采取 VBPM 开始阶段的公司战略情境。

第六节　垂直品牌组合管理（VBPM）S.W.O.T.分析

　　在本章第三节第一部分"内部环境与 S.W.O.T.分析"中，将 S.W.O.T.战略分
析工具作为对一家公司未来有着重要影响因素的评价框架加以介绍，并且采用首
字母缩略形式为 S.W.O.T.（优势、劣势、机会和威胁）（Wheelen and Hunger，
1990，p.11）。优势和劣势与内部环境有关；机会和威胁与公司外部环境有关。
S.W.O.T.分析可以用来确定如何将公司的优势和劣势应用于市场机会中（Meffert
et al.，2008，p.237）。目的是通过将市场机会和公司已有资源和能力进行匹配，
进而缩小战略管理者的决策领域。

　　VBPM 规划过程的第一步对品牌制造商所处的环境进行了细致的评估。已识
别出的公司品牌化资产的优劣势以及组织对这些资产的管理能力，将影响到
VBPM 合作的战略性开端。例如，制造商品牌架构的结构很有可能指向某些特定
的市场，在这一系列市场中 VBPM 将被成功实施。另外，在 VBPM 规划过程的
第二步和第三步，对外部环境进行了全面的评估，这对合作具有重要意义。这个
评估的主要目的是确立产品品类、消费者和零售商层面的洞见。S.W.O.T.分析通
常将大量详细信息和数据汇总到一起。就 VBPM 规划来讲，内部数据可能由品牌
组合的定位说明、已确定的品牌组合角色、品牌延伸战略规划等方面的内容组
成。外部数据可能包含品类特征、自有品牌市场份额、零售商品类深度、与零售 195
商之间的关系质量和消费者趋势；等等。S.W.O.T.分析无须涵盖市场情境中的每
一方面（Hoffman et al.，p.57）。因此，这就要靠 VBPM 战略管理者进行信息筛
选，并清楚地识别出与 VBPM 最为相关的优势、劣势、机会和威胁。这项任务超
出了之前提到的"战略契合"范畴，因为它也识别出了特定背景之下的威胁。为

说明起见，针对一个假定的实施 VBPM 的品牌制造商，采用一项典型的、简化的 S.W.O.T.分析可能会带来以下结果。

优势：

—公司采用具有独特定位的多个产品线来维持一个产品品牌架构

—公司有能力和资源建立一个强大的品牌。这也会通过公司在市场上建立的强大品牌声誉得到反映

—公司拥有在大多数零售类型的高水平产品分销

—公司拥有在与渠道品类管理合作过程中充当品类首领的经验

劣势：

—品牌组合膨胀过度，需要削减

—公司正在经历由于营销部门重组而导致的变化阶段，员工的流动性较大

—产品能力没有被完全开发出来

机会：

—零售商 A 正在将它的自有品牌扩大为一个多层级的自有品牌架构

—由于面临金融危机，消费者变得越来越注重产品价值

威胁：

—特定的自有品牌供应商正在与自由品牌的产品创新展开激烈竞争

—越来越多的供应商在努力获得零售商的注意

—零售商 A 迫使供应商来进行严格的品类管理实践

上面提到的 S.W.O.T.项目可能会形成一个战略网格，其中优势会与机会相匹配（SO 战略），优势会与威胁相匹配（ST 战略）。也可以考虑其他一些战略，利用机会来克服劣势（WO 战略）或者最小化由于外部因素而带来的威胁（WT 战略）（Hoffman et al.，2005，p.58）。表 3-15 表明了上述 S.W.O.T.分析结果是如何根据公司的内部资源和能力来对外部环境因素做出回应的，进而形成 VBPM 的机会。

首先，制造商的关键资源可以被认为是它将奉行某种产品品牌战略的品牌架构。这种优势使得所有涉及的品牌拥有最大化的营销自由度，并且自有品牌有可能产生的溢出效应的风险也可以被最小化。制造商在定位品牌方面拥有丰富经验，并将在其组合中寻找用自有品牌来填补未覆盖细分市场的机会。提供一个完整的品类使零售商可以搭配销售并能满足消费者的需求。将部分品牌重新定位为

表 3-15　基于 SWOT 分析而形成的 VBPM 战略

公司外部环境 公司内部环境	机会 O_1 O_2 O_3 ⋮ O_n	威胁 T_1 T_2 T_3 ⋮ T_n
优势 S_1 S_2 S_3 ⋮ S_n	SO 战略应用公司的优势抓住市场的机会 VBPM： 采用垂直品牌架构将零售商 A 的多层级自有品牌进行整合 提供零售商和消费者完整的品类，包含溢价和超值自有品牌	ST 战略通过利用公司的优势来抵消市场的威胁 VBPM： 作为品类首领为零售商 A 供应
劣势 W_1 W_2 W_3 ⋮ W_n	WO 战略通过利用市场机会弥补公司的劣势 VBPM： 重新将品牌组合中的劣势品牌定位成零售商 A 的自有品牌	WT 战略弥补公司的劣势，并且直接面对市场中的威胁 VBPM： 通过生产自有品牌来充分利用闲置的生产力 雇用新的有经验的品类管理人员

资料来源：改编自 Hoffman 等（2005，p. 59）。

自有品牌可以抵消自身组合中品牌多样化的劣势。这可以节省制造商的自有品牌产品开发成本，并有助于必要的组合精简。零售商对须严格实行品类管理提出反对，这一威胁可以通过提议扮演品类首领来解决。这将凸显供应商的品牌和品类管理声誉，也将提升零售商依赖度。同时制造商可能能够获得对品类的更多控制权。通过自有品牌的生产来扩大产能可以让公司有可能获得更多的利润，并且可以使用部分新产生的资金投入到产品创新中。这些投资有利于包括自有品牌在内的整个组合。公司组织内部的过渡是特别关系到与零售商合作的最后一个劣势。VBPM 要求有能力的品牌经理最好拥有品类管理经验。组织，特别是市场营销部门，可能具有品类管理的视角，它涉及招聘履行特定工作职能的新员工。

　　以上案例的构建基于理想的情况。例如，合格人才的短缺可能会减慢组织的改革，也使得公司在短期之内无法获得有经验的品类经理。另一个"瓶颈"可能会发生在必须迅速地对组合品牌进行重新定位之时，这通常需要较长的筹备时间。然而，S.W.O.T.分析能够帮助规划者辨别罕见的机会，这个机会对于该公司的特定资源和能力是最适合的。在 VBPM 规划过程中，S.W.O.T.分析的优点从实证视角来看跳跃性没有那么大。相反，S.W.O.T.分析更多的是一个概念性的工具，它有可能揭示公司独有的、与资源和能力相契合的机会和威胁。

第七节　步骤四：设计垂直品牌组合管理（VBPM）战略

当制造商完成了内外部环境审计，该战略设计的准备工作就结束了。对制造商的资源和能力的详细评估是 VBPM 的起始点，并将指引战略的性质和设计。VBPM 的目标在它规划开始之前就已经确定，达到这些目标将受到该公司品牌架构和组成该战略关键资源的重大影响。原则上，VBPM 规划者须首先优先考虑什么是最适合公司的品牌组合。与此同时，VBPM 的合作性质意味着必须从零售商的角度考虑问题。虽然品牌组合成功的关键在于制造商，但零售商要首先努力让整体品类获得更好的表现。通过一个更宽泛的品类管理（CM）立场来看待VBPM，可能能够满足双方的需求。制造商的其他目标，例如渠道关系目标，也须被纳入战略设计。所有这些都将被自有品牌的整合和管理（即战略的主要焦点）所影响。因此，VBPM 规划过程的第四步也是最后一步，将为规划者提供一个以目标为导向的程序来将零售商的自有品牌整合到该公司的品牌组合管理中来。

VBPM 将主要受到品牌制造商具体情况和特定市场背景的影响。并不是所有的情况变化都会出现。因此，一个一般性的程序会被提出，来给规划者提供规划VBPM 的不可或缺任务。VBPM 规划过程中的前三步将为战略规划提供大部分信息。一个可选的 S.W.O.T.分析结果可能也强调战略机遇，并提供克服内部劣势和外部威胁的方法。

然而，审计工作的第一步是评估品牌制造商的品牌架构，这将首先对战略开发阶段起到指引作用。该公司的知名品牌地位将成为战略实施的基础，并设定潜在自有品牌需要达到的一系列标准，使之成为品牌制造商品牌组合的一部分。接下来的讨论将包括自有品牌需要满足的所有符合制造商品牌架构的必要标准条件，此外，还将包含作为单独必要项目的细分和定位标准。首先讨论后两个被提及的因素。当理解了细分和品牌定位，就可以着手将自有品牌整合到品牌组合中来。这主要涉及理顺品牌制造商和零售商已经应用的品牌架构。所需的信息将来自 VBPM 规划阶段的步骤一和步骤三。VBPM 中品牌是否要进行延伸是下一规划　199
阶段的任务。在这里，品牌—产品关系将被放到具体环境中考虑。产品定义的角色（product-defining roles）和如何使用它们是战略发展阶段的下一个连续性步骤，特别是联合品牌的产品定义角色会在讨论中涉及。作为 VBPM 战略规划的最后一步，组合角色须在包括自有品牌在内的新组合结构基础上加以肯定或者进行重新安排。讨论将集中在 VBPM 每一个项目的特点上，并提出自有品牌须满足特定领域的必要标准。VBPM 规划的最后阶段将包含来源于垂直营销原则的合同战略要素。很可能出现的合作问题将被放置在委托—代理关系背景之下来讨论。

一、细分和定位标准

虽然每一种情况是取决于企业的特定环境，但品牌架构审计的结果和审计问题的答案（见本章第三节第三部分"品牌架构审计的检查清单和审计问题"）将触及公司所有相关的重要品牌化领域。自有品牌必要标准的重点是细分与定位问题。自有品牌能够服务一个品牌制造商目前还没有覆盖的细分市场，这一点很重要。如果在品牌架构审计中这个问题没有被确认，那么接下来必须确定是否要服务于一个新的市场细分。在第二章第一节第四部分中，确定了与品牌组合战略相关的七种细分类型，即社会人口学、心理、利益、态度、渠道、场合和价格。细分不必局限于单一的形式，之前在讨论中强调过，细分类型有时会基于各种原因而需要将它们结合起来。在 VBPM 的讨论中，从 B2B 或 B2C 视角来将细分类型结合起来是常见做法。VBPM 是一项针对零售商开展的垂直营销战略。因此，建议将零售商也作为一个细分类型。例如，达能系列矿泉水（Danone Waters）针对不同的消费者利益细分，并为渠道合作伙伴提供了自有品牌产品来满足这些需求。[1] 此外，零售商审计带来了新的零售商洞见，可以支持将渠道细分作为一个可能的 VBPM 细分战略，尤其是零售商的类型和相关的零售商营销战略可以影响这

---

[1] 达能（Danone）案例在第二章第一部分"利益点细分"中详细讨论过，关于达能系列矿泉水（Danone Waters）品牌组合和覆盖的市场细分也在表 2-2 中有所概括。

200　些决策。例如，深度折扣食品杂货零售商常常经营主要由自有品牌构成的各种产品。因此，与深度折扣零售商合作将是渠道细分的开始。紧接着零售商审计、市场审计的结果可以用来进一步确定细分市场。市场审计提出了可以与自有品牌购买行为相关的三个消费者变量。例如，在每个细分上，诸如性别、年龄和收入等人口因素都可以影响消费者对自有品牌的购买行为。因此，VBPM 规划者须把这些成果与公司现在覆盖细分市场的社会人口因素细分进行比较。这些人口因素知识可以使规划者总结这些消费群体可能的自有品牌购买模式。在当组合角色作为讨论主体之时，这些信息也是非常重要的。同样，在市场审计中考虑细分问题时，可以测度心理因素变量。例如，如果价格是公司所选择的细分战略，确定"价格敏感度"这一心理变量将在战略实施阶段为规划者提供支持。在多品牌组合中，划定每个品牌的价格和质量范围是价格细分战略的目的（Kapferer，2008，p.400）。例如，如果一家公司的品牌组合缺少一个价值型品牌，那么整合一个价值型自有品牌将会弥补这一缺憾，并与组合中的其他品牌形成协同。

为了避免组合品牌之间的"抢食效应"，自有品牌也应该采取差异化定位战略。差异化定位是指明确识别出不同的利益细分市场，然后把重点放在满足这些细分的期望上（Hooley et al.，2004，p.575）。例如，价格定位通常要求有一个大部分市场都会关注的价格敏感型消费者细分市场（Hooley et al.，2004，p.575）。与价格敏感度直接相关的还有"质量定位战略"（quality positioning strategy），该战略保证为那些价格不太敏感的顾客提供具有利益的产品。在内部审计中已经对每一个品牌的定位战略进行了评估，尤其是价格、质量和差异化是考虑和评估VBPM 的重要定位战略。在以上的价格敏感度背景下，才可以考虑价格因素。价格是全国性品牌与自有品牌竞争中的一个重要变量，市场审计表明自有品牌质量对自有品牌市场份额有着积极的影响。因此，有必要评估自有品牌的当前质量和在 VBPM 战略框架之下为其确定一个特定的质量水平。市场审计期间另一个评估

201　品类的变量是"品牌数量"（number of brands），其可以通过每个品类的单品（SKU）数量来测度。在此背景下，VBPM 规划者可以识别所有竞争对手的定位战略，以及可以支持自有品牌的定位决策。Chan Choi 和 Coughlin（2006）发现，一个自有品牌的最佳定位战略取决于全国性品牌的竞争力和其自身的质量。他们认为，"当全国性品牌具有差异化时，高质量自有品牌的定位应更接近一个强大的全国性品牌，低质量自有品牌的定位应更接近一个较弱的全国性品牌。"还有

其他几个变量可以影响定位决策。例如，市场审计阐明，溢价是品牌优势和品牌形象的一个结果。拥有强大的品牌自然会让自有品牌获得更高的溢价。在 VBPM 中，这与零售商品牌的定位直接相关。此外，消费者行为因素，如购买频率，也可能会影响店铺品牌的定位。此前的市场审计已经确定，消费者愿意为购买频次较低的品牌产品愿意支付更高的溢价。另外，在经常购买的产品品类中，制造商品牌和自有品牌之间的价格差距通常较小。另一个需要考虑的重要因素是产品品类的构成和该品类中其他竞争性全国品牌的优势或劣势。模仿型自有品牌（Copycat PLs）往往通过外观复制，并在同一时间以较低的价格和同等质量来模仿主导型全国性品牌。Sayman 等（2002）认为，围绕主导型全国性品牌展开竞争可能并不是自有品牌的最佳定位选择。① 例如，当二线全国性品牌提供了一个比领导品牌低得多的利润率，零售商可以更好地将自有品牌定位于接近该二线品牌，使二线品牌的销售量转移到自有品牌上。在 VBPM 框架之下，遵循这种战略会使制造商的主导型品牌和零售商双赢。二线全国性品牌的份额会萎缩，这巩固了主导型全国性品牌的地位。零售商会得到更高的利润，主导品牌和自有品牌双方的市场份额也会提高。

上面提到的几个变量的相互作用说明，在组合与市场环境之下，在自有品牌定位之时 VBPM 规划者所做出的复杂决策。总之，须通过 VBPM 规划者的组合视角来对自有品牌进行定位。然而，理顺制造商与零售商利益还存在着挑战。品牌制造商将自己的产品定位于从自己的组合品牌中获得最大化的利润，而零售商瞄准的是在整个产品品类中获取最多的利润，其中包括自有品牌和制造商品牌（Hoch and Lodish，1998）。② VBPM 是垂直营销战略，这一概念的基础在于品类管理原则，这些原则为零售商与品牌制造商提供了品类视角。因此，自有品牌的定位必须考虑一个最佳的品类表现。同时，自有品牌的定位还须放置在制造商的组合定位结构框架之下。有了所有的信息和考虑到零售商具体情况，最后一步就是 VBPM 规划者要将自有品牌放在一个正确的细分市场，并将其与其他组合品牌放在一起。相关因素和变量的信息应该来自于之前 VBPM 规划过程中的审计结果。

图 3-14 表明、VBPM 规划者应该考虑的细分和定位的次序。在步骤一至步

---

① 在这一点上，需要注意的是，在 VBPM 协作中，一个模仿型品牌的战略是不可能使自有品牌战略获得可持续发展的。品牌制造商将自己的品牌定位为模仿型品牌是不合逻辑的。

② 零售商自有品牌架构的影响在本讨论中不予考虑。该主题将在接下来的部分讨论。

骤三中明确自身环境。这将首先识别出制造商组合的潜在细分突破口。自有品牌的定位是与所有品类品牌的一个或几个定位标准相关的函数。例如，这可以产生自有品牌与其他品类品牌在质量层面的差距。

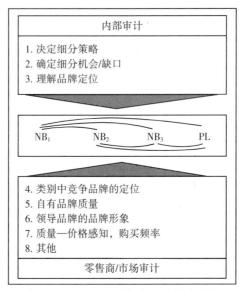

图 3-14　VBPM 中细分和定位决策[①]

资料来源：改编自 Sayman 等（2002）。

二、架构契合——与品牌架构相适应的自有品牌评价标准

在 VBPM 规划的第三个步骤中，零售商审计的目的之一是评估零售合作伙伴所提供的自有品牌。这包括确定零售商品牌战略，由四个自有品牌战略维度组成：①品牌广度（brand breadth）；②定位（positioning）；③细分（segmentation）；④与店铺品牌的关系（relationship with the store brand）。在这个阶段，规划者已经了解了每个自有品牌的深度和广度。此外，定位战略要清晰，品牌定位究竟是普通品牌（generic）、模仿品牌（copycat），还是溢价品牌（premium），而且细分战略的确定可以基于价格、品类、利益点或者它们的组合。当质量、价格和具体品类特定参数等这些变量关系到品牌制造商的细分和定位的必要条件之时，

---

① 描绘的产品品类包括三个全国性品牌（NB）和一个自有品牌（PL）。一个或多个全国性品牌可以属于所涉及的品牌制造商。

VBPM 战略形成的第一部分，需要对自有品牌进行更为详细的评估（见前述部分）。一个特别的聚焦点应放在第四个战略维度上，这与店铺品牌的品牌关系密切相关。这个维度涉及店铺品牌的角色和零售商品牌组合的品牌架构。

零售商如何在其自身的自有品牌品牌化战略中使用店铺品牌，可以与围绕品牌等级（brand hierarchy）的讨论来比较，品牌等级出现在 VBPM 规划过程第一步的品牌架构讨论中（见本章第三节第二部分）。"品牌等级"被定义为把一个公司的品牌战略放置在一个等级次序中，并为每个品牌规定管理责任水平（Keller, 2008，p.447）。在品牌等级中，企业品牌是最高层次的品牌，一般来说，其责任属于高层管理人员。在品牌架构中，企业品牌起着主导作用，所有的产品品牌位于公司的保护伞之下，使用其名称，并可利用其品牌资产。因此，遵循这样的品牌战略，要求产品品牌拥有最小的营销自由度。主品牌战略（Masterbrand Strategy）也是如此。相比之下，产品品牌战略（Product Brand Strategies），让所有的品牌架构拥有最大的营销自由度，企业品牌发挥了微不足道的作用。零售商在考虑自有品牌的品牌架构和品牌等级的时候也面临着同样的问题。"与店铺品牌的关系"这一自有品牌战略维度决定着自有品牌是否与店铺品牌有联系。当自有品牌使用店铺品牌名称的时候，自有品牌的所有权对于消费者来说是显而易见的，品牌资产转移到了自有品牌身上，反之亦然。同样，遵循这一战略要求自有品牌拥有最低程度的营销独立性。这些自有品牌的品牌广度往往很大。很多自有品牌使用店铺品牌或作为店铺品牌的子品牌出现。举个例子，雷弗（REWE）的三个自有品牌都使用了店铺名号："溢价—精简"（premium-lite）定位的 REWE 品牌、溢价定位的"REWE Bio"食品子品牌和溢价定位的"REWE Feine Welt"子品牌。[①] 这三个品牌有着自己的定位战略和不同的细分市场。然而，在这三种情况下，REWE 这一企业名称是所有产品中视觉上最为突出的品牌标识。

新创造的名称通常用于个体品牌和品类细分的自有品牌。这一战略与产品品牌战略具有可比性，即允许差异化定位方面的最大程度营销自由度，也看不到与店铺品牌的关系。深度折扣商店经常使用这一品牌化战略，具体手段是使用与店铺品牌没有关系的涵盖相对少量产品种类的个体品牌。尽管产品种类有限，但应

---

① 在第二章第二节第二部分"雷弗集团案例"中，有关于雷弗公司自有品牌品牌组合和品牌化战略的详细讨论。

172

该让购物者在选择时留下印象，让他们重点关注自有品牌（Kumar and Steenkamp，2007，p.62）。雷弗（REWE）超市只拥有与店铺品牌没有关系的品类细分自有品牌"Wilhelm Brandenburg"。然而，在包装肉类产品这同一产品品类中，该公司的深度折扣子公司"Penny"在其品牌组合中有七个不同的个体品牌，分别是："Bauer's"、"Grafenwälder"、"Line"、"Heinz Wille"、"Delicata"、"Mühlenhof"和"Meisterklasse"。

205　　在零售商审计期间，零售商自有品牌架构的 VBPM 规划者已经确定了店铺品牌的角色与品牌广度。①这一审计结果也将使规划者对公司自己的品牌架构与零售商的品牌架构进行比较。从品牌管理的角度来看，公司/店铺品牌每一种架构角色和品牌营销组合使用时的各自的独立性，现在可以将它们相互关联起来。当两种架构都遵循一个产品品牌/个体品牌战略的时候，VBPM 的实施受到品牌架构因素的影响是最小的。包括自有品牌在内的制造商产品线品牌中的产品品牌，可以在彼此没有视觉关联的情况下共存。在两种品牌架构中的任意一种架构中的企业品牌主导性都要强于一项典型的产品品牌战略中的企业品牌主导性，VBPM 规划者须决定其对该战略的适用性。这关系到品牌制造商的品牌架构和组合成长对它的影响（关于品牌架构和品牌组合成长的影响，详细讨论见本章第三节第二部分"品类管理过程"）。显然，零售商的自有品牌架构与战略有着相当大的相关性，但它仍然居于品牌制造商的品牌化战略之下的次要位置。品牌制造商是 VBPM 的发起者，在考虑外部事物之前，该规划应当首先从它自己的角度出发。因此，在制造商品牌组合或者特定品类中，是企业品牌（corporate brand）还是保护伞品牌（umbrella brand）占据主导地位，主要风险是由于新组合成员的加入而产生的负面溢出效应（negative spillover effects）。当企业品牌的声誉对公司来说至关重要，而且自有品牌会危及此声誉的时候，自有品牌可能不会加入原定的架构。做出这一决策可能会从旨在寻求企业品牌是否为自有品牌提供背书的消费者研究中获得帮助。但就如本章第三节第二部分"品类管理过程"中已经论述的，当前的品牌架构本身无须确定一个新成员是否加入组合。相反，VBPM 规划者须决定，

① 品牌广度取决于一个品牌产品的数量。这一战略维度和品牌架构有着强烈的关系，因为它也定义了零售商可以应用于其产品的品牌类型。这些类型中，有个体品牌（individual brands）（某一产品品类）和拥有若干相关产品品类的家族品牌（family brands）两种。

在品牌保护伞之下引入一名新加入组合的成员是否可行。保护品牌资产和制造商品牌财产的品牌优势实际上已成为一种特权。同样，零售商的决策标准也将围绕保护自己的品牌组合免受外部伤害。与制造商公司品牌或保护伞品牌相关联会对 **206** 零售商店铺品牌产生负面影响，这必须由零售商单独决定。尽管这些都是战略实施的重要因素，然而在这一阶段的规划中，VBPM 规划者应首先将零售商自有品牌架构与自身品牌架构进行对比。图 3-15 描述了品牌架构的这种相互对比。目标应该达到让新品牌以最优的方式被整合到供应商的品牌组合中。无论制造商品牌之下是否包含自有品牌，都必须在合作者共同同意后才能做出决策，该决策应该以不让垂直品牌组合产生负面溢出效应风险进而达到最大协同效应为导向。

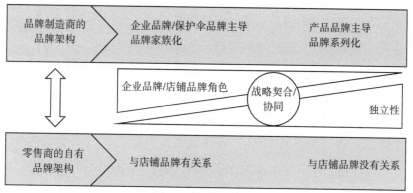

图 3-15　品牌架构对比

资料来源：作者自制，改编自 Esch 等（2004, p. 760）。

另一种选择，品牌架构之间的战略契合结果可能是逐渐远离以企业品牌/店铺品牌为主导的结构。本章第三节第二部分"Kapferer 关于品牌架构的六种主要类型"中对于品牌架构的讨论，得出了可以被应用于 VBPM 战略的六种品牌架构类型。每种架构类型都与企业品牌或保护伞品牌旗下产品数量所扮演的角色相关。由于倍数效应不明显或者压根没有背书效应，VBPM 规划者可能为自有品牌指定一个不同的品牌战略。显然，产品品牌战略允许自有品牌有更大的营销自由度，并且整合对架构的干扰会最小。在这种情况下，自有品牌必要性标准条件可以减少至细分和定位层面。当在垂直方向出现增长时，Pierc 和 Mouskanas **207**（2002）提出运用个体产品品牌，它们可以在高度细分的市场上进行更精准的定位。现如今，这与 Laforet 和 Saunder（2007）的观点一致，他们认为，市场碎片化趋势的不断加强导致品牌组合中出现了更多的个体产品品牌。

在上述任何情况下，品牌制造商的品牌架构仍然是战略的指引方向，自有品牌必须向它看齐。品牌架构的战略契合，可以是现有两个架构的一种自然融合，还可以通过改变品牌战略来促成。

三、VBPM 框架之下的品牌—产品关系

本章第二节第六部分通过应用 Keller 的品牌—产品矩阵来清点审核品牌制造商的品牌（Keller，2008，p.434）。品牌—产品矩阵为规划者提供了一个把所有产品品牌放在一个市场品类里的图表。该模型也有助于规划者确定所评估产品品类中的产品与品牌之间的关系。矩阵的一行（产品线品牌）由在一个品牌所销售的所有产品和变形产品组成。品牌与产品的关系是品牌—产品关系，构成了品牌的延伸战略。品牌延伸战略是 VBPM 战略实施的下一个重点。

完成品牌清点审核和获得品类中的制造商品牌和产品概况之后，规划者可以考虑自有品牌品牌延伸的战略选择。延伸一个品牌就是利用成熟的品牌推出新产品（Völlkner and Sattler，2006）。该新产品可以针对新目标市场的同一品类产品（产品线延伸）或品牌名称可用于延伸到其他产品品类（品类延伸）（Keller，2008，p.491）。有几位学者也强调在推出新产品之时品牌延伸战略的重要性和频繁使用（Green and Krieger，1987；Aaker and Keller，1990；Kim and Lavack，1996）。在 VBPM 中，品牌延伸战略也是 VBPM 中一个可能的品牌化策略。它是一种具有成本效益的新产品推出方式，提高了获得分销的可能性（Keller，2008，p.495）。这两个优势都与 VBPM 特别相关。首先，由于利润越来越少，自有品牌获得较少的市场支持，因此须更有效率地开展营销，而且获得或保持分销是有利于合作的关键参数之一。

208   对 VBPM 规划者来说，首先要研究品牌延伸对品牌架构产生的影响。Keller（2008，p.491）对此情况提供了一些定义性解释：当一个新品牌与现有品牌相结合时，可以延伸为子品牌；提供品牌延伸的现有品牌称为母品牌；当母品牌已经通过品牌延伸与更多的产品建立了联系，那么它也可以被视为一个家族品牌或保护伞品牌。在"Kapferer 关于品牌架构的六种主要类型"中介绍的六种品牌架构类型都可以与品牌延伸的能力和优势联系起来。例如，产品线品牌的特点是强化品牌资产和通过延伸降低推出成本（见"产品线品牌战略"中的图表）。因此，

品牌制造商当前的品牌架构将影响 VBPM 中品牌延伸的适用性和利益。另外，无论是积极还是消极性质，所应用的品牌架构也会影响溢出效应。品牌延伸能够伤害或提高母品牌的形象。当拥有一个产品品牌架构之时，一个负面溢出只会影响到一个品牌，而在源品牌（source brand）和保护伞品牌（umbrella brand）战略中，主品牌或企业品牌由于大规模展露更容易受到伤害。因此，在评估品牌架构的品牌延伸之时，最重要的应该是评估延伸有可能带来的对母品牌形象的伤害或支持。该评估与品牌制造商的内部环境有关，并且是在 VBPM 中评估一项可能的品牌延伸所需做的第一步。

如果 VBPM 允许实施一项品牌延伸战略，那么须规划品牌延伸的战术管理。这些决策标准是多方面的，具体到公司的特定情况。然而，需要说明的是，一些在 VBPM 规划进程中第二个步骤出现的有关市场审计的重要因素将要被讨论，因为这些因素是评价和规划品牌延伸是否成功的关键。

首先，如果自有品牌由于品牌延伸而与母品牌发生了直接联系，那么该自有品牌的必要性标准条件须与一些因素相适应，该因素能表明目标市场对一个品牌延伸的接受程度。现有的文献主要强调了在此背景下母品牌和延伸品牌之间的相似性或"契合度"（Martinez and Pina，2003）。有研究表明，除了契合度外，有几乎无限多的其他变量会对延伸的接受程度产生影响（Martinez and Pina，2003）。大量研究都强调品牌的感知质量是另一个需要考虑的关键因素（Aaker and Keller，1990；Sunde and Brodie，1993；Bottomley and Doyle，1996）。（感知）质量指标在针对消费者（制造商品牌与自有品牌之间的感知质量差异）和品类背景的市场审计中（自有品牌质量和质量可变性）也是一个关键的市场变量。在 VBPM 框架之下，品牌延伸战略应首先从产品质量视角出发，这关系到母品牌、自有品牌延伸的质量差异与目标市场的感知质量维度。这两种产品之间的质量水平须在一个消费者可接受的范围内。无论母品牌（即制造商品牌）和自有品牌是否具有明显的相似（契合），VBPM 规划者在特定情况下都须做出明智的判断。有一个著名的例子，卡夫食品的产品品牌 Vegemite，其母品牌和自有品牌的产品线延伸之间具有一种强大的契合。Vegemite 面包涂抹料是澳大利亚最具标志性的品牌之一，在澳大利亚 100 个最受欢迎的品牌中排名第四（Addington，2012）。Vegemite 产品线品牌有五种产品构成，均有不同的规格（见表 3-16）。其中有四种产品是传统的罐装产品，每罐重量为 150~600 克不等。另有一种产品则是为旅行者提供的一款延伸产品，小型管状包装。280 克的罐子在普通尺寸的罐子基础上进行了加量。包装上有这样的标识"只在 Woolworths 超市销售"。根据 Kumar 和 Steenkamp（2007，p.158）的说法，这样的"定制型号"（Custom SKUs）是根据特定的需求和战略来设计的，是制造商与零售商一种有效的战略合作。由于 Vegemite "只在 Woolworths 超市销售"（only at Woolworths）这一事实，人们可以认为这个商品与自有品牌具有非常相似的特征。Vegemite 是一个全国性品牌，并且在整个澳大利亚杂货零售体系都可以看到（全国性品牌的标准无处不在）。然而，"280 克规格的 Vegemite 只在 Woolworths 超市销售"这句话用明显的大字印在产品外包装上，毫无疑问地显示出 Woolworths 的排他性。零售商并不拥有该产品（自有品牌的品牌所有权评判标准），但很清楚，没有其他零售商能提供这个产品。最后，母品牌与产品线延伸的契合度很强。包括著名包装在内的所有品牌元素都是相同的，产品质量也一样，只是容器的尺寸与其他 Vegemite 产品不同。这个小小的差异仍然让"只在 Woolworths 超市销售"的 Vegemite 成为一个延伸产品。尺寸规格的变化是产品线延伸的最常选择形式之一（Keller，2008，p. 491）。

表 3-16　Vegemite 的产品线品牌

产品规格	600g	400g	280g	150g	旅行便携装 145g
澳元价格	$8.59	$6.83	$5.36	$3.49	$4.07
每 100g 价格	$1.43/100g	$1.71/100g	$1.91/100g	$2.33/100g	$2.81/100g
包装					

资料来源：Woolworths（2013）。

210　　　上述案例表明，在执行层面，VBPM 规划者须决定哪些品牌元素和价值可以被转移到产品线延伸。在 Vegemite 和 Woolworths 的案例中，品牌和产品之间的关系非常密切。由于 Woolworths 店铺品牌名称的出现，新产品也符合联合品牌产品定义角色（见下一部分）。联合品牌是两家著名的公司之间展开 VBPM 战略合作一个很好的示例，这也说明了合作伙伴和品牌的既定品牌架构之间需要有必要的"战略契合"。卡夫的 Vegemite 是一个由两个品牌构成的背书品牌架构，最顶层的卡夫品牌为拥有自身定位的 Vegemite 产品品牌提供背书。另外，Woolworths 是澳大利亚一家主导型日杂货超市连锁机构，以其"澳大利亚新鲜食品民众"（Australia's fresh food people）的定位而闻名。在 Vegemite 的产品包装上，零售商的店铺品牌起到了相似于背书品牌的作用，那就是标示出 Woolworths 独家销售。因此，战略契合是两个品牌架构以产品线延伸线形式所产生协同作用的结果，不会对相关品牌造成伤害。

由于自有品牌定位中价格和质量的重要性，将对"垂直品牌延伸"（vertical brand extension）的特殊形式做出简要介绍，并讨论 VBPM 的重要意义。在一个垂直品牌延伸中，在一个相同产品品类中以比母品牌更好或更低的质量、不同的价格提供一个新产品（Keller and Aaker，1992）。在 VBPM 中，按照自有品牌传统的低质量/低价格定位，一个向下的产品线延伸可能是合适的选择。显然，降价这种向下延伸使母品牌疏远现有顾客和稀释品牌形象的风险被降低了（Kapferer，2008，p.328）。Kim 和 Lavack（1996）建议，在垂直延伸产品之间使用"隔离技术"（distancing techniques）。根据作者的观点，"隔离技术是通过多种语言和图形隔离技术使之更加靠近或者进一步疏远核心品牌的诸多手段，可以使用的隔离技术手段包括广告、促销和包装"（Kim and Lavack，1996）。作者还建议每一个垂直延伸产品都有其特点。对于 VBPM，可以将隔离技术和产品特征放在一个可能的垂直品牌延伸情境之下来加以考虑。例如，如果自有品牌的垂直延伸是向下的，那么产品应该明显比母品牌具有更少的或低一等的特征。这些特征可以是有形的，也可以是无形的，就带来了随后案例中关于品牌价值的讨论。虽然延伸产品可以保持核心价值，但母品牌的某些次要价值[①] 可能会由于证明向下延伸的可行性而被忽略。另一个推崇向下延伸的策略是使用一个子品牌来进行延伸产品（Kapferer，2008，p.328）。总之，垂直延伸是有风险的，特别是当延伸到一个更低价格/质量的细分市场之时。在 VBPM 战略中，当自有品牌代表着一个明确的战略选择之时，须保证自有品牌的延伸不会损害到母品牌。

接下来将讨论另外两个可能影响品牌延伸成功率的市场相关因素。Nijssen（1999）证实，如果某一产品品类的竞争非常激烈并且零售商比公司拥有更多的

211

---

① Kapferer（2008，p.274）区分了"核心价值"（即不可动摇的价值）和"次要价值"（即产品线中可能出现或可能不出现的价值）（见本章第三节第二部分"品牌层次分析"）。

控制力，产品线延伸更有可能失败。零售商控制力和竞争水平这两个因素在市场审计阶段会具有相关性。在 VBPM 框架之下，当一个产品线延伸被作为自有品牌推向市场之时，两者可能会相互抵消，因此提高了延伸的成功率。这主要由于延伸产品将会收到零售商的分销保证。必须承认，这种抵消仅部分适合于由某一特定零售商来独家分销。

总而言之，品牌延伸战略是 VBPM 的一个可行选择方案。它应该来自己建立212 起当前品牌—产品关系的系列品牌的内部审计。尽管战略具有优势，但母公司品牌形象仍然有被垂直延伸伤害的风险。然而，卡夫公司的 Vegemite-Woolworths 合作表明，VBPM 中可以通过品牌延伸达到战略契合的要求。

四、VBPM 框架之下的自有品牌产品定义角色必要条件

制造商品牌组合的审计需要评估产品定义角色（product-defining roles）。产品定义角色体现的是外部视角，从消费者的角度理解组合中的品牌（Aaker，2004，p.18）。在战略形成阶段，规划者须确定与自有品牌相关的组合中的产品定义角色。之前已经介绍了八种产品定义角色。[①] 这一主题的部分内容与品牌架构问题重叠。例如，通过背书品牌与企业品牌产生关联会关系到这两个领域，这已经在架构契合讨论中涉及。因此，在本部分，讨论将主要涉及描述符（descriptor）、品牌差异化元素（branded differentiators）和品牌联盟（brand alliance）的角色。垂直品牌组合管理的角色运行和策略相关性将是本部分的主要讨论内容，讨论将以描述符（descriptor）的产品定义角色和角色的 VBPM 适用性开始。

描述符（descriptor）被用来界定一款产品，标明产品归属于哪种品类。在VBPM，一款特定产品的基石以及描述符的品牌化重要性将发挥作用，不论自有品牌是否能够运用制造商组合品牌所具有的特定描述符。例如，"Toppits 蒸汽袋"（Toppits steam bags）是一个的品牌名称 "Toppits" 与一个通用功能层面的描述符"蒸汽袋"（steam bags）的结合，它主要描述和界定产品。这里的描述符没有品牌功能，可能会被转移到一个母品牌。相比之下，某些公司特定的描述符能够为

---

① 在本章第三节第二部分"品类层次与品牌组合层次分析"中，建立了以下的产品定义角色：主品牌（master brand）、背书品牌（endorser brand）、子品牌（subbrand）、描述符（descriptor）、产品品牌（product brand）、保护伞品牌（umbrella brand）、品牌差异化元素（branded differentiator）和品牌联盟（brand alliance）。

一个产品增加独特性，而且专属于该公司。如前文论述所强调，宝洁公司的洗涤剂系列产品使用了其所有品牌组合中的相同描述符。例如，"粉剂"（Powder）和"膏块"（Tablets）就具有品牌化的潜力。合成词"liquitabs"就不同，它只被用于宝洁的多种多样的洗涤剂组合。[①] 该术语不是注册商标，但是用一个词很独特地总结了皂块以液态形式存在（tablets in liquid form）的产品功能特性。在一项VBPM合作中，一个自有品牌使用一个描述符的主要评判标准应该在于与其他组合品牌的关联性层面的检验。规划者必须确定组合品牌描述符角色的显著性和自有品牌的使用是否有可能稀释其他品牌的描述符资产。最终，这个决定可以由消费者研究指引，看是否可行。然而，如果习惯于将特定的描述符应用在某一产品品类，自有品牌不应排除在外。总的来说，VBPM要求对描述符进行主动管理。

将"品牌差异化元素"（branded differentiators）转移给自有品牌应该得到比描述符的应用更严肃的对待。这是一些描述一种特征、成分、服务或者项目的品牌或者子品牌。由于其品牌性质，它们有可能提升一个产品并为其增加差异性。再一次回顾宝洁洗涤剂品牌组合，很明显，只有碧浪产品品牌使用了注册商标**"Actilift"**技术。这个品牌差异化元素以多种形式为碧浪服务。[②] 其他组合品牌，例如Daz和Bold 2in1，并没有受益于这种技术。VBPM规划者须通过单独分析，来决定品牌差异化元素是否能够被转移到自有品牌。该决定应取决于自有品牌在组合中的角色、它的定位和利益特征。例如，任何品牌在组合中的地位，其对公司的战略重要性，应首先确定在使用品牌差异化元素之时哪个品牌享有优先权。这可能意味着一种对战略性品牌的优先安排，例如现金牛品牌和自有品牌。

最后，"品牌联盟"或"联合品牌"的产品定义角色的可以视为VBPM中的特殊情况。按照其定义，联合品牌（co-branding）[③] 将来自不同组织的两个品牌或来自同一组织的两个品牌结合起来（Aaker，2004，p.161）。在VBPM中，当一个零售商品牌架构与店铺品牌相关联之时，联合品牌策略就是一个可能的结

----

① 关于宝洁的洗涤剂组合，详见本章第三节第二部分"品牌—产品矩阵"。

② 详细信息请参见本章第三节第二部分"品牌—产品矩阵"。

③ "联合品牌"（co-branding）、"品牌联盟"（brand alliance）这两个术语表示相同含义（Esch et al., 2006）。

④ 店铺品牌为自有品牌系列产品提供背书是零售商的常见做法。自有品牌品牌化战略参见第二章第二节"自有品牌的战略选择"。联合品牌是VBPM的一项战略选择，这一内容在第三章第七节"VBPM框架之下的自有品牌产品定义角色必要条件"中讨论。

果。④ 为了说明联合品牌对于 VBPM 的重要性，将在一名真实制造商和与店铺品牌相关的真实自有品牌之间构建一个假想案例：

"Nespresso"是由瑞士食品巨头"雀巢"推出的一种咖啡胶囊技术（coffee capsule technology）。该品牌是全世界所谓"超级咖啡酿造"品类的市场领导者，2011 年的年度销售收入超过 15 亿美元（Euromonitor，2012）。另外，"REWE Feine Welt"是德国超市集团 REWE 的一个食品自有品牌。在 REWE 针对价格敏感型细分市场上的所有自有品牌中，该品牌可以被认为是一个溢价自有品牌。该品牌也兼顾利益需求型细分市场所关注的元素，如口味和嗜好。① 各种系列产品中，该自有品牌还通过其子品牌"Incahuasi Espresso"和"Incahuasi Crema"为消费者提供有机咖啡和公平贸易咖啡（REWE，2012a）。专门通过"Nespresso"店铺及网上商店销售其技术和咖啡胶囊的"Nespresso"，允许"REWE Feine Welt"销售可用于"Nespresso"咖啡机的咖啡胶囊。这就使得"Nespresso"成为了"REWE's Feine Welt"牌系列咖啡的一个成分品牌（或品牌化技术），在两个产品之间形成了一种品牌联盟。"Nespresso"将首先受益于经过扩充但仍然有限的分销覆盖范围，但却没有模糊其独家分销策略。例如，在 REWE 销售点的购物环境就能通过店中店体系的定制化设计来契合"Nespresso"的氛围。总的来说，"Nespresso"这一成分品牌可以为零售商的咖啡自有品牌发挥作用，但不只是主导作用。"REWE Feine Welt"仍然居于主导品牌的位置，"Nespresso"对其起到提升作用。该联盟很有可能在这两个同样定位在高端市场的品牌之间达到战略层面的契合。对于"REWE Feine Welt"的消费者来说，内嵌的"Nespresso"技术意味着一种利益获得和信任感。同时，为新的"Feine Welt Capsules"的价格和质量应该与"Nespresso"咖啡胶囊相类似。品牌的合作生产和管理自然应该留在雀巢，由于本技术的现有的知识由品牌制造商提供。

以上的假想案例说明，通过采用品牌组合战略，一个自有品牌能够受益于某一个 VBPM 中的合作品牌——在本案例中，受益于联合品牌中的产品定义角色。在这一品类中，一个溢价自有品牌（premium PL）从主要的制造商品牌获得了一项属于本品类的成分技术。反过来制造商也可能获益，通过与定位相似的自有品牌联合起来的方式扩大了它的可用性。两个溢价品牌之间实现了良好的契合——

---

① REWE 的自有品牌组合详见第二章第二节第二部分"雷弗集团案例"中的表 2-6。

尽管"REWE Feine Welt"处于自有品牌地位。

将全国性品牌作为自有品牌的构成成分，Vaidyanathan 和 Aggarwal（2000）也推荐这一做法。在一项实验中，研究人员表明，一个包含成分品牌的自有品牌获得了更为积极的评价，制造商品牌的评价也没有被这种关联所削弱。如果在 VBPM 中运用联合品牌，一个自有品牌计划与制造商品牌形象相关联的效应，可能在实施之前就须去研究。

总之，描述符、品牌差异化元素、品牌联盟的产品定义角色与 VBPM 特别相关。将描述符和品牌差异化元素转移给一个自有品牌须在个案评估基础上进行。品牌联盟是将两个协作方聚合起来的一种有效方式。

五、VBPM 框架之下的品牌组合角色应用

品牌组合的角色代表公司对于品牌所持有的观点（Aaker，2004，p. 23）。品牌组合角色对于公司来讲具有战略意义。在 VBPM 框架之下，自有品牌最终将在公司的品牌中扮演相应角色，并且很有可能影响到组合的平衡性。自有品牌的组合角色选择和要求将在本部分讨论。

以下八个组合角色是规划过程第一步中品牌组合审计的讨论对象：①

（1）战略型品牌（strategic brand）；

（2）品牌化激发器（branded energiser）；

（3）银子弹品牌（silver bullet brand）；

216

（4）现金牛品牌（cash cow brand）；

（5）侧翼品牌（flanker brand）；

（6）低端入门级品牌（low-end entry level brand）；

（7）高端声望型品牌（high-end prestige brand）；

（8）增加零售商货架空间和零售商依赖性（increase shelf presence and retailer dependence）。

在品牌组合审计期间，VBPM 规划者已经对组合中的每个品牌所采用的角色做出了逐一确定。已被占据的角色自然会影响到自有品牌在品牌组合中的角色类型。首先，角色不能重复。此外，自有品牌的一个新角色应该满足组合的总体目

① 关于角色的详细讨论，参见本章第三节第二部分"组合角色范围"。

标，并可能最终有利于增加市场覆盖。这一结果是之前在进行市场细分之时就已经满足的一个要求。在本章中，将集中讨论自有品牌角色扮演可能产生的结果。对自有品牌的主要要求是为品牌制造商的组合提供一个新的或必要的组合角色。自有品牌不可能扮演品牌化激发器、银子弹品牌、现金牛品牌或者高端声望型品牌的角色。虽然每一个组织的情况不同，但是可以认为，这些角色对于制造商组合中的品牌来讲是最重要的。例如，强势品牌的性质（战略型品牌的一种形式）是通过品牌的高销售额及其对公司的贡献所反映出来的。[①] 在 VBPM 框架之下，一个自有品牌是不太可能扮演这种角色的。因此，本书讨论的重点将围绕其他的品牌组合角色，即"侧翼品牌"、"低端入门级品牌"和"增加零售商货架空间和零售商依赖性"。

Hoch（1996）在一篇经常被引用的文章中探讨了全国性品牌制造商应对自有品牌的战略选择。[②] 在其他文章中，作者论述了针对自有品牌而推出价值型侧翼品牌的可能性选项。这样一个价值型侧翼品牌的目的，在于其要代替主要品牌与自有品牌展开竞争。价值型侧翼品牌的定价须低于主要品牌。它们与有可能伤害到贸易伙伴关系的零售商品牌展开正面竞争（Verhoef et al., 2002）。当被引入渠道时，新品牌通常要被零售商收取进场费。所有这些情况使得品牌制造商采用价值型侧翼品牌战略的成本与风险都要高。然而，从 VBPM 的角度来看，考虑让一个自有品牌在制造商的品牌组合中扮演价值型侧翼品牌的角色，是一个可行的选择。有人会争辩说，这一战略可以同时有益于制造商和零售商。而且自有品牌可以扮演其他的组合角色，即低端入门级品牌、增加零售商货架空间和零售商依赖性。讨论首先从价值型侧翼品牌扮演低端入门级品牌角色来展开。

要准备扮演这些角色首先要确定这两种选择的价值细分。如前所述，这可以被认为是一个可能的结果，作为价值段是一个共同买家的目的地。显然，在制造商品牌组合中这一细分还须处于未被占据状态。其次，还须对品牌架构的影响进行评估。如果自有品牌面向的是一个允许与制造商品牌产生关联的品牌架构，自有品牌可以扮演低端入门级品牌的角色。低端入门级品牌主要是在低价格和低质量层面进行延伸，目的是吸引客户首次试用某一种品牌特许（Keller et al.,

---

① 关于所有角色的详细讨论，参见本章第三节第二部分"组合角色范围"。
② 谷歌学术显示，Hoch 的《全国性品牌应该怎样看待自有品牌？》（How should National Brands Think about Private Labels?）一文被引用 314 次（Google Scholar, 2012）。

2012，p. 579）。在与上述相同但没有与制造商品牌产生关联的情况下，自有品牌仍然有资格扮演侧翼品牌的组合角色。[①] 像一个"常规"的侧翼品牌，与组合中的主要制造商品牌相比，自有品牌通常具有较低的价格。如果以此作为管理目标，自有品牌可以捍卫本品类的主要品牌与其他价值型品牌，并防止竞争对手凭借某一价值型品牌进入市场。Dunne 和 Narasimhan（1999）说明，在下列情况下，如何将一个自有品牌作为侧翼品牌能为品牌制造商提供经济层面的保护：

"A 公司和 B 公司在冷冻蔬菜品类展开竞争，都拥有受欢迎的品牌。A 是领导者，它想提高品牌旗下产品的价格。如果没有自有品牌的替代品，品牌 B 可能会从品牌 A 手中获得一个拒绝价格上涨的消费者。但如果品牌 A 推出一个自有品牌，特别是一个与其品牌产品相似的自有品牌，那么一些品牌 A 的消费者会转向该自有品牌，而不是转向品牌 B。因此，自有品牌可以降低价格上涨而产生的财务风险，决定了是实施一次成功的价格上涨还是在实际上降低公司的利润。"（Dunne and Narasimhan，1999）。

　　表 3-17 进一步说明，这种情况之下的价值型侧翼品牌战略如何提高品牌制造商的整体利润。如果该公司在没有推出自有品牌的情况下提高了主要品牌的价格，它将由于消费者转向品牌 B 而看到利润的降低。然而，如果它推出一个溢价自有品牌，许多这类消费者会转向该自有品牌，而不是转向品牌 B，A 公司会获得更高的总体利润。此外，如果允许另一个制造商通过溢价自有品牌进入市场，它将失去保护，并在本品牌迎来一名新的竞争对手。这个案例是基于一个还没有推出自有品牌的产品类别，这也是该案例的局限所在。然而，在 VBPM 中的市场审计中可能会发现正是表明这种措施行之有效的类似情况。另外，对于品牌制造商来说，一个现有的自有品牌的角色是可以转化的。当然，对于可能不太愿意由其首先推出自有品牌的品牌制造商来讲，这一案例还是有重要意义的。对于 VBPM，它能够支持该战略的品牌组合视角。此外，它强调对诸如竞争行为等更广泛的市场威胁做出回应的潜在能力。Steiner（2004）报道了一则美国快餐行业的案例，一名主要的制造商已经能够将自有品牌用作"战斗品牌"，作为品类首领来攻击竞争性制造商品牌。这个事件被放在反垄断背景下讨论，但为前面所提

---

　　① 侧翼品牌角色只能考虑被部分采用。自有品牌由一个零售商独家分销，因此无法实现密集分销，而这是全国性品牌的一个评判标准。另外，可以这样说，一个新建立的侧翼品牌是一次新的产品导入，分销需要从零开始。因此，新产品的密集分销更像一个目标，而不是一个既定条件。

出的价值型值侧翼品牌战略提供了更多的支持。

表 3–17 自有品牌的价格控制

	零售价格 (美元/个)	销售量 (百万)	毛利 (每单位/美元)	利润 (千美元)
现状				
A 品牌	1.49	9	0.12	1080
B 品牌	1.49	5	0.12	600
提价 (无自有品牌)				
A 品牌	1.59	7	0.15	1050
B 品牌	1.49	7	0.12	840
提价 (推出溢价自有品牌)				
A 品牌	1.59	6.5	0.15	975 } 1.125
自有品牌	1.39	2.5	0.06	150
B 品牌	1.49	5	0.15	750

资料来源：Dunne 和 Narasimhan （1999）。

219   两种战略选择——自有品牌作为低端入门级品牌和自有品牌作为侧翼品牌——为品牌制造商提供额外的竞争优势。首先，作为 VBPM 背景下所有自有品牌，推出自有品牌满足了增加货架空间与零售商依赖度的角色。其次，由于自有品牌的地位，新的组合品牌不会招致零售商收取入场费。与推出一个"常规"侧翼品牌相比，这是侧翼品牌在角色扮演方面的一个明显优势，这很可能会导致较高的推出成本。最后，每一种选择将有望加强与零售商的关系，而不是伤害它。如前所述，自有品牌须填补制造商品牌组合中可能存在的细分空白。因此，更广泛的市场覆盖既是其带来的一项益处，也是自有品牌存在的一个必要条件。零售商的优势首先在于品类管理领域。如果品牌制造商设计了一个能够成功地涵盖更多细分市场的品牌组合，零售商的整体品类绩效也应该得到提高。

220   从总体上可以看出，VBPM 最终能够达到品牌化战略的所有层级，包括对于品牌组合的角色管理。实现上述提到的一些角色需要 VBPM 规划者在设计阶段就具备想象力。将自有品牌整合到品牌组合管理中，进而让它们扮演品牌角色，可能在一开始的时候并不明显，但当产品类别被视为一个整体之时，自有品牌在品牌制造商的业务战略中总会扮演一种角色。前面构建的自有品牌角色是 VBPM 评估中的自发性思维，因此代表着 VBPM 规划迫在眉睫的目标。无论消费者是否接受一个自有品牌扮演的这些角色，这都将是个案中消费者研究的主要内容。例如，在一项研究中，涉及快速消费品行业的一个领先的全国性品牌，一个经由知名品牌背书的自有品牌对品牌形象并不会产生显著的负面影响（Bakker and Nenycz-Thiel，2011）。

图3-16显示了自有品牌必要条件的形成顺序。在一个VBPM合作中，这些标准代表了对于制造商特定品牌组合战略的响应。通过最好地满足这些标准，自有品牌应该融入制造商的品牌组合战略，确保达到VBPM的设定目标。

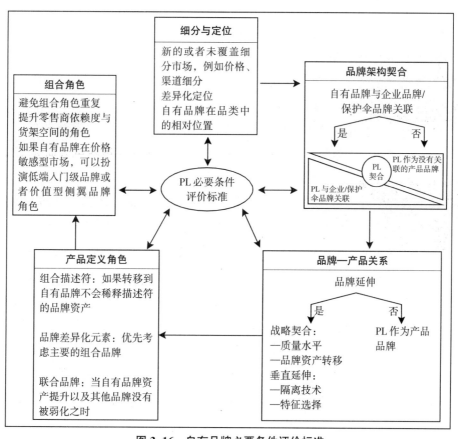

图3-16　自有品牌必要条件评价标准

资料来源：作者自制。

下一部分将讨论纳入VBPM战略规划的相关产品类别问题。一个特定的重点 221 将致力于制造商的品牌和多层次的在产品类别的投资组合的相互作用。这个讨论将提请VBPM战略管理者关注VBPM中包括零售商在内的整体品类视角。

六、VBPM 框架之下的品类视角

VBPM 的目的在于从整体上管理产品品类，从品类视角来实施品牌组合管理。因此，建议 VBPM 规划者将品类的相关事项纳入战略设计。接下来的部分将阐明与 VBPM 战略相关的品类事项。

VBPM 的实施将基于几个因素。首先，它会将品牌制造商视为自有品牌的提供者。当自有品牌由一个不同的公司推出之时，一名制造商要参与到 VBPM 中来是不可能的。将信息透漏给一名竞争对手的风险太高了。其次，合作者应该是经验丰富的 ECR 操作人员，他们拥有足够的资源来对 VBPM 进行投资。拥有大量可观资源的大公司通常是更成功的 ECR 采用者 (Dobson Consulting, 1999, p. 184)。这一点之前已有论述，VBPM 与品类管理密切相关。品类管理是一项零售商与供应商共同发起的做法，旨在提高零售商在某一产品品类的整体绩效 (Basuroy et al., 2001; Seifert, 2006a, p. 147)。品类管理由零售商单方面来实施，自己对品类进行管理，或者零售商可以授权一个品牌制造商充当"品类首领"来进行品类管理，以及谁将充当"品类首领管理"(Schröder, 2003)。品类首领对产品品类的绩效负责。因此，根据 VBPM 战略的要求，推出和管理一个自有品牌与一个品类首领在品类管理所须完成的任务和合作强度非常类似。因此，品牌制造商作为 VBPM 合作中的品类首领是可能的，或其至少拥有品类管理的经验。品类管理应确定某一特定品类中所有产品的相互关联性，着眼于提高整个品类的绩效而不是个体品牌的表现 (Pepe, 2012)。这也可以被认为是品牌制造商和零售商之间的一个冲突地区 (Kurnia and Johnston, 2001)。当然，品牌制造商将越过零售商所关注的整体品牌绩效最大化，去关注自身品牌的绩效最大化。传统的这种目标缺乏一致性的零售商与制造商关系应该至少在一定程度上被 VBPM 的应用所克服。首先，自有品牌将在制造商品牌组合中扮演角色，这样的角色应该有助于制造商品牌组合的整体表现。其次，一旦推出，自有品牌将收到一些品牌制造商想看得到回报的营销投入。同时，作为 VBPM 的发起者，品牌制造商将有兴趣与合作伙伴一道保证合作的成功。

因此，VBPM 是品牌制造商在不熟悉的环境中所采用的一种新型品牌组合管理形式。特别是将自有品牌纳入供应商的日常营销决策很可能为其提出一个挑战。这样的情况受到大量变量的影响。例如，VBPM 中的一个特定情况取决于与品类相关的若干事项并随之发生变化，如产品品类的类型、品类中的品牌数量、品类竞争的性质、自有品牌所占份额、零售商针对自有品牌的活动；等等。

因此，为了便于说明，将挑选一个典型的杂货店超市来讨论。讨论的例子来自 Geyskens 等在 2010 年的一项研究。作者研究了在两种不同产品品类中推出三个层次的自有品牌活动项目，[①] 它将如何影响全国性品牌对于主流品质和卓越品质的选择，如何影响一个零售商对于自有品牌的质量选择。这使得案例适用于由 VBPM 战略情境驱动的有关品类的讨论。虽然这个例子将自有品牌的推出作为主要事件，所选择的情境和后续适用性在大多数杂货产品类别都非常相似。Geyskens 等在 2010 年研究中的一系列选择项目为：

"……包括三种类型的自有品牌——经济型自有品牌、标准型自有品牌和溢价型自有品牌[②] 以及两种类型的全国性品牌——拥有卓越品质的全国性品牌和拥有主流品质的全国性品牌。这些选项会在两个维度上发生变化：①品牌类型，从中我们可以区分全国性品牌和自有品牌；②质量层级，从中我们可以区分低质量等级、中等质量等级和高质量等级的产品。标准型自有品牌是"一般定位为中等质量或者中等价格的产品"，类似于拥有主流品质的全国性品牌。相比之下，溢价型自有品牌被列入高质量等级的产品。与拥有主流品质的全国性品牌相比，溢价型自有品牌拥有卓越品质。它们处于市场的顶端，基本可以替代拥有卓越品质的全国性品牌。最后，推出经济型自有品牌是为了应对深度折扣商店所带来的威胁。它们以最低的价格提供基本的、可接受的质量，价格要低于拥有主流品质的全国性品牌。通常，在传统超市各种产品中，经济型自有品牌的质量与全国性品牌没有可比性。

图 3-17 描述了基于两个维度的选择项目。

作者发现，经济型和溢价型自有品牌从现有的自有品牌手中拿走份额。另外，经济型自有品牌的推出有利于拥有主流品质的全国性品牌，因为在零售商的各种产品中这些全国性品牌成为中等质量的产品选择。溢价型自有品牌的推出对

224

[①] 三个层级的自有品牌项目已经成为大多数超市运营者的惯常做法（Kumar and Steenkamp，2007，p.41）。例如，Royal Ahold，世界第三大零售商，已经在世界各地的市场上推出经济型、标准型、溢价型质量的自有品牌系列产品（Planet Retail，2013）。

[②] 这一自有品牌类型等同于本书第二章第二节第一部分"自有品牌定位"中提出的"普通—模仿—溢价"定位维度。

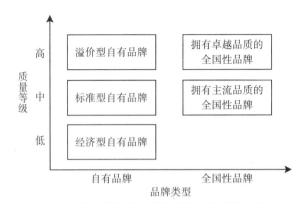

图 3-17　质量等级和品牌类型维度的选择项定位

资料来源：Geyskens 等（2010）。

拥有卓越品质的全国性品牌所产生的影响是双重的。在四个案例中，它们的份额在两种情况下提高了，但在其他两种情况下减少了。这些研究结果同时与零售商和品牌制造相关。零售商将知道，三个层级的自有品牌组合可能实际上会导致零售商品牌之间的自相残杀。为了避免这种影响，Geyskens 等（2010）建议零售商将它们的自有品牌放置在不同的货架区域，使产品比较更加困难。为了让产品比较更为复杂，作者还建议零售商将自有品牌作为个体品牌来对待，而不是将它作为与零售商品牌有关系的子品牌来看待。①

　　对于品牌制造商，结果表明，三个层次的自有品牌组合可能实际上有助于它们的品牌。这项研究的作者建议，拥有卓越品质的全国性品牌制造商应该将品牌的关注点放在质量的卓越性和创新层面。另外，拥有主流品质的全国性品牌应该尝试让它们的产品和溢价型与经济型自有品牌展开竞争，以方便消费者更容易地比较产品。

　　由 Geyskens 等（2010）的研究与建议对于 VBPM 战略管理者具有启迪作用。他们主要揭示了竞争性品牌和自有品牌之间的个体效应。在一项 VBPM 合作中，挑战将是如何利用这方面的知识，并把品牌内部的竞争转化为全体品牌的最佳表现结果。上述案例表明，制造商品牌与自有品牌在某一个产品品类的表现取决于超越品牌制造商经典竞争力层面的措施。例如，全国性品牌与自有品牌的产品推

225

---

　　① 这个建议是该研究的第一个不足之处，它只研究了店铺品牌作为子品牌的自有品牌组合。随后，会对这一不足之处与其他不足之处做出重点讨论，旨在说明还有其他可能应该考虑的变量。

广任务通常要留给零售商或者品类首领责任人。在 VBPM 框架之下，这些任务需要全国性品牌和自有品牌联合做出必要的定位和市场细分决策。它们也都在品牌制造商的控制范围之内。如果执行得当，VBPM 应确保所有参与的品牌和自有品牌分别定位，以正确的方式在店铺中陈列。只要品类的整体表现比没有施行垂直管理的品牌组合之时要高，自有品牌是否会自相残杀并不重要。

本研究的不足之处为进一步探讨提供了空间，并与 VBPM 相关。首先，推出的自有品牌都是店铺品牌的子品牌。目前的学术研究还没有涉猎这些结果会如何影响个别品牌（Geyskens et al.，2010）。在本书中，对于在 VBPM 框架中个别自有品牌的使用，将作为确保垂直品牌组合中差异化定位战略实现的主要策略之一来加以介绍。自有品牌产品的这种品牌化策略可能会从零售商对于这些研究结果的应用中获得更多的支持。此外，零售商自有品牌的质量水平对于该研究所涉及的店铺具有独特性，在其他情况下可能会有所不同。因此，这项研究的结果不具有广泛性，自有品牌的质量须在需要之时才能够加以确定。最后，零售商遵循一种多层次自有品牌方法的战略目标也须加以考虑（Geyskens et al.，2010）。例如，零售商经常推出经济型自有品牌以应对深度折扣自有品牌的直接竞争。因此，它们的目的主要是要抢走这些竞争对手的份额。另外，溢价型自有品牌往往被理解为可以创造更高的毛利，因此能够有效地提升品类的整体表现。所以，由于推出更多层级的自有品牌会带来自相残杀效应，零售商仍然可能采取一个聪明的战略（Geyskens et al.，2010）。

上述讨论表明 VBPM 作为品牌制造商与零售商之间一项合作战略的复杂性。226 两个合作者的利益是多方面的，而且是不同的。此外，两种不同种类的品牌类型达到了互补的目的。看上去似乎是一个不可能的契合，最后可以变成一种共生关系。这主要归功于 VBPM 规划者使用手中的工具来进行角色设计。然而，当对战略进行规划之时，决策就须考虑许多其他的因素。在以上的案例讨论中已经对这一点进行了部分说明。仅仅着眼于自身的品牌组合将最终遗漏决定战略是否能够成功的重要因素。在内、外部环境审计过程中这些因素应在整体上予以考虑。尽管内部环境的对象可能是显而易见的，在 VBPM 规划之时市场和零售商审计的所有相关因素必须加以考虑。虽然制造商的品牌组合表现是所有决策的基础，所涉及的零售商产品品类的成功才是 VBPM 的重中之重。为了实现这一目标，VBPM 战略管理者（VBPM Strategist）在进行战略规划之时须考虑到上述的外部效应。

下一部分将通过介绍"合同战略"（contractual strategy）来结束 VBPM 规划的讨论。本讨论将以委托—代理理论在制造商与零售商之间特定渠道关系中的应用作为指导。

七、VBPM 框架之下的合同战略

在第二章第四节中，已经明确 VBPM 是垂直营销（Vertical Marketing，VM）概念的一种应用形式。该战略的起因和某些重要原则衍生于垂直营销（VM）概念、有效消费者反应（ECR）和品类管理（category management）。有效消费者反应（ECR）能力也被视为 VBPM 成功的关键因素和品牌制造商内部审计的一部分。第二章第四节第四部分"比较垂直营销上层结构"概述了三种垂直营销战略：①选择战略（selection strategy）；②激励战略（stimulation strategy）；③合同战略（contractual strategy）。本部分将探讨 VBPM 中合同战略的应用。

227

品牌制造商通过合同来确保它们在 VBPM 中的回报。这在 VBPM 中是合作发起者旨在获得定量与定性回报的常见做法（Irrgang，1989，p.63）。之前有过介绍，建议采用代理理论。[①]该理论的应用是可能的，由于有效消费者反应的合作以及后续的 VBPM 伙伴关系显示出其具有与委托—代理关系类似的属性（Schröder，2004；Rungtusanatham et al.，2007；Lietke，2009，p.50）。在接下来的讨论中，VBPM 中相关公司之间的关系被解释为委托—代理关系。这一假设将能够解释有可能发生在 VBPM 合作伙伴关系中代理理论层面的合作和协调问题。基于这些研究结果，潜在的解决方案可以通过 VBPM 战略管理者提升引发和执行VBPM 合作水平来获得。这些解决方案被嵌入在 VBPM 合同战略中。

八、VBPM 框架之下的代理理论相关议题

代理理论（Agency Theory，AT）是新制度经济学（New Institutional Economics）的关键理论之一，主要涉及合同协议中至少有两方之间的动机问题（Göbel，2002，p. 60）。当委托人不具备相关专业知识或者将任务委托出去对委

---

① 从字面意思来看，委托—代理理论（Principal–Agent Theory）通常被称为"代理理论"（Agent-Theory）。在接下来的讨论中将使用这一术语。

托人更有效之时，委托人雇用代理人并受益于代理人的专业知识。当各方对信息掌握的程度不同（信息不对称）之时，代理关系就会出现问题。代理人的隐藏信息可能会导致委托人的不确定性，委托人无法保证代理人在委托人能够代表其最佳利益行事（隐藏的行为）（Bergen et al.，1992）。当代理人的行为对委托人不利时，可能会导致道德风险和利益冲突（Kaas，1992）。关于代理人如何行事以及在什么范围内见机行事方面的疑虑，可以通过代理理论所的机制予以减少。委托人的目标是达成一项在特定情况下最大限度地实现回报的协议（Lietke，2009，p.51）。同样，代理人寻求将最小程度的努力投入任务，并最大限度地实现他们的回报。

　　在一个 VBPM 合作中，零售商（委托人）将自有品牌管理委托给品牌制造商（代理人）。制造商拥有管理品牌组合的专业知识，占有详尽的消费信息。这构成了代理关系中典型的信息不对称。而且，双方相互依赖并追求各自目标，各自的目标通常是不同的。例如，零售商的目标是让商店获得整体成功，而供应商则把关注焦点放在自身的品牌上。依赖的存在是因为制造商需要转售者来销售它们的品牌，而大多数零售商的大部分利润是通过销售全国性制造商品牌而获得的（Geyskens et al.，2010）。

　　代理人文献仅从委托人的视角来论证（Eisenhardt，1989），这是代理理论（AT）的主要缺陷。假设委托人是这种关系中的主导力量（Bergen et al.，1992）。正如前文所述，VBPM 是品牌制造商发起的一项垂直营销计划。因此，合同协议将由战略的发起人（即此种情况中的代理人）来主导。虽然在前文已经提到，现在渠道关系中的控制力从制造商向零售商转移，这有可能会造就出强大的零售商，但是 VBPM 被设计为一个相互平等的战略。由于双方合作者的重大投入，只有那些拥有足够资源的企业才有可能驾驭这个战略。因此，VBPM 通常适合于强效和强大的制造商。同样，协作者之间先进的有效消费者反应（ECR）专业技能和相互信任被当作战略必要条件引进来。因此，VBPM 将是现有相互信任关系的一种继续。并且，VBPM 合同合作伙伴相互能够"看对眼"（eye-level）的结果，彼此独立决策并共享利润（Jeuland and Steven，1983）。总的来说，制造商正大规模地投入到合作中，这对于他来讲很正常，零售商也可能希望促成合同的签订。此外，除了确保从合作中获得利润之外，制造商将实施确保知识向零售商转移的相关措施。例如，品牌制造商向零售商公开受协议保护的与品牌相关的知识

和数据 (Tochtermann, 1997)。

代理理论所提供的达成合同协议的工具，也主要是在以委托人为角度的文献中进行过讨论。从接下来部分中的讨论可以看出，在实施 VBPM 战略之时，这些工具对代理人同样适用。主要与信息不对称方面的问题相关。[①] 此外，代理理论提供了当委托人和代理人之间的信息不对称发生变化之时，克服这些问题的工具。这意味着，有的时候会出现这样一种关系：代理人比委托人拥有更多的信息。有
229 的时候也会出现相反的情况。例如，制造商依赖于零售商的信息，如品类数据或购物者的终端销售数据。在这种情况下，零售商作为委托人比代理人拥有更多的信息。代理理论提供了一种机制来克服当信息占有优势出现偏移而导致的双方可能的机会主义行为 (Schröder, 2003)。这种情况也意味着，代理关系中的主导角色向任何具有信息优势的合作伙伴转移 (Bergen et al., 1992)。

总体而言，可以这样说，代理理论适用于 VBPM 的选定领域。信息优势和如何克服任何一方的机会主义行为是特别相关的。制造商与零售商关系的特点类似于其他垂直营销合作。如上所述，合同协议很可能是委托人和代理人之间相互合意的结果，合作伙伴基于平等原则展开合作。

下一部分将结合 VBPM 讨论主要的代理问题。然后，将介绍克服这些问题的理论工具，这些工具将主要关注与信息不对称有关的问题。

九、代理问题

当进入与代理人达成某种关系之时，委托人通常会面临一些问题。首先，代理问题确实是委托人与代理商之间可能会碰到的主要问题。代理人（即 VBPM 中的制造商）的视角并不是该代理问题领域的主要理论方向。然而，品牌制造商将是合作的驱动者，它可能须首先说服零售商参与 VBPM 中来。因此，知晓并预估可能出现问题的领域将会帮助 VBPM 规划者先行突破种种限制，并将有可能让它在合作条件的协商过程中占据更有利的位置。同时，零售商也将对达成一项最佳的合作协议产生兴趣。下一部分将着重讨论代理问题，它将显示并不是所有的问题都是由代理人引发的。因此，制造商作为代理人须意识到作为委托人的零售商

---

① 关于信息不对称的文献通常会提到"信息经济学" (Information Economics) [Kreps (1992)，Varian (1992 年)] 或"信息经济学" (New Information Economics) (Stiglitz, 1985)。

所引发的代理问题。

（一）代理关系中合同达成之前与之后的相关问题

委托—代理关系中存在两种问题：一是合同协议达成之前的问题；二是当事人已达成某种合同关系之后出现的问题（Bergen et al.，1992）。

合同达成之前冲突或问题的出现，是因为代理人可能会隐瞒信息（"隐藏信息"，hidden information）（Arrow，1985，p.38）。该信息对于委托人是不可获得的或难以确定的，同时对代理人也具有"隐蔽特征"（hidden characteristics）或"隐藏意图"（hidden intentions）（Arrow，1985，p.38）。这可能会导致委托人在选择代理人时出现困难（"逆向选择"，adverse selection）（Richter and Furubotn，2003，p.175）。结果，逆向选择可能导致委托人选择了一个不适合完成既定任务的代理人。

一旦达成协议，合同达成之后的问题就可能产生。例如，代理人可以利用委托人对代理人的依赖（Schröder，2003）。当意识到投资是不可逆之时，委托人会承受被"套牢"的风险（Richter and Furubotn，2003，p.155）。[①] 当委托人无法监督或判断代理人的行为之时，另一个合同达成之后的问题将会出现。当代理人改变行为、没有付诸全力或者不按照委托人的最佳利益行事之时，这样的"隐藏行为"（hiddenactions）会导致委托人的"道德风险"（moral hazard）（Göbel，2002，p.102）。

表3-18列出了委托人的主要代理问题及其因果关系。

表 3-18　代理问题的因果关系

事件	代理问题	原因	结果
合同达成之前	隐藏特征	无法看到或不能充分预知代理人的特征	逆向选择
	隐藏意图	代理人的实际意图不明	套牢
合同达成之后	隐藏行为	代理人的行动未知或不可观察	道德风险

资料来源：Picot 等（2005，p.77），引自 Lietke（2009，p. 58）。

（二）解决代理问题的方法

在达成正式协议之前，为了克服隐藏信息的问题，委托人可以筛选（screen-

---

① 双方都有可能被套牢。例如，一旦代理人被锁定在这种关系中，委托人对代理人实施"抢劫"，反之亦然。

ing)潜在的代理人或解释代理人发出的"信号"(Bergen et al.，1992)。筛选代理人意味着委托人积极收集任何可以获得的关于潜在代理人资质特征方面的信息。另外，当代理人有兴趣去降低信息不对称之时，他将试图以一个真正的方式来发出信号表达其具备完成任务的特点和资质(Göbel，2002，p.111)。然后由委托人对这些信号做出判断，并对代理人是否适合完成既定任务做出决策。

代理人的隐藏行为可以用两种方式来应对。首先，委托人可以监督代理人的行为，根据观察结果来奖励代理人。其次，委托人可以起草一份合同来事先指定代理的成果，也包括对同时能够达到委托人目标的成果进行奖励的措施(Bergen et al.，1992)。另外，代理人可能也愿意让委托人知晓他的行动。当委托人无法判断结果是由外源性因素还是由代理人的行为而导致的，这就会变得相关起来(Göbel，2002，p.113)。

为了避免这种情况，例如代理人可以安装汇报系统或者让委托人知晓他的最新举动(Göbel，2002，p.113)。

(三) 克服 VBPM 关系中的代理问题

信息不对称增大了机会主义行为的可能性。知晓较少信息的委托人将试图降低风险，而知晓信息较多的代理人更倾向于降低合作伙伴的风险，如果他真的对伙伴关系的成功感兴趣(Schröder，2003)。对于 VBPM 合作，他可以随时降低来自隐藏特征、隐藏意图和隐藏行为等方面的风险。制造商主要通过利用信号、报告、同意激励和惩罚机制方面的工具来降低风险。另外，零售商可以筛选制造商，监督其表现，并对制造商实施激励和惩罚方案(Schröder，2003)。

两种降低代理风险的视角(品牌制造商和零售商视角)将在接下来的部分予以介绍。降低机构风险的相关将在下面的章节中介绍。讨论的主要焦点将指向制造商视角，它是该合作的驱动者。

232 (四) 品牌制造商解决隐藏特征的信号措施

合作开始之前，制造商可以说明没有隐藏特征才是最普遍的。这里需要"信号发送"(signalling)这一代理工具。通过判断制造商的"信号发送"，零售商应该清楚并确信制造商履行 VBPM 的能力。该过程的结果应该是，零售商认为拥有代替自己成功管理自有品牌的相应技能。在 VBPM 发起阶段，战略管理者拥有解析"信号"的若干种选择方案。这里需要该组织与战略是相关的资源和能力。首先，战略管理者可以突出公司在实践 ECR 方面的经验和专业知识。类似于有效消费者反应（ECR）能力审计，在某些主要的 ECR 关键成功因素层面的竞争力水平可以通过沟通（发信号）让零售商知晓。[①] 另外，制造商可能能够通过公开出版资料积累 ECR 技能。[②] 此外，潜在的合作者还回顾两家公司新近的合作。双方的参与人员可以作为证人来支持制造商作为合作伙伴的可靠性。正如前文所述，VBPM 可能是基于制造商与零售商最近的一次 ECR 合作。这样的经验如果成功的话，将为制造商有能力按照 VBPM 的要求进行密切合作提供其他的证明，特别是可以将品类管理项目作为参考。这些项目与营销直接相关，将涉及双方可能也在 VBPM 中发生互动的人员。因此，营销人员，如零售商的品类管理者和供应商的品牌经理，可能就会来自过去的项目。因此，零售商方面参与的营销人员可以由供应商对其进行利益游说。品类管理在组织中的相对重要性是另一个信号因素。例如，宝洁把重点放在品类管理上，并将所有品类分配给管理者（Keller et al.，2012，p.418）。这同时也是宝洁与美国零售商沃尔玛（保持）紧密性垂直关系的一大原因（Steiner，2001）。

233

　　克服制造商隐藏特征的另一个重要方法要依靠企业的品牌资产及其管理。它已经在本书中着重论述，制造商的品牌组合是关键性要素和战略的焦点。它的结构和范围将主要影响 VBPM 的方向。[③] 同样，制造商管理品牌和品牌组合的能力被确定为成功实施 VBPM 的关键能力。对于零售商来说，制造商的品牌管理声誉将是一个关键的筛选要素。制造商可以通过强调公司的资源（品牌与品牌组合）和能力（品牌组合管理）来抢先进行筛选。首先，VBPM 战略管理者可以在这些领域建立公司的声誉。首先要说的是制造商品牌组合中的品牌优势。强大的品牌会发出这样的信号，制造商能够成功地管理品牌。VBPM 战略管理者可以用市场份额和调研数据等来标明品牌的表现。能够表明供应商品牌管理能力的更多变量可以通过规划过程第一步中的品牌管理能力评估来获得。根据其对品牌表现的影响，该审计可以识别出六种品牌管理能力。这些能力是品牌经理的无形资本和相

---

　　① 本章第三节第四部分"评估垂直营销能力"识别出在制造商内部环境审计过程中的若干个 ECR 关键成功因素。其中的因素包括：员工开发（staff development）、品类管理能力（Category Management capabilities）和高层管理者支持（top management support）。

　　② Schröder（2003 年）建议，试图向零售商发出其可以胜任品类首领信号的制造商可以向合作伙伴（委托人）展示任何能够支撑起合作态度的公开出版资料。作者提出，公开出版的相关研究资料包括有效消费者反应（ECR）最佳案例、ECR 会议讲话、杂志文章、学术期刊文章或者书中的相关章节。

　　③ 关于制造商品牌架构的信号发送问题，请参看下一段的内容。

应组织资源带来的结果。后者（相应组织资源）包括公司管理其品牌资产的方法和过程。关键资源包括品牌组合协作系统、共同的品牌建设方法、组织品牌建设文化的实施以及高层管理人员的支持。如果组织实施了类似过程，向零售商报告实施结果将证明公司管理品牌的专业性。这也将发出这样的信号，零售商的自有品牌将得到制造商管理者的相应关注。例如，众所周知，宝洁公司和联合利华这样的公司是建立组织品牌管理系统的先驱（Keller et al.，2012，p.452）。这些系统反过来又在很大程度上有利于公司的市场领导者地位。另外，品牌管理团队的234 无形资本也可用于支持该公司的品牌管理技能。无形资本包括人力资本、信息资本和关系资本。当 VBPM 中的两个合作者先前一起工作过，零售商的工作人员（曾与制造商人员一起工作过）就会知晓关系资本（用"与关键客户/分销渠道的关系"来表述），当这种关系具有正面效应之时他们会自动将其作为一项优势向对方发出信号。同样，零售商将从制造商的品牌管理人员那里获得某些人力资本技能。这些人力资本其中就包括网络和言语沟通技巧。其他品牌管理能力的信号来自以获得某种竞争技能证书为标志的培训和开发课程等（Treis et al.，2002）。

除了品牌管理的相关技能之外，制造商品牌架构的结构和构成为零售商提供了许多方面的信号。之前已经将品牌价值作为表明公司品牌管理能力的一种方式做过重点论述。然而，制造商的品牌架构将从一个更为详尽的战略角度来解除零售商的疑虑，而且它也将提供一个了解隐藏意图负面影响的途径。对这两个目的将做如下讨论：

在合作开始之前，VBPM 战略管理者可以运用品牌架构审计结果为零售商提供一个关于品牌化情境的预见，这会在许多方面为零售商提供透明信息。首先，需要阐明品牌制造商的企业品牌在品牌化战略中所扮演的角色，这将明确品牌架构中品牌（包括零售商的自有品牌在内）应该具有怎样的营销自由度。结果，零售商将会了解自有品牌将如何被嵌入制造商的品牌结构中，他也能解释两端可能出现的溢出效应，这种水平的信息透明度可以避免品牌制造商隐藏意图的出现。

向零售商提供品牌盘点的结果（the results of the brand inventory）是另一种规划者发出关于公司品牌资源价值信号的方法。因此，这里的焦点可以放在品牌—产品关系与品类品牌的延伸潜力层面。制造商品牌的品牌延伸潜力很高的话，将再次向零售商发出品牌优势和价值方面的信号。

明确品牌组合框架之下的描述符（descriptors）的产品定义角色（product-defining roles）、品牌差异化元素（branded differentiators）和联合品牌（co-brands），可以作为信号来向零售商自由品牌表明品牌组合扩展这些角色的潜力，特别是联合品牌被确定适合于 VBPM 的一个关键性产品定义角色。同样，品牌差异化元素可以为品牌增加价值，将类似角色延伸到自有品牌的意愿发出这样的信号，制造商愿意为合作付出努力。 235

　　最后，制造商品牌组合中的组合角色可以规避隐藏意图和隐藏特征现象的发生。品牌盘点（brand inventory）会确定制造商品牌组合中的所有组合角色。为了 VBPM 审计，已经确立了八种组合角色。它们体现了组合的管理视角，对公司具有战略意义。因此，全面展露公司的组合战略对于品牌制造商来说是不明智的。例如，"增加零售商依赖性与货架空间"的角色反映了制造商对渠道的战略，因此仅适合内部使用。一个品牌的现金牛地位同样不应该透露给第三方。然而，某些品牌和它们各自所扮演的角色可能不适合进入 VBPM 的范畴。例如，"高端声望型品牌"（high-end prestigebrands）不应该与一个价值型自有品牌产品发生关联，因为它们针对的是不同消费群体。让零售商明确这一点将使得信息透明起来，也明确了 VBPM 所面临的局限之处。另外，也有可能参与 VBPM 实施的空缺组合角色可以达到几个方面的效果。例如，在本章第七节第五部分中提出一个自有品牌适合扮演"侧翼品牌"（flankerbrand）角色。在某些情况下，这种自有品牌的组合角色可以同时有利于制造商与零售商。首先，当组合角色被揭示之后，可以避免隐藏特征的出现，而且明确自有品牌所扮演的角色关系到 VBPM 规划，并将由公司来对决策做出解释。这在战略形成阶段是很重要的。然而，零售商也能够对制造商品牌组合角色与自身战略的适用性做出判断。从合作双方的战略视角来看，由于角色分配具有合理性，这将主要避免了隐藏意图的出现。此外，零售商将能够了解制造商并不会伤害其利益，这点也将规避隐藏意图的出现。

（五）制造商应对隐藏意图和隐藏行为的措施

　　代理人克服隐藏特征可以主要通过向委托人发出承诺合作的信号来完成（Milgrom and Roberts，1992，p.133）。在合作中展示承诺合作决心的最有力形式是将委托人整合到当前的进程中来（Schröder，2003）。这在 VBPM 的许多方面都将是不可避免的。管理零售商的自有品牌首先将意味着一种密切的合作。这也符合零售商的利益。通过整合零售商，制造商将获得分配资源方面的全部信息，并且当决策不符合其利益之时还可以进行干预。因此，以这种方式发出承诺合作决 236

心的信号，可以有效避免隐藏意图和隐藏行为的出现。另外，需要注意的是制造商也将因此失去灵活性，零售商将更多地参与日常的合作行动。必须在零售商整合与失去灵活性之间做出仔细权衡。同样，当代理人做出不可逆投资行为之时，也可以消除道德风险问题（Göbel，2002，p.117）。VBPM 也可以从几个方面得出结论。在合作开始之前，规划者将对所有内、外部环境的必要方面做出审计，这是一个既耗时又成本高昂的活动。而且，当接受了代替零售商来管理自有品牌这一任务之时，制造商将会进行大规模的投入。此外，自有品牌将在一定程度上影响到制造商的品牌组合结构。这将继续发出有关制造商承诺合作决心的信号。将自有品牌整合到制造商的品牌组合中在短期内是不可逆转的。因此，代理人被锁定在这种可以抵消某些道德风险问题的合作关系之中，反之亦然。

委托人可以通过监督和控制机制来揭示其隐藏行为（Göbel，2002，p.112）。典型的监督活动可以通过使用控制系统和会计工具来实现，很多公司都是这么做的（Picot et al.，1999，p.93）。通过实行这样的监督行动，代理人将向委托人释放出善意信号，这将再次抵消隐藏意图。在 VBPM 合作中，制造商可以给零售商提供组合品牌的调研数据。[①] 通过这种做法，零售商就能够跟踪和观察自有品牌的表现，这项工作现在也被纳入制造商的管理范畴。

通过对代理人实施激励或惩罚，可以进一步应对道德风险。类似协议旨在让代理人以有利于委托人的方式来行事（Kaas，1992，p.893）。在合作开始之前，代理人也可以同意将与绩效相关的条款纳入合同（Göbel，2002，p.114）。这将再次释放代理人关于承诺合作决心的信号，并有可能抑制机会主义行为。在 VBPM 中，代理人应运用上述工具来有效地释放出其承诺合作决心的信号。是否需要一个处罚条款须根据具体情况来确定。如果合作最终是不成功的，制造商的投资损失可以说就是对它的足够惩罚。此外，合作失败的原因可能在于制造商责任之外的其他因素。例如，一些外源性因素或者甚至是零售商的行为可能导致了合作的失败（Schröder，2003）。表 3-19 总结了在 VBPM 情境之下制造商应对代理问题的措施和手段。

---

① 许多快消品生产商通过从尼尔森这样的调研资料服务提供者那里所获得的零售网点和消费选择资料来追踪他们的品牌，公司周期性地追踪购物者购买了什么，并能够围绕品类与零售网点来汇总资料（Nielsen，2013）。

表 3-19　VBPM 合作中代理问题与信任构建措施

代理问题	制造商的信任建立手段
隐藏特征	有效消费者反应与品类管理的经验和专业知识 过去零售商的有效消费者反应/品类管理 信任的人员 品牌（组合）声誉和知识管理 VBPM 品牌架构审计结果
隐藏意图	显示出承诺合作的决心 整合零售商到合作任务 整体透明度
隐藏行为	不可逆投资决策 同意监督和控制系统 允许基于绩效的合作过程

资料来源：作者自制。

（六）渠道关系中信任的重要性

上述的所有措施都会让委托人产生信任。这种信任能让其选择正确的代理人并且在合作中信任代理人的行为。信任就像组织之间的治理机制（Heide，1994）。研究表明，在垂直渠道关系情境中，信任可以扩大合作的等级，对供应商的信任可以减少冲突风险（Morgan，1994，Anderson and Narus，1990）。最后，一个信任其供应商的公司会更加重视这种关系，并用长远目光来看待这种关系，更倾向于让这段关系保持下去（Anderson and Weitz，1989）。同样，关于品类管理伙伴关系中信任问题的研究表明，信任是伙伴选择的一个关键性决定因素，不论是从供应商视角还是从零售商视角都是这样（Schröder et al.，2000a）。同时，Gruen和 Shah（2000）的研究表明，对制造商的信任是零售商实施品类管理项目过程中最重要的因素之一。

对于渠道关系中信任重要性和类似品类管理合作的讨论表明了信任这种因素与 VBPM 之间的相关性。零售商对制造商的信任对于开启一段合作关系是十分重要的。只有当制造商有能力证明其具有竞争力进而发出信号，并追踪相关领域的数据，零售商才有可能利用必要的信任。虽然上述讨论主要从零售商视角来谈信任问题，信任在 VBPM 合作中是一个需要双方都来实践的概念。如果对零售商有足够的信任，制造商就会以积极主动的方式投入到 VBPM 合作中。

除了制造商需要做出的大量投资外，合作有可能需要从制造商那里获得重要的品牌知识。那么制造商会面临丧失其主要竞争优势的风险。对零售商的信任会成为抵消 VBPM 合作风险的主要手段。研究表明，尤其是制造商—零售商关系（以很强的相互依赖性为特征的关系，VBPM 中就是这样），显示出合作伙伴之间最高程度的信任与满意，并且在合作关系中冲突发生的可能性也是最小的（Kumar et al.，1995）。

第四章　总结和结论

本书的最后一部分，通过对每章的中心议题和关键结论进行回顾，进而总结 本书的主要观点。对本书的结论进行概况以后，将品牌制造商和零售商采用 VBPM（垂直品牌组合管理）战略进行批判性思考，并在结尾指出未来研究的方向。

第一节　总　结

本书的目标是形成管理**垂直品牌组合**（vertical brand portfolios）的概念化战略。战略的发展由一系列规划过程的结果引出。该过程的目标是检验品牌制造商将零售商自有品牌纳入品牌组合战略的可行性，以及在与零售商合作关系中管理这些品牌的可行性。所提出的 VBPM（垂直品牌组合管理）战略是以**垂直营销理论**（vertical marketing theory）及其**有效消费者反应**（Efficient Consumer Response，ERC）应用为基础。尤其是**品类管理**（CM）中的有效消费者反应（ECR）概念，为品牌制造在相关市场领域有效地与零售商开展合作提供了很多洞见。此外，品类管理（CM）集合了全部产品品类的管理，VBPM 也具有类似的视角。

VBPM 源于这样一种考虑，自有品牌会对制造商品牌构成威胁，而不是打压其他零售商品牌或者只关注自身品牌的成功，品牌制造商也将自有品牌视为自身品牌将来的发展机会。这一思想基于在第二章中探讨的与市场相关的若干因素，这些因素描述了快速消费品生产商的现状。首先，大多数品牌制造商高度依赖零售商来分销他们的商品，因此，他们在若干方面依赖零售商。例如，零售商对制

造商品牌的价格和销售终端市场营销组合要素具有控制权，这就使得供应商只能
够失去对这些要素的控制。

此外，零售商最近获得了比品牌制造商更多的控制权。现今，由于在零售环
节持续的集中化趋势，少数几家更为强大的零售商控制了更大的市场份额比例。
同时，零售商也在不断开发更加细致的自有品牌项目，这为消费者提供了除制造
商品牌之外具有吸引力的产品选择。正是这些品类延伸较广的自有品牌项目，为
240 技能经验丰富的品牌制造商提供了接替零售商来完成这些自有品牌项目管理任务
的机会，而这些任务之前一直由零售商单独管理。正如第一章的内容所述，零售
商必须保证店铺品牌的整体成功，这通常涉及数百个产品品类的管理。在每一个
品类，多层级自有品牌会覆盖零售商的各个产品分类。很显然，零售商不能像居
于领导地位的品牌制造商对自身的品牌线所做的那样，在那么多的品类中针对自
有品牌产品创新进行投资。当品牌制造商能够让零售商确信，通过接管一些选定
的自有品牌，自有品牌和整个品类的表现对于零售商来说都会得到提升，那么机
会就会出现。在这种情况下，制造商品牌和自有品牌之间的一项品牌组合管理整
合起来的战略就会弥补本书所确定的**研究空白**（research gap）。基于有效消费者
反应（ECR）原则，通过一种将垂直营销原则和品牌组合管理任务相结合的综合
方法，VBPM（垂直品牌组合管理）提升了这种合作战略。战略的发起和管理将
以"**代理理论**"（agency theory）相关原则作为指导。

由于关系到品牌制造商的一项整合品牌组合战略，设计一个规划过程是十分
必要的。规划过程将公司及品牌战略视角和与市场相关的环境因素结合起来，为
品牌制造商提供了进行 VBPM 规划的一个有效方法。在设计规划过程之前，需要
完成四个关键性的准备步骤来构建中心议题和理论基础。每一步的结果会在接下
来进行总结。四步骤规划过程的结果也同样会在接下来进行总结。

准备步骤 1：从品牌制造商的视角来讨论支持其管理垂直品牌组合的因素
（详见第二章第一部分）。

（1）"品牌架构"（brand architecture）是制造商品牌组合的主要参考框架。
Aaker 和 Joachimsthaler（2000，p.102）对于品牌架构的定义从内外两个视角确立
了 VBPM 的战略起点："品牌构架通过规定品牌角色、不同品牌之间以及不同产
品市场环境之间的关系来组织和构建品牌组合。"

（2）品牌架构确立了两个方向。一方面，"品牌系列化"（house of brands）架

构是由多个更容易细分并具有营销自由度的个体品牌组成；另一方面，"品牌家族化"（branded house）架构在所有产品中采用一个企业品牌或保护伞品牌，旨 241 在使公司产品产生协同效应和品牌化规模效应。

（3）保持多品牌组合，与"品牌系列化"（house of brands）战略相关，会为公司带来几个优势。其中包括：获得更大市场份额的机会，更宽的市场覆盖和细分，开拓新市场和延伸品牌的可行性，为竞争对手创造进入壁垒。

（4）品牌组合战略和市场细分之间具有明显的关系。所识别出的市场细分常见形式为价格细分、渠道细分和利益点细分。在垂直方向连接品牌组合（如 VBPM 所要求的那样）可以利用这些不同的市场细分来迎合不同的消费者细分市场、顺应市场趋势，并且为零售商提供不同的品牌项目。

（5）从品牌组合的角度来看，当需要进一步的市场细分之时，VBPM 是能够站得住脚的。再者，在这种品牌组合背景之下，VBPM 有利于为竞争对手制造进入壁垒。最后，在采用 VBPM 的框架之下也让从垂直方向管理品牌具备了可能性。

准备步骤 2：在制造商针对品牌构架及 VBPM 进行内部讨论之后，准备步骤 2 将重点转向零售商所处的环境，确定了自有品牌的四种战略选择并将其作为一个自有品牌品牌化框架在全书中进一步应用（见第二章第二部分）。

（1）第一个维度是品牌广度（brand breadth），品牌广度通过个体品牌（individual brands）、家族品牌（family brands）、普通品牌（generics）和店铺品牌（store brands）等形式来体现。第二个维度是定位（positioning），包括普通品牌（generics）、模仿品牌（copycats）、溢价—精简（premium lite）或溢价—优质（premium price）自有品牌来体现。第三个维度是细分（segmentation），包括基于价格、品类或者利益点（price-based，category based or benefit-based）的细分。第四个维度是自有品牌可以与店铺品牌名称相关（relation with the store brand name）或独立于店铺品牌之外存在。

（2）零售商通常会根据上述提到的四个维度来混合搭配他们的自有品牌组合。成功的零售商保持精细的自有品牌组合来迎合不同消费者的需求。

（3）价格仍然是自有品牌的主要定位准则。通过关注自有品牌产品的利益点 242 细分，零售商已经对消费者需求和市场趋势做出回应。同样，溢价自有品牌数量也正在激增。

准备步骤 3：介绍有效消费者反应（ECR）和品类管理（CM）中的垂直营销

（VM）战略，这是品牌制造商与零售商合作的有益方式（见第二章第三部分）。VBPM 借用了垂直营销（VM）和有效消费者反应（ECR）与品类管理（CM）应用方面的相关理论。

（1）有效消费者反应（ECR）可以分为供给方导向战略和需求方导向战略。尤其是在品类管理之下的需求方驱动战略，具有明确的营销相关性。

（2）品类管理主要包括高效分类（efficient assortments）、高效促销（efficient promotions）和高效新产品导入（efficient new product introductions）。

（3）作为合作战略，有效消费者反应（ECR）和品类管理（CM）为品牌制造商和零售商双方带来利益：品牌/零售商忠诚度、盈利性和有利于双边关系的相关利益。

（4）品类管理也是一个同样可以被零售商应用的战略。它包含产品品类管理中的一些任务，其中包括确定零售商相关品类中自有品牌的角色。在所有的角色扮演中，自有品牌可以担任多重角色来达成零售商的目标。

（5）首先，零售商对自有品牌的管理和支持可以决定产品的成功。然而，他们的未来发展也同样要依赖其他的各种市场相关因素。在这个背景下，一个品类中自有品牌与其他品牌的关系尤为重要。品牌制造商和零售商同样可以根据产品品类特征来调整他们的行为进而获利。

（6）可以将品牌制造商供应自有品牌纳入品类管理的范畴。合作强度决定了一个品牌制造商可以代替零售商所履行的任务。

（7）VBPM 和"品类首领"（category captainships）相似，都代替零售商来对整个品类进行管理。VBPM 可以被看作品类管理的一种高级形式，因为它整合了制造商自身品牌组合所反映出的内部视角。

243 在此阶段，所有的主要概念和理论都被介绍并做出概念化解释。

品牌架构和品牌组合战略涉及品牌制造商的所处环境和主要优势。零售商对于产品品类和自有品牌战略所持有的观点和立场与品牌制造商正好相反。本书介绍了有效消费者反应（ECR）和品类管理（CM）中的垂直营销概念，并提出将之作为两个合作者之间的联系节点。由于合作者利益之间的分歧，迫切需要在这种原则上建立的合作战略。

准备步骤 4：由于垂直营销理论对 VBPM 具有的重要作用和意义，准备步骤 4 将讨论将其作为首要"借用"理论的适用性。为了这一目的，在第二章第四部分采用了一个"**理论借用过程**"（theory borrowing process）（Murray and Evers，1989），对将品类管理（CM）作为 VBPM 的主要借用理论的合理性进行批判性反思。

（1）当研究人员尝试从原有的背景中抽出一个理论，或者想改变其部分理论进而形成一个新的理论或概念之时，理论借用就变得十分必要。尤其是后一种情况，VBPM 的形成就属于此种情况。

（2）由于市场营销的跨学科性质，从其他学科或背景中借用理论和概念的做法十分普遍。然而，为了保证理论的兼容性，须评估借用理论的存在基础。这个基础包括最初产生理论的上层结构、所应用的学科类型和理论的社会背景。

（3）垂直营销由制造商针对渠道的营销努力所构成。Irrgang（1989）对垂直营销的概念化解释被选定作为参考模型，并将其放在理论借用过程中。模型包含三个主要要素，"目标"（goals）、"战略"（strategies）和"风格"（style）。VBPM 从垂直营销中借用关键性评价标准。目标要素可以作为任务分配的评价标准。在 VBPM 中，目标是重新分配品牌制造商对自有品牌的管理任务。垂直营销战略完全适用于 VBPM。选择战略（selection strategy）指的是选择正确的零售商来实施战略。激励战略（stimulation strategy）包括对零售商参与 VBPM 的激励，也迫切需要合同战略（contractual strategy）来避免事前和事后的相关合作问题。最后，VBPM 的合作风格可能在由一方主导或以平和形式减少冲突之间来回转换。

（4）理论借用过程的结论表明，垂直营销的大多数关键要素和命题都可以在 VBPM 中找到，并且不需要做大的变动。这两个概念都涉及渠道关系中的相同参与者。最后，由于 VBPM 是在与垂直营销初始环境相类似的环境之下而设计的，因此社会背景也具有可比性。

在完成了各个准备步骤之后，第三章中确立了一个规划过程来开始发起和制定垂直品牌组合战略。

VBPM 规划过程总结

已确立的 VBPM 规划过程是基于一个更宽泛的合作战略——公司更高水平的目标和使命。一旦确立了 VBPM 的明确目标，就可以开始实施四个步骤的 VBPM 规划过程。前三个步骤结合了品牌制造商内、外部环境进行环境分析。这些环境对成功测试和规划 VBPM 是十分重要的。基于第二章的主题研究范围，主要是关于 VBPM 中两位主人公（即品牌制造商和零售商）的资源和能力，将证明双方的战略是否契合（strategic fit）。确立自有品牌回应制造商特定品牌化战略的明确评价标准，是规划过程第四步也是最后一步的主要目标。

现将特定规划步骤的内容总结如下：

VBPM 规划过程步骤 1，组织内部审计。基于资源—能力视角，首先设计一个检查清单模板让 VBPM 规划者在一个方法论过程中来评估内部环境（见第三章第三节第一部分"基于 VBPM 检查清单的资源—能力"）。

（1）内部环境评估，首先包括公司的品牌构架，这是公司 VBPM 最主要的资源。总体来看，Kapferer（2008）将这一资源分为六种主要的品牌架构类型。

（2）品牌架构的主要影响是，产品品牌拥有的营销自由度以及以企业品牌在组合中所扮演的角色。这两个因素将会给 VBPM 战略实施的方向提供首要的、强力的指示。

245

（3）品牌盘点（brand inventory）将会使所有相关品类品牌的品牌—产品关系和产品—品牌关系更加具体化。品牌—产品关系也有助于品牌的品牌延伸战略，这种战略会在 VBPM 战略发展过程中再次进行详细讨论。

（4）分解到品牌层次，对个体品牌的评估会更加关注资产的识别，即品牌识别。这一评估最重要的是将阐明品牌元素和品牌价值，当考虑品牌伸展战略（VBPM 可能实施的一项关键战略）之时，区分这两者十分重要。

（5）产品定义角色代表了消费者对产品所扮演角色的看法。对 VBPM 来说，三个产品定义的角色最为相关：①描述符（descriptors），从功能层面来描述一个产品；②"品牌差异化元素"（branded differentiators），描述某种特征、原料、服务或者项目；③品牌联盟（brand alliance）或者联合品牌（co-brand），两个品牌联合起来提供一种更好的商品。是否可以通过品牌差异化元素和品牌联盟将品牌资产转移到 VBPM 中的自有品牌，须对比进行谨慎评估。

（6）组合角色反映的是品牌组合的企业视角。组合角色的管理包括各自品牌所做的角色扮演以及每一种角色为达成公司目标所做出的贡献。VBPM 审计可以确定八个组合角色：战略型品牌（strategic brand）、品牌化激发器（branded energiser）、银子弹品牌（silver bullet brand）、侧翼品牌（flanker brand）、现金牛品牌（cash cow brand）、低端入门级品牌（low-end entry level brand）、高端声望型品牌（high-end prestige brand）和增加零售商货架空间和零售商依赖性（increase shelf presence and retailer dependence）等角色。建议 VBPM 规划者确定公司每一个品牌的组合角色，这样能够明晰已被占据的角色，并可以处置未被占据的角色。对自有品牌来说，尤其是侧翼品牌与低端入门级品牌的角色和"增加零售商货架空间和零售商依赖性"的角色十分相关。

步骤 1 中的内部能力评估首先是与**品牌管理**和**垂直营销**（vertical marketing, VM）相关的评估工作（参见第三章第三节第四部分）。

（7）在组织层次，建议 VBPM 规划者评估支持强有力品牌建设的所有条件。这些主要通过组织品牌（组合）管理过程和品牌在整体上对组织的重要性来加以反映。品牌管理能力也可能通过品牌价值和公司作为品牌建设机构所拥有的声誉来进行评判。

246

（8）具备明晰的垂直营销技能可以被看作 VBPM 合作的前提条件。已经确立的有效消费者反应（ECR）成功因素可以作为公司垂直营销能力的指标予以参考。

VBPM 规划过程步骤 2，把 VBPM 规划者的注意力转向了外部环境（参见第三章第四部分）。审计关注对于与市场相关因素的评估，所采用的决策标准与供应商在对是否生产自有品牌进行决策之时所采用的决策标准相类似。

（1）第一个评价标准可以通过制造商在渠道关系中的"市场控制力"（market power）得以反映。市场控制力（主要由市场份额带来的结果）可以对制造商对于零售商的地位产生积极影响，影响其在竞争中的相对位置。

（2）一些市场因素会支持或抑制自有品牌的生产。主要评价标准是"竞争对手的进入壁垒"（entry barriers for competitors）和"相对于竞争对手的市场份额"（market shares relative to competitors）。

（3）零售商市场控制力可以是零售商某个特定因素的产物，如零售商自有品牌项目、分类深度、零售商定价政策、品类专业知识和零售商的经济规模。零售商作为制造商在垂直方向的竞争者，这些因素是步骤 2 中外部环境分析的一部分。

（4）自有品牌购买情境中的消费者特征多种多样，须根据具体情况单独评估。制造商品牌和自有品牌之间的"感知质量差别"（perceived quality differential）、"品牌形象"（brand imagery）和"品牌优势"（brand strength）是关键性的消费者购买评价标准，此方面的知识能够协助 VBPM 规划者定位和管理品类。

（5）品类数据对理解产品品类的特定变量十分必要，这关系到 VBPM 实施和或者解体。关于自有品牌质量和增长、品类中的品牌数量、总体广告支出、品类规模与增长等方面的事实可以让规划者知晓 VBPM 背景下一个品牌的吸引力和动态特征。

247　　**VBPM 规划过程步骤 3**，建立评估并最终决定是否与一个零售商展开合作的相关标准（见第三章第五部分）。讨论集中在与战略相关并有可能与生产商所处环境产生协同效应的零售商资源和能力。

（1）主要考量的适合于 VBPM 的零售类型："日用商品"零售商（"general" merchandise retailers）或"食品"零售商（"food" retailers）。零售商店铺类型的选择标准与零售商如何利用营销工具相关。这些营销工具包括商品种类和宽度、定价战略（例如打折商店和日用商品零售商）和自有品牌战略。

（2）作为零售商自有品牌战略的一部分，将会评估零售商的自有品牌品牌化战略，以了解零售商针对自有品牌分类的营销战略，也能够了解 VBPM 战略框架之下零售商自有品牌组合所产生的品牌化结果。

（3）第二章第二部分中已建立的自有品牌品牌化框架和四个自有品牌战略维度：①品牌广度（brand breadth）；②定位（positioning）；③细分（segmentation）和④与店铺品牌的关系（relationship with the store brand），将会被应用于审计过程之中。

（4）确定自有品牌的品牌化战略会为零售商和制造商品牌之间品牌化战略的"战略契合"奠定基础。各个组合的定位和细分战略会揭示潜在的组合角色差距。

（5）类似于制造商垂直营销能力评估，VBPM 规划者将会和零售商一样去评估相同的有效消费者反应（ECR）能力成功因素。其他的评价标准是与潜在的合作者之间的"信任"（trust）和"过去有效消费者反应项目的成功"（success of past ECR projects）。

当所有与内、外部环境分析有关的数据被收集起来之后，部分被选中的数据可以形成一个**概念性的 S.W.O.T. 分析**（conceptual S.W.O.T. analysis），这会使规划者在 VBPM 规划开始之前就去思考其所处的战略环境（参见第三章第六部分）。

VBPM 规划过程步骤 4，提供给规划者一个目标导向程序来满足零售商将自
248　有品牌整合到公司品牌组合的要求（见第三章第七部分）。公司在第一步规划过程中已建立的品牌化状态将会作为实施 VBPM 战略的基础。第四步的主要成果是，确立潜在自有品牌要成为品牌制造商品牌组合一部分的必要性评价标准。

（1）所有品类品牌的定位和细分标准须被放置在一个关系背景之下。这些因

素主要包括品牌的价格、质量和品牌形象维度，或者类似于价格感知或购买频率等与消费者相关的因素。

（2）制造商的品牌架构成了该战略的指引方向，自有品牌也要与此相适应。品牌架构之间的战略契合可能有两个现有架构间的自然作用，也有可能需要通过修订调整（自有品牌）品牌化战略来实现。

（3）品牌—产品关系（用品牌延伸战略来表述）也同样为品牌制造商的品牌架构所影响。如果将一个制造商品牌延伸自有品牌是可能的选择方案，那么需要预测延伸品牌的溢出效应（spillover effects），垂直延伸过程中须采用相关的隔离技术（distancing techniques）。作为一个产品品牌，如果品牌延伸战略不可行，那么自有品牌仍然可以选择其品牌化方案。

（4）描述符（descriptor）、品牌差异化元素（branded differentiator）和联合品牌（co-branding）等产品定义角色（product-defining roles）尤其与 VBPM 战略相关。所有的角色都应该给制造商品牌优先权，但是如果品牌组合战略允许，同样可以也应用于自有品牌。一个潜在的品牌联盟必须要对制造商品牌和自有品牌都有利。

（5）作为公司总体组合战略的一个结果，以及之前确立的细分和定位必要条件，自有品牌将被赋予某种组合角色。需要避免角色的重复。"增加零售商货架空间和零售商依赖性"（increase shelf presence and retailer dependence）、"低端入门级品牌"（low-end entry level brand）和"价值型侧翼品牌"（value flanker brand）是 VBPM 需要关注的重要事项。

VBPM 战略制定的最后一个方面是**合同战略**（contractual strategies）。VBPM 可以参照**委托—代理理论**（Principal-Agent theory，AT）的主要内容。这一理论因此被应用于从合同层面治理 VBPM 战略的发起和执行。类似于委托—代理理论在有效消费者反应（ECR）关系中的应用，零售商扮演"委托人"，品牌制造商扮演"代理人"。委托—代理理论（AT）主要被应用于克服典型的关系现象，例如**信息不对称**（asymmetric information）、**隐藏信息**（hidden information）和**隐藏行为**（hidden action）（见第三章第七节第九部分）。

（1）**合同达成之前**（pre-contractual）冲突或问题会产生是因为代理人可能拥有或保留信息。同样，委托人可能很难了解代理人的特征（"隐藏特征"，hidden characteristics）。

（2）**合同达成之后**（post-contractual）的问题可能在合作后产生。委托人就有被代理人利用的风险（"套牢"，hold-up）或者无法观察代理人的行动（"道德风险"，moral hazard）。

（3）在 VBPM 合同达成之前的阶段，制造商可以通过若干信任构建行动和特征主动向代理人发出其适合做"代理人"的**信号**（signal）。在其他因素中，这可以从以往与零售商有效消费者反应（ECR）项目的经验中得以证实，或可以通过分享自身品牌架构的评估成果来加以证明。例如，零售商也可以**筛选**（screening）信息并且检查制造商的总体品牌管理声誉。

（4）制造商可以主要通过显示承诺合作的决心和积极地将零售商整合到合作中，去应对合同达成之后所出现的问题。同样，制造商可以通过允许零售商设置**监督**（monitoring）和**控制系统**（control systems）来克服隐藏行为。

（5）制造商的大多数措施的目的在于与零售商建立参与与投入 VBPM 的**信任**（trust）关系。然而，合作者之间的高度互信是让 VBPM 具备坚实基础的必要前提。

250

第二节　结　论

本书的目标是，为品牌制造商应对自有品牌威胁而参与管理垂直品牌组合提供一个经过概念化解释的战略。本书试图通过结合垂直营销原则和品牌组合管理的方式来处置自有品牌，进而填补市场营销理论方面的一个科学空白。至此，品牌制造商针对自有品牌的战略反应焦点集中在一个单边视角，把品牌化战略植入垂直营销合作中是从双边层面解决问题的一种观点。因此，试图让两个对手的目标一致化，进而创造出合作者之间的协同效应。

自有品牌的威胁已经出现。自有品牌市场份额在全球范围内还在一直增长。总的来说，50%或更高的份额已经在特定市场中实现，然而其他市场还在稳步追赶。同时，零售商变得越来越强大。零售部门的集中化趋势在全球范围内不断增长，并且带来了更加强势的零售机构。零售商同样更加努力地发展他们的自有品牌组合。多层级自有品牌分类如今可以覆盖产品的不同质量水平，溢价自有品牌已经成为处于领先地位制造商品牌的劲敌。品牌制造商面临的其他困境是不断出现的专门生产自有品牌的制造商。这些公司在规模和专业化领域都有所成长，并且可以预测，在短期内它们能够向零售商提供自有品牌的全套营销项目。

　　谨记上述现状和零售商为品牌制造商所提供的合作战略既定优势，应该期待本书所提出的 VBPM（垂直品牌组合管理）战略可以被全国性品牌制造商所接受。该战略尤其与那些具有有价值的品牌建设文化和对渠道关系抱有长期态度的供应商有关。强大的品牌将依然是品牌制造商保持其市场控制力地位的关键性阈值。但是，通过从战略高度承诺与渠道进行密切合作有可能会加强这些品牌制造商的地位。**管理应用**（management implications）十分重要。运用 VBPM（垂直品牌组合管理）要求许多**全国性品牌制造商**（national brand manufacturers）进行一次系统转变，他们往往只一门心思地关注自身品牌的成功。这一战略也将强制这些公司向外部成员展现出一些受人尊重的技能和能力，须避免一个潜在的品牌管理知识转化，这样品牌制造商就可以再次获得并保持它们在建设和管理品牌方面的竞争优势。进一步讲，权衡是否放弃灵活性须与合作的潜在收益之间保持平衡。另外，**零售商**（retailers）将会由于放弃它们对产品分类的部分掌控权而面临丧失市场控制权的风险。它们须在这一点和它们不能够像 VBPM 合作一样管理数百种产品品类中的自有品牌之间权衡利弊。而且，可以预见，这种对抗关系会导致双方的机会主义行为。两个以盈利为目的的当事人将会自动地首先寻求各自的利益最大化。这一"生活现实"（fact of life）只可能通过依赖引入贯穿合作始终的必要信任来加以缓和。最终，每一方都须通过自己的方式来评估合作。除了明显意见的投资回报关键数据外，建议合作双方在评估过程中重视关系动机。通过运用采用 VBPM，它们将为长远利益而共同努力。

　　最后，需要对**实践相关性**（practical relevance）和**未来研究机会**（future research opportunities）进行说明。案例分析的整合和规划步骤的详细说明，赋予了这一研究独特的商业适应性。至于 VBPM 规划过程的四个步骤，在现阶段可以说实施这一过程会给运用该战略的战略管理者提出很大的挑战。所提出的评估涉及广泛的内容：范畴层面（从组织内部层面到外部因素）、以细节为导向层面（对无数的方面进行一丝不苟的审查）和多维度层面（聚合公司、零售商和市场的特征）。因此，这一过程被看作一个解决这些复杂任务的提议，并且它要在实践中经受住考验。

　　品牌管理原则和 VBPM 战略中垂直营销理论之间已经出现的融合可以看作品类管理实践的一项提升。而且，所设计出的综合性的品牌架构审计方法论也适用于其他与品牌组合相关的评估工作。这两个方面现在可能都出现在各种学术讨论之中。另外，本研究成果还具有进一步研究的空间。VBPM 思想是以快速消费品生产商和超级市场零售商的视角为出发点。如果能够将研究范畴扩展到其他部门和产业，就更为理想。最后，如果能够将此研究作为后续实证分析的一个起始点，将会是笔者的一大幸事。

参考文献

［1］Aaker, D. (2002). Building strong brands. London: Simon & Schuster Ltd..

［2］Aaker, D., Joachimstahler, E. (2000). brand leadership. New York: The Free Press.

［3］Aaker, D., Keller, K. L. (1990). Consumer evaluations of brand exten-sions. Journal of Marketing (January), 27–41.

［4］Aaker, D. A. (2004). Brand portfolio strategy: creating relevance, differ-entiation, energy, leverage, and clarity (1ed.). New York: Free Press.

［5］AB-Inbev. (2011). Folge deinem inneren Kompass. Retrieved 12.02.2013, from Anheuser–Busch InBev Germany Holding GmbH: http://www.ab–inbev.de/marken/becks.html.

［6］Addington, T. (2012). Aussies shun sexy brands in favour of Vegemite. B&T.

［7］AdMe Group. (2004). Sold out in 2 hours. Retrieved 4.8.2012, from AdMe Group, LLC: http://de.coloribus.com/werbearchiv/printwerbung/hm-clothing-stores-karl-lagerfeldcollection-6613005/.

［8］Aggarwal, P., Cha, T. (1998). Asymmetric price competition and store vs national brand choice. Journal of Product & Brand Management, 7 (3), 244–253.

［9］Ahlert, D. (1996). Distributionspolitik. Das Management des Absatzkanals (3ed.). Stuttgart/Jena.

［10］Ahlert, D., Blut, M., Evanschitzky, H. (2010). Current status and fu-ture evolution of retail formats. In M. Kraft & M. K. Mantrala (Eds.), Retailing in the 21st Century (2ed.). Berlin Heidelberg: Springer.

[11] Ahlert, D., Borchert, S. (2000). Prozessmanagement im vertikalen Marketing. Berlin: Springer Verlag.

[12] Ailawadi, K., Bari Harlam, B. (2004). An empirical analysis of the determinants of retailMargins: The role of store brand share. Journal of Marketing, 68 (1), 147-166.

[13] Ailawadi, K. L., Neslin, S. A., Gedenk, K. (2001). Pursuing the value-conscious consumer: Store brands versus national brand promotions. Journal of Marketing, 65 (January), 71-89.

[14] Anderson, E., Weitz, B. (1989). Determinants of continuity in conventional industrial channel dyads. Marketing Science, 8 (Fall), 310-323.

[15] Anderson, J. C., Narus, J. A. (1990). A model of distributor firm and manufacturer firm working Partnerships. Journal of Marketing, 54 (1), 42-58.

[16] Ansoff, H. I. (1987). Corporate strategy. Harmondsworth: Penguin Books Ltd..

[17] Apéria, T., Back, R. (2004). Brand relations management: Bridging the gap between brand promise and brand delivery. Malmö: Liber: Copenhagen Business School.

[18] Arrow, K. J. (1985). The economics of agency. In J. W. Pratt & R. J. Zeckhauser (Eds.), Principals and Agents: The Structure of Business. Boston.

[19] Ashley, S. (1998). How to effectively compete against private-label brands. Journal of Advertising Research (January/February), 75-82.

[20] Bainbridge, J. (2012). Sector insight: Laundry detergents and fabric conditioners. Marketing Magazine. Retrieved 10.8.2012, from: http://www.marketingmagazine.co.uk/news/rss/1142455/Sector-Insight-laundry-detergents-fabric-conditioners/.

[21] Baines, P., Fill, C., Page, K. (2011). Marketing (2 ed.). Oxford: Oxford University Press.

[22] Bakker, D., Nenycz-Thiel, M. (2011). With or without you: Consumer acceptance of two national brand portfolio extension options. Paper Presented at the Australia New Zealand Marketing Academy Conference 2011, Perth Australia.

[23] Balmer, J. M. T. a. G., Emund R. (2003). Corporate brands: What are they? What of them? European Journal of Marketing, 37 (7/8), 972–997.

[24] Baltas, G., Doyle, P., Dyson, P. (1997). A model of consumer choice for national vs store brands. Journal of the Operational Research Society, 48 (10), 988–995.

[25] Banerji, S., Hoch, S. J. (1993). When do private labels succeed? Sloan Management Review, 34 (4), 57–67.

[26] Barney, J. (1991). Firm resources and sustained competitive advantage. Journal of Management, 17 (1), 99–120.

[27] Barrenstein, P., Tweraser, S. (2002). Category management–alle werden gewinnen. In A. Kracklauer, D. Quinn Mills & D. Seifert (Eds.), Kooperatives Kundenmanagement. Wiesbaden: Gabler.

[28] Basuroy, S., Mantrala, M. K., Walters, R. G. (2001). The impact of category managementon retailer prices and performance: Theory and evidence. Journal of Marketing, 65 (4), 16–32.

[30] Belch, G. E., Belch, M. A. Kerr, G., Powell, I. (2008). Advertising and promotion: An integrated marketing communication perspective: McGraw–Hill Education–Europe.

[31] Bergen, M., Dutta, S., Walker jr., O. C. (1992). Agency relationships in marketing: A review of the implications and applications of agency and related theories. Journalof Marketing, 56 (July 1992).

[32] Berman, B., Evans, J. R. (2007). Retail management—A strategic approach (10 ed.). Upper Saddle River: Pearson Prentice Hall.

[33] Blattberg, R. C., Fox, E. J., Purk, M. E. (1995). Category management: A series of implementation guides. Food Marketing Institute, I–IV.

[34] Blattberg, R. C., Wisniewski, K. J. (1989). Price–Induced patterns of competition marketing Science, 8 (4), 291–309.

[35] Borchert, S. (2001). Führung von distributionsnetzwerken–eine konzeption der systemführung von unternehmensnetzwerken zur erfolgreichen realisation von efficient consumer response kooperationen. Dissertation, Universität Münster, Wies–

baden.

[36] Bottomley, P. A., Doyle, J. R. (1996). The formation of attitudes towards brand extensions: Testing and generalising Aaker and Keller's model. International Journal of Research in Marketing, 13, 365–377.

[37] Brockmann, B. K., Morgan, R. M. (1999). The evolution of managerial innovation indistribution: What prospects for ECR? International Journal of Retail & Distribution Management, 27 (10), 397–408.

[38] Broniarczyk, S. M., Hoyer, W. D., McAlister, L. (1998). Consumers' perceptions of the assortment offered in a grocery category: The impact of item reduction. Journal of Marketing Research, 35 (May), 166–176.

[39] Bruhn, M. (2006). Handelsmarken–erscheinungsformen, potenziale und strategische Stoβrichtungen. In J. Zentes (Ed.), Handbuch Handel. Strategien–Perspektiven–Internationaler Wettbewerb (pp. 631–656). Wiesbaden.

[40] Bunte, F., van Galen, M., de Winter, M., Dobson, P., Bergès–Sennou, F., Monier–Dilhan, S., et al. (2011). The impact of private labels on the competitiveness of the European foodsupply chain. Luxembourg: Publications Office of the European Union.

[41] Burnes, B., New, S. (1997). Collaboration in customer—supplier relationships: Strategy, operations and the function of rhetoric. International Journal of Purchasing and Material Management, 33 (4), 10–17.

[42] Chailan, C. (2008). Brand portfolios and competitive advantage: An empirical study. Journal of Product & Brand Management, 17 (4), 254–264.

[43] Chan Choi, S., Coughlan, A. T. (2006). Private label positioning: Quality versus feature differentiation from the national brand. Journal of Retailing, 82 (2), 79–93.

[44] Chandler, A. D. J. (1962). Strategy and structure: Chapters in the history of the American Industrial Enterprise. Cambridge, MA: MIT Press.

[45] Choi, S. C. (1991). Price competition in a channel structure with a common retailer. Marketing Science, 10 (4), 271–296.

[46] Coca-Cola. (2012). All Brands (Publication. Retrieved 14.02.2013, from

The Coca-Cola Company: http: //www.coca-colacompany.com/brands/all.

[47] Colla, E. (2003). International expansion and strategies of discount gro-cery retailers: The winning models. International Journal of Retail & Distribution Management, 31 (1), 55–66.

[48] Collins, A., and Burt, S. (2003). Market sanctions, monitoring and vertical coordination within retailer–manufacturer relationships. European Journal of Marketing, 37 (5/6), 668–689.

[49] Collins, D. J., Montgomery, C. A. (1998). Corporate strategy. A Re-source–Based Approach. Boston.

[50] Corsten, D. (2004). Efficient consumer response adoption—theory, model and empirical results. Habilitation, University St. Gallen, Bern.

[51] Corsten, D., Kumar, N. (2005). Do Suppliers benefit from collaborative relationships with large retailers? An empirical investigation of efficient consumer re-sponse adoption. Journal of Marketing, 69 (3), 80–94.

[52] Corstjens, J., Corstjens, M., Lal, R. (1995). Retail competition in the fast–moving consumer goods industry: The case of France and the UK. European Management Journal, 13 (4), 363–373.

[53] Corstjens, J., Lal, R. (1996). Building store loyalty through store brands: Stanford University.

[54] Cotterill, R. W. (1999). High cereal prices and the prospects for relief by expansion of private label and antitrust enforcement. Agribusiness, 15, 123–135.

[55] Cotterill, R. W., Putsis Jr., W. P., Dhar, R. (2000). Assessing the competitive interaction between private labels and national brands. Journal of Busi-ness, 73 (1), 109.

[56] Cotterill, R. W., Putsis, W. P. J. (2000). Market share and price setting behavior for private labels and national brands. Review of Industrial Organization, 17, 17–39.

[57] Cui, A. P., Hu, M. Y., Griffith, D. A. (2012). What makes a brand manager effective? Journal of Business Research.

[58] Davis, G., Brito, E. (2004). Price and quality competition between

brands and own brands-a value systems perspective. European Journal of Marketing, 38 (1/2), 30–55.

[59] Dawes, J., Nenycz-Thiel, M. (2011). Analyzing intensity of private label competition across retailers. Journal of Business Research.

[60] Dawson, J. (2010). Retail trends in europe. In M. Kraft & M. K. Mantrala (Eds.), Retailing in the 21st Century (2 ed., pp. 63–81). Berlin Heidelberg: Springer.

[61] De Chernatony, L. (1989). Branding in an era of retailer dominance. International Journal of Advertising, 8 (3), 245–260.

[62] Deleersnyder, B., Dekimpe, M. G., Steenkamp, J. B. E. M., Koll, O. (2007). Win-Win strategies at discount stores. Journal of Retailing and Consumer Services, 14 (5), 309–318.

[63] Dhar, S. K., Hoch, S. J. (1997). Why store brand penetration varies by retailer. Marketing Science, 16 (3), 208.

[64] Dhar, S. K., Hoch, S. J., Kumar, N. (2001). Effective category management depends on the role of the category. Journal of Retailing, 77, 165–184.

[65] Dobson Consulting. (1999). Buyer power and its impact on competition in the food retail distribution sector of the european union. Luxemburg: EUROPEAN COMMISSION-DGIV STUDY CONTRACT No. IV/98/ETD/078.

[66] Doel, C. (1996). Market development and organisational change: The case of the foodindustry. In N. a. L. Wrigley, M. (Ed.), Retailing, Consumption and Capital: Towardsthe New Retail Geography. Longman: Harlow.

[67] Dölle, V. (2001). Beziehungsmanagement zwischen hersteller und handel im rahmen der herstellung von handelsmarken. In M. Bruhn (Ed.), Handelsmarken, Entwicklungstendenzen und Perspektiven der Handelsmarkenpolitik (pp. 347–362). Stuttgart: Schäffer-Poeschel.

[68] Douglas, S. P., Craig, C.S., Nijssen, E.J. (2001). Integrating branding strategy across markets: Building international brand architecture. Journal of International Marketing, 9 (2), 97–114.

[69] Draganska, M., Klapper, D. (2006). Retail environment and manufac-

turer competitive intensity. Research Paper. Stanford University.

[70] Duncan, T. (2005). Principles of advertising & IMC (2ed.). New York: McGraw-Hill/Irwin.

[71] Dunn, M. G., Murphy, P. E., Skelly, G. U. (1986). Research note: the influence of perceived risk on brand preference for supermarket products. Journal of Retailing, 62 (Summer), 204-217.

[72] Dunne, D., Narasimhan, C. (1999). The new appeal of private labels. Harvard Business Review, 77 (3), 41-52.

[73] Dunne, P. M., Lusch, R. F. (2008). Retailing (6ed.). Mason: Thomson Higher Education.

[74] Dupre, K., Gruen, T. W. (2004). The use of category management practices to obtain a sustainable competitive advantage in the fast-moving-consumer-goods industry. Journal of Business & Industrial Marketing, 19 (7), 444-459.

[75] Dupuis, M., Tissier-Desbordes, E. (1996). Trade marketing and retailing: A european approach. Journal of Retailing and Consumer Services, 3 (1), 43-51.

[76] ECR Europe. (1997). Category management best practices report: The partnering group and roland berger & partner international management consultants.

[77] Edeka. (2013). Markttypen. Retrieved 20.02.2013, from EDEKA Minden-Hannover Stiftung & Co. KG: http: //www.edeka -gruppe.de/Unternehmen/de/ edeka_minden_hannover/unternehmen_minden_hannover/einzelhandel_minden_han -nover/markttypen_miha.jsp.

[78] Eisenhardt, K. M. (1989). Agency theory: An assessment and review. Academy of Management Review, 14, 57-74.

[79] Eistert, T. (1996). EDI adoption and diffusion. International comparative analysis of the automotive and retail industries. Wiesbaden, 1996.

[80] Engel, J., Blackwell, R., Miniard, P. (1995). Consumer behaviour (8 ed.). Fort Worth.

[81] Esch, F. R., Bräutigam, S., Möll, T., Nentwich, E. (2004). Gestaltung komplexer markenarchitekturen. In M. Bruhn (Ed.), Handbuch Markenführung

(Vol. 1, pp. 746–769). Wiesbaden: Gabler.

[82] Esch, F. R., Redler, J., Honal, A. (2006). Beurteilung von markenallianzen am beispiel von verpackungsentwürfen. Werbeforschung und Praxis, 2, 10–20.

[83] Euromonitor. (2012). Nestlé SA in Hot Drinks.

[84] Europe, E. (2000). The essential guide to day–to–day category management.

[85] Fassnacht, M., Königsfeld, J. A. (2012). Coca–cola bei aldi–die süße versuchung von Markenprodukten. Retrieved 10.3.2013, from www.absatzwirtschaft. de/content/marketingstrategie/news/coca–cola–bei–aldi–die–suesse–versuchung–von–markenprodukten; 78511.

[86] Fearne, A. (1996). Strategic alliances and supply chain management: Lessons from the UK.Paper presented at the 2nd International Conference on Chain Management in Agriand Food Business.

[87] Feldwick, P. (1996). What is brand equity anyway, and how do you measure it? Journal of Market Research Society, 38, 85–104.

[88] Feller, M., Großweischede, M. (1999). Steht ECR am Scheideweg? LZ.

[89] Fernie, J. (2004). Relationships in the supply chain. In J. Fernie & L. Sparks (Eds.), Logistics and Retail Management: Insights Into Current Practice and Trends From Leading Experts (pp. 26–47) . London Sterling.

[90] Fernie, J. a. P., F.R. (1996). Own branding in the UK and French grocery markets. Journal of Product and Brand Management, 5 (3), 48–59.

[91] Finne, S., Sivonen, H. (2009). The retail value chain–How to gain competitive advantage through efficient consumer response strategies. London: Kogan Page.

[92] Freedman, P. M., Reyner, M., Tochtermann, T. (1997). European category management: Look before you leap. The McKinsey Quarterly, 1.

[93] Freeman, L. (1987). P&G widens power base: Adds category managers. Advertising Age, 12 October.

[94] Geyskens, I., Gielens, K., Gijsbrechts, E. (2010). Proliferating private–label portfolios: How introducing economy and premium private labels influences

brand choice. Journal of Marketing Research, October 2010, 791–807.

[95] Gielens, K. (2012). New Products: The antidote to private label growth? Journal of marketing research, 49 (3), 408–423.

[96] Gill, J., Johnson, P. (1997). Research methods in business studies: A practical guide (2ed.). London.

[97] Göbel, E. (2002). Neue institutionen ökonomik: Konzeption und betriebswirtschaftliche anwendungen. Stuttgart: Lucius & Lucius.

[98] Goerdt, T. (1999). Die marken–und einkaufsstättentreue der konsumenten als bestimmungsfaktoren des vertikalen beziehungsmarketing: Theoretische Grundlegung und emirische Analysen für das Category Management (Vol. 2). Nürnberg: GIM Gesellschaft für Innovatives Marketing e.V.

[99] Gollnick, F., Schindler, H. (2001). Neue formen von handelsmarken durch die zusammenarbeit von hersteller und handel. In M. Bruhn (Ed.), Handelsmarken, Entwicklungstendenzen und Perspektiven der Handelsmarkenpolitik (pp. 377–393). Stuttgart: Schäffer–Poeschel.

[100] Google Scholar (2012). Google scholar search engine. Retrieved 8.10. 2012, 2012, fromhttp: //scholar.google.de/scholar?q=Hoch%2C+1996+How+should+national+brands+think+about+private+labels%3F&btnG=&hl=de&as_sdt=0.

[101] Grant, R. M. (1987). Manufacturer–retailer relations: The shift in balance of power. In G. Johnson (Ed.), Business Strategy and Retailing (Vol. 54–58): Wiley.

[102] Grant, R. M. (2005). Contemporary strategy analysis (5th ed.). Oxford: Blackwell Publishing.

[103] Green, P. E., Krieger, A. M. (1987). A consumer–based approach to designing product lineextensions. Journal of Product Innovation Management, 4 (21–32).

[104] Griffith, D. A., Lusch, R. F. (2007). Getting marketers to invest in firm–specific capital. Journal of Marketing, 71 (1), 129–145.

[105] Gröppel–Klein, A. (2000). Handelsmarkenstrategien aus Konsumentensicht.In F.–R.Esch (Ed.), moderne markenführung (2nd ed., pp. 852–871). Wies-

baden: Gabler.

[106] Group, M. (2007). Metro handelslexikon 2007/2008: Daten, fakten und adressen zum handel in deutschland, europa und weltweit. Düsseldorf.

[107] Gruen, T. W., Shah, R. (2000). Determinants and outcomes of plan objectivity and implementation in category management relationships. Journal of Retailing (4), 483–510.

[108] Grünblatt, M. (2008). Kooperationen zwischen markenartikelindustrie und lebensmitteleinzelhandel zur optimierung der wertschöpfungskette-konzepte, statusquo und perspektiven. In F. Keuper, Hogenschurz, B (Ed.), Sales & ServiceManagement, Marketing, Promotion und Performance (Vol. 3, pp. 361–402): Gabler.

[109] Haas, S. (2010). Markenportfoliobereinigungen-entwicklung eines planungsprozesses zur strategieformulierung. Wiesbaden: Gabler.

[110] Hahne, H. (1998). Category management aus herstellersicht: Ein konzept des vertikalen marketing und dessen organisatorische implikationen. Lohmar-Köln.

[111] Haley, R. I. (1968). Benefit segmentation: A decision-oriented research tool. Journal of Marketing, 32 (July), 30–35.

[112] Handfield, R. B., Bechtel, C. (2004). Trust, power, dependence, and economics: Can SCM research borrow paradigms? International Journal of Integrated Supply Management, 1 (1), 3–32.

[113] Hansen, U., Bode, M. (1999). Marketing & konsum. München: Vahlen.

[114] Hehman, R. D. (1984). Product management: Marketing in a changing environment Homewood, Illinois: Dow Jones-Irwin.

[115] Heide, J. (1994). Interorganizational governance in marketing channels. Journal of Marketing, 58 (January), 70–85.

[116] Heide, J., John, G. (1990). Alliance in industrial purchasing: The determinants of joint action in buyer-supplier relationships. Journal of Marketing Research, 27, 24–36.

[117] Heller, A. (2006). Consumer-centric category management-how to increase profits bymanaging categories based on consumer needs. Hoboken: Wiley &

Sons.

[118] Heydt, A. v. d. (1997). Efficient consumer response (ECR): Basis-strategien und grundtechniken, zentrale erfolgsfaktoren sowie globaler implemen-tierungsplan (2ed.). Frankfurt a.M.

[119] Heydt, A. v. d. (Ed.). (1999). Efficient consumer response-so einfach und doch so schwer. München.

[120] Hill, S., Ettenson, R., Tyson, D. (2005). Achieving the ideal brand portfolio. MIT Sloan Management Review, 46 (2), 85 (86).

[121] Hill, S., Lederer, C. (2001). The infinite asset: Managing brands to build new value.Boston: Harvard Business School Press.

[122] Hoch, S. J. (1996). How should national brands think about private la-bels? Sloan Management Review, v37 (n2), p89 (14).

[123] Hoch, S. J., Lodish, L. M. (1998). Store brands and category manage-ment. The Wharton School.

[124] Hoch, S. J., Montgomery, A. L., Young-Hoon Park. (2006). Long-term growth trends in private label market shares. Working Paper. Wharton School U-niversity of Pennsylvania.

[125] Hoffman, K. D., Czinkota, M. R., Dickson, P. R., Dunne, P. (2005). Marketing principles and best practices (3ed.). Mason: Thomson.

[126] Hofstetter, J., Jones, C. C. (2006). The case for ECR. A review and outlook of continuous ECR adoption in Western Europe. Brussels: ECR Europe.

[127] Holzkämper, O. (1999). Category management: Strategische position-ierung des handels. Göttingen.

[128] Horizont (2004). Unilever stellt neues Logo vor. Retrieved 26.11.2012, from Deutscher Fachverlag GmbH: http: //www.horizont.net/aktuell/marketing/pages/protected/Unilever-stellt-neues-Logo-vor_50659.html

[129] Horizont (2009). Rewe wirbt für die feine welt. Retrieved 30.09.2009, from Deutscher Fachverlag GmbH: http: //www.horizont.net/aktuell/marketing/pages/protected/show.php? id=87475.

[130] Huang, M.-H. (2001). The theory of emotions in marketing. Journal of

Business and Psychology, 16 (2), 239–247.

[131] Hunt, S. D. (2000). A general theory of competition. Thousand Oaks, CA: SAGE.IGD (2012). European Discount Retailing. Retrieved 4.4.2013 from IGD Research: http: //www.igd.com/our–expertise/Retail/Discounters/3463/European–Discount–Retailing/.

[132] Interbrand (2012). Best Retail Brands 2012: Interbrand.

[133] Irrgang, W. (1989). Strategien im vertikalen marketing. München: Vahlen.

[134] Irrgang, W. (1993). Vertikales marketing im wandel: Aktuelle strategien und operationalisierungen zwischen hersteller und handel. München: F. Vahlen.

[135] Jeuland, A., Steven, S. (1983). Managing channel profits. Marketing Science, 2 (Summer), 239–272.

[137] Joachimstahler, E., Pfeiffer, M. (2004). Strategie und architektur von markenportfolios. In M. Bruhn (Ed.), Handbuch Markenführung (Vol. 1, pp. 723–746). Wiesbaden: Gabler.

[138] Johnson, M. (1999). From understanding consumer behaviour to testing category strategies. Journal of the Market Research Society, 41 (3), 259–288.

[139] Jonas, A., Roosen, J. (2005). Private labels for premium products–the example of organic food. International Journal of Retail & Distribution Management, Vol. 33 (No. 8), 636–653.

[140] Kaas, K. P. (1992). Kontraktgütermarketing als kooperation zwischen prinzipalen und agenten. zfbf (10), 884–901.

[141] Kadiyali, V., Chintagunta, P., Vilcassim, N. (2000). Manufacturer-retailer channel interactions and implications for channel power: An empirical Investigation of Pricing in a Local Market. Marketing Science, 19 (2), 127–148.

[142] Kapferer, J. N. (2001). (Re) Inventing the Brand: Kogan Page.

[143] Kapferer, J. N. (2008). New strategic brand management: Creating and sustaining brand equity long term (4 ed.). London: Kogan Page.

[144] Kapferer, J. N. (2012). The new strategic brand management (5ed.). London: Kogan Page.

[145] Kapferer, J. N., Laurent, G. (1992). La sensibilité aux marques: Marché aux marques, marché sans marques. Editions d'Organisation Paris.

[146] Keller, K. L. (2008). Strategic brand management: Building, measuring, and managing brand equity (3ed.). Upper Saddle River, NJ: Prentice-Hall.

[147] Keller, K. L., Aaker, D. A. (1992). The effects of sequential introduction of brand extensions. Journal of Marketing Research, 29 (February), 35-40.

[148] Keller, K. L., Apéria, T., Georgson, M. (2012). Strategic brand management-A european perspective (2nd ed.). Harlow: Prentice Hall.

[149] Kim, C. K., Lavack, A. M. (1996). Vertical brand extensions: Current research and managerial implications. Journal of Product & Brand Management, 5 (6).

[150] Kotler, P., Armstrong, G., Saunders, J., Wong, V. (2002). Principles of marketing (3 ed.). Harlow: Pearson.

[151] Kotler, P., Armstrong, G., Wong, V., Saunders, J. (2011). Grundlagen des marketing (5ed.). München: Pearson Studium.

[152] Kotler, P., Bliemel, F. (1995). Marketing management (8 ed.). Stuttgart: Schäffer-Poeschel.

[153] Kotler, P., Keller, K. L. (2006). Marketing management (12 ed.). Upper Saddle River: Pearson Education.

[154] Kotzab, H., Teller, C. (2003). Value-adding partnerships and co-opetition models in the grocery industry. International Journal of Physical Distribution & Logistics Management, 33 (3), 268-281.

[155] Kreps, D. M. (1992). A course in microeconomic theory. New York.

[156] Krishnan, T., Koelemeijer, K., Rao, V. R. (2002). Consistent assortment provision and service provision in a local market. Management Science, 21(1), 54-73.

[157] Kumar, N. (1996). The power of trust in manufacturer-retailer relationships. Harvard Business Review, 74 (November-December), 92-106.

[158] Kumar, N., Scheer, L. K., Steenkamp, J. B. E. M. (1995). The effects of perceived interdependence on dealer attitudes. Journal of Market Research,

348-356.

[159] Kumar, N., Steenkamp, J. B. E. M. (2007). Private label strategy: How to meet the store brand challenge. Boston: Harvard Business School Publishing.

[160] Kunkel, R. (1977). Vertikales marketing im herstellerbereich: Bestimmungsfaktoren und gesteltungselement stufenübergreifender Marketing–Konzeptionen. München.

[161] Kurnia, S., Johnston, R. B. (2001). Adoption of efficient consumer response: The issue of mutuality. Supply Chain Management: An International Journal, 6 (5), 230-241.

[162] Kurt Salmon Associates. (1993). Efficient consumer response–enhancing consumer valuein the grocery industry. Washington D.C.: Food Marketing Institute.

[163] Kurt salmon associates. (1997). Quick Response. New York.

[164] Laforet, S., Saunders, J. (2007). How brand portfolios have changed: A study of grocery suppliers brands from 1994 to 2004. Journal of Marketing Management, 23 (1/2), 39-58.

[166] Laforet, S., Saunders, J. A. (1994). Managing brand portfolios: How the leaders do it. Journal of advertising research, 34 (5), 64-76.

[167] Laforet, S., Saunders, J. A. (2005). Managing brand portfolios: How strategies have changed. Journal of Advertising Research, 45 (3), 314-327.

[168] Lamprecht, A. (1998). Elektronischer datenaustausch (EDI) in verbundgruppen. Wiesbaden 1998.

[169] Lee, E., Staelin, R. (1997). Vertical strategic interaction: Implications for channel pricingstrategy. Marketing Science, 16 (3), 185.

[170] Lietke, B. (2009). Efficient consumer response: Eine agency–theoretische Analyse der Probleme und Lösungsansätze. Doctoral Dissertation, Universität Göttingen.

[171] Lincoln, K., Thomassen, L. (2008). Private Label: turning the retail brand into your biggest opportunity. London and Philadelphia: Kogan Page.

[172] Lingenfelder, M., Lauer, A., Milstrey, F. (1998). Vertikales Marketing: Die bewertung des category management aus handels–und herstellersicht. Re-

trieved 4.02.2010, from Absatzwirtschaft: http: //www.absatzwirtschaft.de/pdf/sf/ver-tikal.pdf.

[173] Linn, N. (1989). Die Implementierung vertikaler Kooperationen: Theo-retische konzeption underste empirische Ergebnisse zum Prozess der Ausgliederung lo-gistischer Teilaufgaben.Frankfurt am Main.

[174] Loblaws (2009). Explore PC Products. Retrieved 10.10.2009, from Loblaws Inc.: www.presidentschoice.ca/LCLonline/products.jsp.

[175] Loblaws (2011). About PC. Retrieved 10.02.2011, from Loblaws Inc.: http: //www.presidentschoice.ca/en_CA/community/about-pc.html.

[176] Low, G. S., Fullerton, R. A. (1994). Brands, brand management, and the brand manager system: A critical-historical evaluation. Journal of Marketing Re-search, XXXI (May1994), 173-190.

[177] Lysonski, S. (1985). A boundary theory investigation of the product manager's role. Journal of Marketing, 49 (1), 26-40.

[178] Lysonski, S., Woodside, A. G. (1989). Boundary role spanning behav-ior, conflicts and performance of industrial product managers. Journal of Product In-novation Management, 6 (3), 169-184.

[179] Macrae, C. (1996). The brand chartering handbook. Harlow: Addison Wesley Longman.

[180] Marriner, C. (2011). Giants' 'copycat' foods sent packing. Retrieved 27.11.2011, from Sydney Morning Herald: http: //www.smh.com.au/business/giants-copycat-foods-sent-packing-20111126-1o0av.html.

[181] Martinez, E., Pina, J. M. (2003). The negative impact of brand exten-sions on parent brandimage. Journal of Product & Brand Management, 12 (7), 432-448.

[182] McCammon, B. C. (1970). Perspectives for distribution programming. In L. P. Bucklin (Ed.), Vertical Marketing Systems (pp. 32-51). Glenview, Ⅲ., London: Scott Foresman and Company.

[183] McGrath, M. (1995). The changing face of retailer brands, institute of grocery distribution. Watford.

［184］ Meffert, H. （1975）. Vertikales marketing und marketingtheorie. In H. Steffenhagen （Ed.）, Konflikt und Kooperation in Absatzkanälen （pp. 15–20）. Wiesbaden.

［185］ Meffert, H. （2000）. Marketing （9 ed.）. Wiesbaden.

［186］ Meffert, H. （2004）. Identitätsorientierter ansatz der markenführung – eine entscheidungsorientierte perspektive. In M. Bruhn （Ed.）, Handbuch Markenführung （Vol. 1）. Stuttgart: Gabler.

［187］ Meffert, H., Burmann, C. （2002）. Managementkonzept der iden– titätsorientierten Markenführung. In H. Meffert, C. Burmann & M. Koers （Eds.）, Markenmanagemet. Wiesbaden: Gabler.

［188］ Meffert, H., Burmann, C., Kirchgeorg, M. （2008）. Marketing （10 ed.）. Wiesbaden: Betriebswirtschaftlicher Verlag Dr. Th. Gabler.

［189］ Meffert, H., Burmann, C., Koers, M. （2002）. Markenmanagement （1 ed.）. Wiesbaden: Gabler.

［190］ Merton, R. K. （1968）. Social Theory and Social Structure. New York: Free Press.

［191］ Milgrom, P., Roberts, J. （1992）. Economics, organization & manage-ment: Prentice Hall International.

［192］ Mills, D. E. （1999）. Private labels and manufacturer counterstrategies. European Review of Agricultural Economics, 26 （2）, 125–145.

［193］ Mitsubishi （2013）. Mitsubishi companies website search. Retrieved 10.02.2013, from Mitsubishi.com: http://www.mitsubishi.com/php/users/catego – ry_search.php? lang=1Morgan, R. M., & Hunt, S. （1994）. The Commitment–Trust Theory of Relationship Marketing. Journal of Marketing, 58 （July）, 20–38.

［194］ Morgeson, F. P., Hofmann, D. A. （1999）. The structure and function of collective constructs: Implications for multilevel research and theory development. Academy of Management Review, 24, 249–265.

［195］ MSD （2012）. Coricidin Webpage （Publication. Retrieved 25.4.2012, from MSD Consumer Care Inc.: http://www.coricidinhbp.com/coricidin/home/index. jspaMulch, J. （2009）. Umfrage: "Ja" von Rewe ist bekannteste Handelsmarke. Retrieved 10.04.2013, from Horizont: http: //www.horizont.net/aktuell/marketing/pages/protected/Umfrage-Ja-von-Rewe-ist-bekannteste-Handelsmarke_84829.html.

[196] Müller-Hagedorn, L., Dach, C., Spork, S., Toporowski, W. (1999). Vertikales Marketing. Marketing, 1. Quartal (1), 61-74.

[197] Müller-Hagedorn, L., Schuckel, M. (2003). Einführung in das Marketing (3 ed.). Stuttgart.

[198] Münzberg, H. (2008). Handelsmarke –Bedrohung oder Chance? : Capgemini Consulting.

[199] Murane, P. (2003). Retailers flex their muscles. In J. Cappo (Ed.), The future of advertising: New media, new clients, new consumers in the post television age. New York, Ⅲ: McGraw-Hill.

[200] Murray, J. B., Evers, D. J. (1989). Theory Borrowing and Reflectivity in Interdisciplinary Fields. Advances in Consumer Research, 16, 647-652.

[201] Murray, J. B., Evers, D. J., Janda, S. (1995). Marketing, Theory Borrowing, and Critical Reflection. Journal of Macromarketing (Fall), 92-105.

[202] Narasimhan, C., Wilcox, R. T. (1998). Private Labels and the Channel Relationship: A Cross-Category Analysis. Journal of Business, 71 (4), 573-600.

[203] Nath, P., Mahajan, V. (2011). Marketing in the c-suite: A study of chief marketing officer power in firms'top management teams. Journal of Marketing, 75 (1), 60-77.

[204] Nenycz-Thiel, M. (2011). Private labels in Australia: A case where retailer concentration does not predicate private labels share. Journal of Brand Management, 18, 624-633.

[205] Nielsen (2007). Trend navigator bioprodukte. Retrieved 7.08.2009, from the Nielsen Company: http: //de.nielsen.com/pubs/documents/TrendNavigatorBioprodukte2007_Kurzfassung.pdf.

[206] Nielsen (2010). The global staying power of private label. Retrieved 30.06.2011, from the Nielsen Company: http: //blog.nielsen.com/nielsenwire/con –sumer/the-global-stayingpower-of-private-label/.

[207] Nielsen (2013). Consumer panel & retail measurement. Retrieved

24.05.2013, from the Nielsen Company: http: //www.nielsen.com/us/en/nielsen-solutions/nielsenmeasurement/nielsen-retail-measurement.html.

[208] Nieschlag, R., Dichtl, E., Hörschgen, H. (1969). Marketing (1 ed.). Berlin.

[209] Nijssen, E. J. (1999). Success factors of line extensions of fast-moving consumer goods. European Journal of Marketing, 33 (5/6), 450-469.

[210] Nishikawa, C., Perrin, J. (2005a). The power of private labels 2005-A review of growth trends around the world: ACNielsen.

[211] Nishikawa, C., Perrin, J. (2005b). Private label grows global. AC-Nielsen.

[212] Nivea (2013). The nivea product range. Retrieved 12.02.2013, from Beiersdorf UK Ltd.: http: //www.nivea.co.uk/products.

[213] Oehme, W. (2001). Handelsmarketing (3 ed.). München.

[214] Ogden, J. R., Ogden, D. T. (2005). Retailing-integrated retail management. Boston: Houghton Mifflin Company.

[215] Olbrich, R. (Ed.) (1995) Handwörterbuch des marketing (2ed.). Stuttgart.

[216] Olbrich, R. (2006). Marketing-eine einführung in die marktorientierte-unternehmensführung (2ed.). Berlin Heidelberg New York: Springer.

[217] Olbrich, R., Braun, D. (2001). Marktmacht als determinante alternativer kooperationsformenzwischen handelsmarkenträger und -produzent. In M. Bruhn (Ed.), Handelsmarken, Entwicklungstendenzen und Perspektiven der Handels-markenpolitik (pp. 415-429). Stuttgart: Schäffer-Poeschel.

[218] Olbrich, R., Grewe, G., Orenstrat, R. (2009). Private labels, product variety, and pricecompetition -lessons from the German grocery sector. In A. Ezrachi & U. Bernitz (Eds.), Private Labels, Brands and Competition Policy (pp. 235-257). Oxford: Oxford University Press.

[219] Olins, W. (1989). Corporate identity. London.

[220] Ortega, B., and G. Stern. (1993). Retailers' private labels strain old ties. Wall Street Journal, p. B1 and B12.

[221] Ostrow, R. (2009). Dictionary of retailing (2 ed.). New York: Fairchild Books Inc.

[222] Oubina, J., Rubio, N., Yague, M. J. (2006). Strategic management of store brands: An analysis from the manufacturer's perspective. International Journal of Retail & Distribution Management, 34 (10), 742-760.

[223] Parker, P. (2006). Befriending the private label. Harvard Business Review, 84 (2), 61-62.

[224] Pauwels, K., Srinivasan, S. (2004). Who Benefits from Store Brand Entry? Marketing Science, 23 (3), 364-390.

[225] Pepe, M. (2012). The impact of private label sales penetration on category profitability. Journal of Business & Economics Research, 10 (9), 513-520.

[226] Percy, L., Elliott, R. (2009). Strategic advertising management (3 ed.). New York: Oxford University Press Inc.

[227] Picot, A., Dietl, H., Franck, E. (1999). Organisation. Eine ökonomische perpsektive (2 ed.). Stuttgart.

[228] Picot, A., Dietl, H., Franck, E. (2005). Organisation. Eine ökonomische perspektive (4 ed.). Stuttgart.

[229] Pierce, A., Mouskanas, H. (2002). Portfolio power: Harnessing a group of brands to drive profitable growth. Strategy and Leadership, 30, 15-21.

[230] Planet Retail. (2013). Retailer profile ahold. Planet Retail.

[231] Procter, Gamble (2011). Fairy webpage. Retrieved 19.3.2012, from Procter & Gamble: http: //www.fairynonbio.co.uk/.

[232] Procter, Gamble (2012). Beauty and grooming. Retrieved 12.02.2013, from Procter & Gamble: http: //www.pg.com/en_US/brands/beauty_grooming/index.shtml.

[233] Procter, Gamble (2012a). Ariel website. Retrieved 16.3.2012, from Procter & Gamble: www.ariel.co.uk/.

[234] Procter, Gamble (2012b). Bold 2in1 webpage. Retrieved 18.3.2012, from Procter & Gamble: http: //www.supersavvyme.co.uk/Bold2in1/home.aspx.

[235] Procter, Gamble (2012c). Daz Webpage. Retrieved 20.3.2012, from

Procter & Gamble: http: //www.dazwhite.co.uk/.

[236] Procter, Gamble (2012d). Tide Webpage. Retrieved 17.7.2012, from Procter & Gamble: http: //www.tide.com/en–US/product/tide–original.jspx#info.

[237] Putsis Jr, W. P. (1997). An empirical study of the effect of brand proliferation on privateLabel–national brand pricing behavior. Review of Industrial Organization, 12, 355–371.

[238] Quelch, J. A., Harding, D. (1996). Brands versus private–labels: Fighting to win. Harvard Business Review, 74 (January), 99–109.

[239] Raabe, T. (2004). Markenbereinigungsstrategien.In M. Bruhn (Ed.), Handbuch Markenführung (Vol. 1, pp. 853–877). Wiesbaden: Gabler.

[240] Rajagopal. (2006). Brand architecture: Brand foundations and frameworks. Brand Strategy, 206 (October), 47–49.

[241] Rajagopal, R., Sanchez, R. (2004). Conceptual analysis of brand architecture and relationships within product categories. Brand Management, 11 (3), 233–247.

[242] Raju, J., Sethuraman, R., Dhar, S. (1995). The introduction and performance of store brands. Management Science, 41 (6), 957–978.

[243] Randall, T., Ulrich, K., Reibstein, D. (1998). Brand equity and vertical product line extent. Marketing Science, 17 (4), 356–379.

[244] Rao, V. R., McLaughlin, E. W. (1989). Modeling the decision to add new products by channel intermediaries. Journal of Marketing, 53 (1), 80–88.

[245] Reidel, M. (2012). Kulturwandel bei Aldi: Discounter soll einstieg in TV–Werbung planen.Horizont.Net.

[246] Rewe (2009). Eigenmarken. Retrieved 20.10.2009, from REWE Markt GmbH: www.rewe.de/index.php?id=rewe_eigenmarken.

[247] Rewe (2012a). Rewe Feine Welt Webpage. Retrieved 24.8.2012, from REWE Markt GmbH: http: //www.rewe–feine–welt.de/#/produkte–erkunden/erlesene–getraenke/.

[248] Rewe (2012b). REWE Group Geschäftsbericht 2011: Rewe Zentral Aktiengesellschaft.

[249] Rewe (2013). Clever sparen. Retrieved 10.04.2013, from Rewe Markt GmbH: http: //www.rewe.de/besser-einkaufen/ja/produkte-und-infos.html.

[250] Richards, A. (1995). Supermarket Superpowers. Marketing, 18-20.

[251] Richardson, P. S., Dick, A. S., Jain, A. K. (1994). Extrinsic and intrinsic cue effects onperceptions of store brand quality. Journal of Marketing, 58(4), 28-36.

[252] Richter, R., Furubotn, E. G. (2003). Neue Institutionenökonomik (M. Streissler, Trans. 3ed.). Tübingen: Mohr Siebeck.

[253] Rieley, J. B., Clarkson, I. (2001). The impact of change on performance. Journal of Change Management, 2 (2), 160-172.

[254] Ries, A., Trout, J. (2001). Positioning: The battle for your mind. New York: McGraw-Hill.

[255] Riezebos, R. (2003). Brand management: A theoretical and Practical approach. Harlow.: Prentice-Hall.

[256] Roeb, T. (1997). Von der handelsmarke zur händlermarke-die store-brands als markenstrategie für den einzelhandel. In M. Bruhn (Ed.), Handels-marken -Entwicklungstendenzen und Zukunftsperspektiven der Handelsmarkenpolitik (2 ed., pp. 345-366). Stuttgart (D).

[257] Ross, W. T. J., Anderson, E., Weitz, B. (1997). Performance in principal-agent-dyads-the causes and consequences of perceived asymetry of commitment to the relationship. Management Science, 43 (5), 680-704.

[258] Rungtusanatham, M., Rabinovich, E., Aschenbaum, B., Wallin, C. (2007). Vendor-Owned inventory management arrangements in retail: An agency theory perspective. Journal of Business Logistics, 28 (1), 111-135.

[259] Salmon, W. J., Cmar, K. A. (1987). Private labels are back in fashion. Harvard Business Review (May-June), 99-106.

[260] Saunders, M., Lewis, P., Thornhill, A. (2003). Research methods for business students (3ed.). Essex: Pearson Education Limited.

[261] Sayman, S., Hoch, S. J., Raju, J. S. (2002). Positioning of store brands. Marketing Science, 21 (4), 378-397.

［262］Sayman, S., Raju, J. S. (2004). Investigating the cross-Category effects of store brands. Review of Industrial Organization, 24 (24), 129–141.

［263］Schröder, H. (2003). Der hersteller als category captain in der kooperation zwischen industrie und handel-eine analyse im licht der prinzipal-agenten theorie. In D.Ahlert, R. Olbrich & H. Schröder (Eds.), Jahrbuch Vertriebs-und Handelsmanagement.Frankfurt am Main.

［264］Schröder, H. (2004). Wie sicher ist die position eines herstellers als category captain? Kooperation zwischen handel und industrie aus der perspektive von prinzipal und agent. In H. Bauer & F. Huber (Eds.), Strategien und Trends im Handelsmanagement. Disziplinübergreifende Herausforderungen und Lösungsansätze (pp. 231–249). München.

［265］Schröder, H., Feller, M., Großweischede, M. (2000a). Die rolle des kunden in category management-projekten. Management Berater, 3, 56–59.

［266］Schröder, H., Feller, M., Großweischede, M. (2000b). Kundenorientierung im category management.LZ (17.03.2000), 60–61.

［267］Scott Morton, F., Zettelmeyer, F. (2004). The strategic positioning of store brands in retailer-manufacturer negotiations. Review of Industrial Organization, 24, 161–194.

［268］Seifert, D. (2001). ECR-Erfolgsfaktorenstudie deutschland.Science Factory, 2 (Juli).

［269］Seifert, D. (2006a). Efficient consumer response (4 ed.). Mering: Rainer Hampp Verlag.

［270］Seifert, D. (2006b). Efficient consumer response: Supply-Chain-Management (SCM), Category-Management (CM) und Radiofrequenz-Identifikation (RFID) als neue Strategieansätze (4 ed.). München: Rainer Hampp Verlag.

［271］Seth, A., Randall, G. (1999). The Grocers-the rise and rise of the supermarket chains. London: Kogan Page Limited.

［272］Sethuraman, R. (1995). A meta-analysis of national brand and store brand cross-promotional price elasticities. Marketing Letters, 6 (October), 275–286.

［273］Sethuraman, R. (1996). A Model of How Discounting High-Priced

Brands Affects the Salesof Low-Priced Brands. Journal of Marketing Research, 33, 399–409.

[274] Sethuraman, R. (2003). Measuring national brands' equity over store brands. Review of Marketing Science, 1 (Article 2), 1–26.

[275] Sethuraman, R., Cole, C. (1999). Factors influencing the price premiums that consumers pay for national brands over store brands. Journal of Product & Brand Management, 8 (4), 340–351.

[276] Shankar, V., Bolton, R. (2004). An empirical analysis of determinants of retailer pricingstrategy. Management Science, 23 (1), 28–49.

[277] Shaw, S. A., Gibbs, J. (1995). Retailer–supplier relationships and the evolution of marketing: Two food industry case studies. International Journal of Retail & Distribution Management, 23 (7), 7–16.

[278] Shervani, T. A., Frazier, G., Challagalla, G. (2007). The moderating influence of firm market power on the transaction cost economics model: An empirical test in a forward channel integration context. Strategic Management Journal, 28 (6), 635–652.

[279] Soberman, D. A., Parker, P. M. (2006). The economics of quality-equivalent store brands. International Journal of Research in Marketing, 23 (2), 125–139.

[280] Speer, K. (1998). Category management oder den verbraucher im dualen blick–einverbraucherorientierter ansatz. In Globales Handelsmanagement. Frankfurt a. M.

[281] Srinivasan, S., Pauwels, K., Hanssens, D. M., Dekimpe, M. G. (2004). Do promotions benefit manufacturers, retailers, or both? Management Science, 50 (5), 617–629.

[282] Srivastava, K., R., Fahey, L., Christensen, H. K. (2001). The resource-based view and marketing: The role of market-based assets in gaining competitive advantage. Journal of Management, 27 (6), 777–802.

[283] Steenkamp, J. B. E. M., van Heerde, H. J., Geyskens, I. (2010). What makes consumers willing to pay a price premium for national brands over private

labels? Journal of Marketing Research, 47 (6), 1011–1024.

[284] Steiner, R. L. (2001). Category management–a Pervasive, new vertical/horizontal format.Antitrust, Spring, 77–81.

[285] Steiner, R. L. (2004). The nature and benefits of national brand/private label competition. Review of Industrial Organization, 24, 105–127.

[286] Stiglitz, J. E. (1985). Information and economic analysis: A perspective. Economic Journal, Suppl., 95, 21–41.

[287] Sudhir, K., Debabrata Talukdar (2004). Does store brand patronage Improve Store Patronage? Review of Industrial Organization, 24, 143–160.

[288] Sunde, L., Brodie, J. R. (1993). Consumer evaluation of brand extensions: Further empirical results. International Journal of Research in Marketing, 10 (1), 47–53.

[289] Ter Braak, A. M. (2012). A New Era in Retail: Private–Label Production by National–Brand Manufacturers and Premium–Quality Private Labels. Dissertation, Tilburg University, Tilburg.

[290] The Telegraph (2011). Tesco: By numbers. Retrieved 22.04.2011, from Telegraph Media Group Limited: http: //www.telegraph.co.uk/finance/newsbysector/epic/tsco/8468845/Tesco–by–numbers.html.

[291] Thies, G. (1976). Vertikales marketing: Marktstrategische partnerschaft zwischen Industrie und Handel. Berlin, New York: de Gruyter.

[292] Tochtermann, T. (1997). Category –Management ein Flop? Ab – satzwirtschaft, 9.

[293] Tomczak, T., Feige, S., Schögel, M. (1994). Zum Management von komparativen Konkurrenzvorteilen im vertikalen Marketing –Ergebnisse einer em – pirischen Studie.In V. Trommsdorff (Ed.), Handelsforschung 1994/1995–Kooperation im Handel und mit dem Handel (pp. 57 –71). Wiesbaden: Jahrbuch der Forschungsstelle für den Handel.

[294] Tomczak, T., Gussek, F. (1992). Handelsorientierte Anreizsysteme der Konsumgüterindustrie.ZFB, 1992 (Heft 7), 783–806.

[295] Tomczak, T., Schögel, M., Feige, S. (1999). Erfolgreiche Marken–

führung gegenüber dem Handel. In F. R. Esch (Ed.), Moderne Markenführung-Grundlagen, innovative Ansätze, praktische Umsetzungen (pp. 848-871). Wiesbaden: Gabler.

[296] Treis, B., Eckardt, G. H., Funck, D. (2002). Konzeption der aus-und weiterbildung von category managern im handel. In D. Möhlenbruch & M. Hartmann (Eds.), Der Handel im Informationszeitalter: Konzepte, Instrumente, Umsetzung (pp. 415-437). Wiesbaden.

[297] Unilever (2012). übersicht unserer marken. Retrieved 5.02.2012, from Unilever Deutschland GmbH: http: //www.unilever.de/brands-in-action/view-brands.aspx.

[298] Unilever. (n.d. a). Homa gold-mit tradition. Retrieved 20.02.2012, from Unilever Deutschland GmbH: http: //www.gesundepflanzenkraft.de/produkte/homa_gold.aspx.

[299] Unilever (n.d. b). Flora-Die Laktosefreie. Retrieved 20.02.2012, from Unilever Deutschland GmbH: http: //www.gesundepflanzenkraft.de/produkte/flora_soft.aspx.

[300] VA (2012). Verbraucheranalyse -Codeplan. Retrieved 19.2.2013, fromhttp: //www.verbraucheranalyse.de/publikationen/hintergrund.

[301] Vaidyanathan, R., Aggarwal, P. (2000). Strategic brand alliances: Implications of ingredient branding for national and private label brands. Journal of Product & Brand Management, 9 (4), 214-228.

[302] Van den Bosch, A. L. M., de Jong, M. D. T., & Elving, W. J. L. (2005). How corporate visual identity supports reputation. Corporate Communications: An International Journal of Advertising, 10 (2), 108-116.

[303] Varian, H. R. (1992). Microeconomic analysis (3 ed.). New York.

[304] Verhoef, P. C., Nijssen, E. J., Sloot, L. M. (2002). Strategic reactions of national brand manufacturers towards private labels: An empirical study in the Netherlands.European Journal of Marketing, 36 (11/12), 1309-1326.

[305] Völlkner, V., Sattler, H. (2006). Drivers of brand extension success. Journal of Marketing, 70 (April), 18-34.

[306] Weitz, B. A., Whitfield, M. B. (2010). Trends in US retailing. In M. Kraft & M. K.Mantrala (Eds.), Retailing in the 21st century (2 ed.). Berlin Heidelberg: Springer.

[307] Westbrook, R. A., Oliver, R. L. (1991). The dimensionality of consumption emotion patterns and consumer satisfaction. Journal of Consumer Research, 18, 84–91.

[308] Wheelen, T. L., Hunger, J. D. (1990). Strategic management (3 ed.). Reading: Addison-Wesley.

[309] Whetten, D. A. (1989). What constitutes a theoretical contribution? Academy of Management Review, 14, 490–495

[310] Whetten, D. A., Felin, T., King, B. G. (2009). The practice of theory borrowing in organizational studies: Current issues and future directions. Journal of Management, 35 (3), 537–563.

[311] Wiezorek, H. (1998). ECR–Eine Aufgabe des Beziehungsmanagements. In J. Zentes & B.Swoboda (Eds.), Globales Handelsmanagement (pp. 385–402). Frankfurt am Main.

[312] Woolworths (2013). Vegemite Kraft. Retrieved 10.1.2013, from Woolworths Ltd.: http://www2.woolworthsonline.com.au/#url =/Shop/SearchProducts%3Fsearch%3Dvegemite%2Bkraft.

[313] Wünschmann, S., Müller, S. (2005). Nutzen von category management aus sicht der hersteller.In V. Trommsdorff (Ed.), Handelsforschung 2006. Stuttgart: W.Kohlhammer.

[314] Zenor, M. J. (1994). The Profit Benefits of Category Management. Journal of Marketing Research (JMR), 31 (2), 202–213.

[315] Zentes, J. (1996). Konditionensysteme–von pull–und push–strategien zum kooperativen wertschöpfungsmanagement. Markenartikel, 58 (4), 162–165.

[316] Zentes, J. (1998). ECR und kundenorientierung: Win–win–win situation? In H.-C.Pfohl (Ed.), Kundennahe Logistik (pp. 47–61). Berlin.

[317] Zentes, J., Schramm-Klein, H. (2004). Bedeutung der Markenführung im vertikalen marketing.In M. Bruhn (Ed.), Handbuch Markenfühung (2 ed., Vol.

2). Wiesbaden: Gabler.

[318] Zentes, J., Swoboda, B. (2005). Hersteller-handels-beziehungen aus markenpolitischer sicht-strategische optionen der markenartikelindustrie.In F.-R. E. (Hrsg.) (Ed.), moderne markenführung-grundlagen, innovative ansätze, praktische umsetzungen (4 ed., Vol. 4, pp. 1063-1086). Wiesbaden: Gabler.